全国基层文化队伍培训教材
公共文化服务通论系列

GONGGONG WENHUA
ZHENGCE FAGUI JIEDU

公共文化政策法规解读

金武刚　李国新◎编著

北京师范大学出版集团
BEIJING NORMAL UNIVERSITY PUBLISHING GROUP
北京师范大学出版社

图书在版编目(CIP)数据

公共文化政策法规解读/金武刚，李国新编著.—北京：北京师范大学出版社，2014.7
(全国基层文化队伍培训教材.公共文化服务通论系列)
ISBN 978-7-303-14905-6

Ⅰ.①公⋯ Ⅱ.①金⋯ ②李⋯ Ⅲ.①文化事业－方针政策－中国－业务培训－教材 ②文化事业－行政管理－法规－中国－业务培训－教材 Ⅳ.①G120 ②D922.169

中国版本图书馆 CIP 数据核字(2014)第 078270 号

营销中心电话　010-58802181　58805532
北师大出版社高等教育分社网　http://gaojiao.bnup.com
电　子　信　箱　gaojiao@bnupg.com

出版发行：北京师范大学出版社　www.bnup.com
北京新街口外大街 19 号
邮政编码：100875

印　　刷：三河兴达印务有限公司
经　　销：全国新华书店
开　　本：170 mm×230 mm
印　　张：25
字　　数：313 千字
版　　次：2014 年 7 月第 1 版
印　　次：2014 年 7 月第 1 次印刷
定　　价：50.00 元

策划编辑：马洪立　　　责任编辑：周　鹏
美术编辑：焦　丽　　　装帧设计：焦　丽
责任校对：李　菡　　　责任印制：陈　涛

版权所有　侵权必究
反盗版、侵权举报电话：010-58800697
北京读者服务部电话：010-58808104
外埠邮购电话：010-58808083
本书如有印装质量问题，请与印制管理部联系调换。
印制管理部电话：010-58800825

序　言

推动社会主义文化大发展大繁荣，队伍是基础，人才是关键。2007年中央"两办"发布的《关于加强公共文化服务体系建设的若干意见》中，就对加强公共文化服务人才队伍建设做出了部署，明确提出了提高公共文化服务人才队伍思想素质和工作能力的要求。2010年《国家中长期人才发展规划纲要（2010—2020年）》发布之后，文化部专题部署了开展全国基层文化人才队伍培训的工作。党的十七届六中全会通过的《中共中央关于深化文化体制改革推动社会主义文化大发展大繁荣若干重大问题的决定》，提出基层文化人才队伍是文化改革发展的基础力量的论断，要求制定实施基层文化人才队伍建设规划，完善机构编制、学习培训、待遇保障等方面的政策措施。《国家"十二五"时期文化改革发展规划纲要》对加强基层文化队伍建设、完善文化人才培训机制作出了具体部署。建设一支德才兼备、锐意创新、规模宏大、结构合理的基层文化人才队伍，成为新时期公共文化服务体系建设的重要任务。

2010年9月，为落实《国家中长期人才发展规划纲要（2010—2020年）》，文化部发布了《关于开展全国基层文化队伍培训工作的意见》，主要任务是用5年时间，对全国现有约25万县乡专职文化队伍和360多万业余文化队伍进行系统培训，促使基层公共文化队伍素质显著提高，服务能力明显增强。为此要求建立健全基层文化队伍培训工作体制和机制，建立分级负责、分类实施的培训组织体系，其中文化部负责指导各地培训、组织编写教材、建设远程培训平台，制作考试题库、培养省级师资、举办示范性培训等工作。按照文化部的统一安排，组织编写教材这一任务，由国家公共文化服务体系建设专家委员会负责实施。

专家委员会在广泛征求意见、充分讨论研究的基础上，形成了培训教材编写的整体方案：教材的内容规划为"公共文化服务通论系列""公共图书馆系列""文化馆（站）系列"三大系列；教材的形式设计为培训大纲性质的教学指导纲要和系统化的教材并举，为应培训之急需，先行编写出版公共图书馆系列和文化馆（站）系列的教学指导纲要；教材的编者在全国范围内遴选一流的专家学者和富有经验的实际工作者。2012年初，先行组织编写的《公共图书馆业务培训指导纲要》《文化馆（站）业务培训指导纲要》由北京师范大学出版社出版，文化部免费配送至全国县以上文、图两馆及相关部门。现在呈现在读者面前的，就是在指导纲要基础上编写的系统化教材。按照计划，三大系列共编写出版17部教材。

"公共文化服务通论系列"设计了三种教材，分别是《公共文化服务体系概论》《公共文化政策法规解读》《文化共享工程建设与服务》。基层文化队伍培训之所以设计了有关公共文化服务通论的内容，是因为今天的图书馆、文化馆（站）等具体方面的工作，是在构建公共文化服务体系的大背景下进行的，都是公共文化服务体系的重要组成部分，因此需要从业人员对我国公共文化服务体系建设的理念、思想、法规、政策、成就、问题，以及近年来大力实施的重大文化惠民工程有基本的了解，从而把握自身所从事的工作在公共文化服务体系中的地位作用。不过，相对于公共图书馆和文化馆（站）系列的教材，公共文化服务通论系列教材的编写难度尤大。因为公共文化服务的理念、思想、实践在我国兴起的时间不长，大学里没有专门的学科，研究队伍尚在初步形成，有影响的专业期刊为数甚少，研究积淀薄弱，教学尚未形成体系。比如，面向基层文化从业人员的公共文化通论在广度上应该涉及哪些方面？在深度上应该达到什么程度？这类问题目前还在探索之中。这套教材从整体设计到结构体系到基本内容，就是我们结合近年来我国公共文化服务体系建设实践需求所作出的初步探索。

推出这样一套教材，仅有编写人员的努力还不够，应该记住以下各方为教材编写和出版做出的贡献，并向他们深表谢意：

文化部公共文化司对指导纲要和教材的编写提出了指导性意见；中国文化传媒集团公共文化发展中心为编写工作提供了有利的条件；北京师范大学副校长杨耕教授、北京师范大学出版社叶子总编辑和李艳辉副总编辑、高教分社原副社长江燕老师，以及各位责任编辑，他（她）们为教材的出版把了最后一道关口，付出了心血和努力。

由于在国家公共文化服务体系建设专家委员会的工作关系，我本人承担了这套教材编写的组织工作，在教材出版之际，把这套教材的编写缘起和过程记录如上，算是对这项工作的一个小结，也算是为这套教材的诞生留下一点历史记录。

李国新
2014 年 6 月

目 录

第一章 公共文化政策法规体系 /1
一、我国公共文化政策法规体系的构成层级 …… 1
 （一）国家法律 …… 2
 （二）行政法规 …… 2
 （三）部门规章 …… 2
 （四）地方性法规和规章 …… 3
 （五）政府规范性、指导性文件 …… 4
 （六）国家与行业标准 …… 5
二、我国公共文化政策法规体系的主要特点 …… 7
 （一）与中国特色社会主义法律体系已经形成的总体格局相比，文化法制建设相对滞后，公共文化法制建设尤其薄弱 …… 7
 （二）公共文化涉及的各领域的政策法规建设发展不平衡 …… 7
 （三）相关领域的政策法规对公共文化建设的关注程度不高 …… 8
 （四）公共文化设施建设和公共文化标准方面的政策法规成果丰硕 …… 9
 （五）综合性公共文化服务保障和促进方面的政策法规建设已经引起重视 …… 10

三、我国公共文化政策法规的获取和利用 …………… 10
　　（一）政府网站 ……………………………………… 11
　　（二）专题数据库 …………………………………… 15

第二章　构建公共文化服务体系 /19

一、公共文化服务体系建设理念、政策的兴起与发展
　………………………………………………………… 19
二、公共文化服务的时代任务及其特点 ……………… 24
　　（一）覆盖全社会的公共文化服务体系基本建立的
　　　　　标志 ……………………………………………… 25
　　（二）建立覆盖全社会的公共文化服务体系的路径
　　　　　…………………………………………………… 25
　　（三）公共文化服务的突出特点 …………………… 26
三、公共文化服务体系及其子系统 …………………… 27
　　（一）设施网络体系 ………………………………… 28
　　（二）产品生产供给体系 …………………………… 29
　　（三）人才、技术、资金保障体系 ………………… 29
　　（四）组织支撑体系 ………………………………… 31
　　（五）评估体系 ……………………………………… 31
四、重要政策法规选编 ………………………………… 32
　　（一）中共中央关于全面深化改革若干重大问题的
　　　　　决定（节选）…………………………………… 32
　　（二）中共中央关于深化文化体制改革推动社会主
　　　　　义文化大发展大繁荣若干重大问题的决定
　　　　　（节选）………………………………………… 34
　　（三）国家基本公共服务体系"十二五"规划（节选）
　　　　　…………………………………………………… 42
　　（四）文化部"十二五"时期文化改革发展规划（节选）
　　　　　…………………………………………………… 50

第三章 公共文化设施"免费开放" /54

一、不同历史时期的"免费开放" …………………… 54
二、新时期"免费开放"政策的演进 ………………… 56
三、"免费开放"的含义与内容 ……………………… 59
四、"免费开放"政策的核心要素 …………………… 60
 （一）合理界定"基本服务"的内容与范围 ………… 60
 （二）基本服务保障经费实行中央财政和地方财政
   分担、以地方为主的机制 ……………………… 61
 （三）维护公共文化设施的公益性质，限期收回出
   租设施 …………………………………………… 63
 （四）增强服务能力，提高服务质量，改善服务效益
   …………………………………………………… 63
五、"免费开放"显露的问题及政策未来走向 ……… 63
六、重要政策法规选编 ………………………………… 66
 （一）关于全国博物馆、纪念馆免费开放的通知 … 66
 （二）文化部、财政部关于推进全国美术馆、公共图
   书馆、文化馆(站)免费开放工作的意见 …… 71
 （三）关于加强美术馆 公共图书馆 文化馆（站）免费
   开放经费保障工作的通知 ……………………… 78

第四章 国家重大文化惠民工程 /82

一、实施重大文化惠民工程的意义和作用 ………… 82
二、重大文化惠民工程的发展历程 ………………… 83
三、"十二五"时期实施的重大文化惠民工程 ……… 86
 （一）广播电视"村村通"及直播卫星公共服务 …… 86
 （二）全国文化信息资源共享工程、数字图书馆推
   广工程和公共电子阅览室建设计划 ………… 89
 （三）"农家书屋"工程 ………………………………… 96

　　　　（四）农村数字电影放映工程 ················· 99
　　　　（五）创建国家公共文化服务体系示范区（项目）
　　　　　　 ······································· 100
　　四、重要政策法规选编 ······························· 104
　　　　（一）文化部 财政部关于进一步加强公共数字文化
　　　　　　建设的指导意见（节选） ················· 104
　　　　（二）第二批国家公共文化服务体系示范区（项目）
　　　　　　创建标准（节选） ······················· 110
　　　　（三）中央补助地方农村文化建设专项资金管理暂
　　　　　　行办法 ································· 115

第五章　公共文化设施建设 /121

　　一、公共文化设施建设标准的类型 ····················· 121
　　二、公共文化设施建设用地指标 ······················· 123
　　三、公共文化设施建设标准 ··························· 125
　　四、公共文化设施的建筑设计规范 ····················· 127
　　五、重要政策法规选编 ······························· 133
　　　　（一）公共文化体育设施条例 ··················· 133
　　　　（二）公共图书馆建设用地指标 ················· 140
　　　　（三）文化馆建设用地指标 ····················· 145
　　　　（四）公共图书馆建设标准 ····················· 148
　　　　（五）文化馆建设标准 ························· 185
　　　　（六）乡镇综合文化站建设标准 ················· 194

第六章　公共文化服务机构运营管理 /203

　　一、公共图书馆运营管理规范 ························· 203
　　　　（一）政策法规演变历程 ······················· 203
　　　　（二）公共图书馆的主要业务规范 ··············· 206

二、文化馆(站)运营管理规范 …………………………………… 210
 (一)文化馆的运营管理规范 ………………………………… 211
 (二)文化站的运营管理规范 ………………………………… 212
三、博物馆运营管理规范 ………………………………………… 214
 (一)政策法规演变历程 ……………………………………… 214
 (二)博物馆藏品管理 ………………………………………… 216
四、公共文化服务机构的服务理念与职业道德规范
 ………………………………………………………………… 217
 (一)服务理念 ………………………………………………… 217
 (二)职业道德规范 …………………………………………… 218
五、公共文化服务机构的知识产权保护与限制 ………………… 219
六、公共文化服务机构运营安全管理规范 ……………………… 221
七、重要政策法规选编 …………………………………………… 222
 (一)乡镇综合文化站管理办法 ……………………………… 222
 (二)公共图书馆服务规范 …………………………………… 226
 (三)图书馆服务宣言 ………………………………………… 237
 (四)中华人民共和国著作权法(节选) ……………………… 238
 (五)信息网络传播权保护条例(节选) ……………………… 240
 (六)中华人民共和国政府信息公开条例(节选)
 ………………………………………………………………… 244

第七章 公共文化服务机构的评估定级 /247

一、公共文化服务机构开展评估定级的目的 ………… 247
二、公共图书馆评估定级 ………………………………………… 248
三、文化馆(站)评估定级 ………………………………………… 249
 (一)文化馆评估定级 ………………………………………… 249
 (二)乡镇综合文化站评估定级 ……………………………… 251
四、博物馆评估定级 ……………………………………………… 251
五、美术馆评估定级 ……………………………………………… 252

六、重要政策法规选编 ·················· 253
　（一）省、市、县级图书馆定级必备条件 ········· 253
　（二）县级文化馆等级必备条件和评估标准（节选）
　　······················· 256
　（三）全国乡镇综合文化站评估定级参考标准 ····· 259
　（四）博物馆评估暂行标准（节选） ··········· 267

第八章　文化遗产的保护与利用 /280
　一、文化遗产保护的法律政策现状 ············ 280
　二、文化遗产保护的技术标准规范 ············ 282
　　（一）文物保护的系列规范与标准 ··········· 283
　　（二）非物质文化遗产保护的规范与标准 ······· 284
　　（三）古籍保护的规范与标准 ············· 286
　三、文化遗产的保护性利用 ··············· 288
　四、重要政策法规选编 ················· 289
　　（一）中华人民共和国文物保护法 ··········· 289
　　（二）中华人民共和国非物质文化遗产法 ······· 309

第九章　公共文化服务社会化发展 /319
　一、促进公共文化服务社会化发展的基本方针 ······ 319
　二、促进公共文化服务社会化发展的主要政策 ······ 321
　　（一）税收优惠政策 ················· 321
　　（二）政府购买公共文化服务政策 ··········· 322
　　（三）引导社会资本参与公共文化服务政策 ····· 323
　三、重要政策法规选编 ················· 325
　　（一）关于进一步支持文化事业发展的若干经济政策
　　　····················· 325
　　（二）关于促进民办博物馆发展的意见 ········ 328

（三）文化部关于鼓励和引导民间资本进入文化
领域的实施意见（节选） ……………………… 333
（四）国务院办公厅关于政府向社会力量购买服
务的指导意见 ………………………………… 337
（五）关于延续宣传文化增值税和营业税优惠政
策的通知 ……………………………………… 343

附录　与公共文化相关的三大国际公约 /348

（一）经济、社会及文化权利国际公约（节选） …… 348
（二）保护非物质文化遗产公约 …………………… 351
（三）保护和促进文化表现形式多样性公约 ……… 365

后　记 /384

第一章 公共文化政策法规体系

【目标与任务】

掌握我国公共文化政策法规体系的内涵、构成层级；了解国家法律、行政法规、部门规章、地方性法规和规章、政府规范性指导性文件、国家和行业标准的各自性质和相互关系；了解我国公共文化政策法规体系主要特点、发展方向；熟悉获取和利用现行各类公共文化政策法规信息的主要来源、重要途径等。

一、我国公共文化政策法规体系的构成层级

公共文化是指政府主导的、主要由公共资金支持的公益性文化机构和服务的总和。在我国目前的经济社会发展阶段，公共文化的目标是保障公众基本文化权利，满足公众基本文化需求；具体任务是解决老百姓看电视、听广播、读书看报、进行公共文化鉴赏、参与公共活动的问题。公共文化以体现基本性、公益性、均等性、便利性为主要特点，是社会主义文化建设的基本任务。

政策法规是国家法律、法规、标准规范，以及党政机关制定的规定、办法、准则、指导意见等规范性文件的统称。

中共十七届六中全会通过的《中共中央关于深化文化体制改革推动社会主义文化大发展大繁荣若干重大问题的决定》提出了加快文化立法、提高文化建设法制化水平的战略任务，其中首先需要制定和完善的就是公共文化服务保障方面的法律、法规。这是因为相对于文化建设的其他方面来说，公共文化的持续稳定发展依靠市场驱动、产业驱动、利益驱动的特点不明显，加强法制建设，

形成强有力的法律政策保障，显得尤为重要。对公共文化服务的从业人员来说，熟悉现行有效的法律、法规和政策规章，提高公共文化建设、管理和运行的法制化水平，是提升自身素质的重要方面。

目前，我国公共文化政策法规体系主要由以下层级构成：

(一) 国家法律

法律是政策的最高表现形式。我国现行的法律体系中，专门或主要用于规范公共文化服务的数量不多，主要集中在文化遗产保护方面，如《文物保护法》《非物质文化遗产法》。

(二) 行政法规

行政法规是指国务院为领导和管理国家各项行政工作，依据宪法和法律而制定的各类法规。行政法规由国务院发布，法规的名称主要有"条例""规定"和"办法"。行政法规的效力等级在宪法、法律之下，其他各种形式的规章政策之上。在现行的公共文化政策法规体系中，行政法规可以分为两类：一是直接规范公共文化的行政法规，如《公共文化体育设施条例》；二是与公共文化服务相关的行政法规，如《政府信息公开条例》《信息网络传播权保护条例》《公共场所卫生管理条例》等。

(三) 部门规章

部门规章是国务院各部门、各委员会、审计署等依据法律和行政法规以及国务院的决定，在本部门的权限范围内制定和发布的调整本部门范围内的行政管理关系的规范性文件。其主要形式是"命令""指示""规章""办法"等。与公共文化相关的部门规章主要由文化部制定、发布，如《博物馆管理办法》《乡镇综合文化站管理办法》《世界文化遗产保护管理办法》等。

在部门规章中，近年来公共文化领域一个重要的进展是，文化部会同国家发展和改革委员会、住房和城乡建设部、国土资源部等部门颁布的公共文化设施建设用地指标和公共文化设施建设标准。前者如《文化馆建设用地指标》《公共图书馆建设用地指标》等，后者如《文化馆建设标准》《公共图书馆建设标准》《乡镇综合文化站建设标准》等。

(四)地方性法规和规章

地方性法规和规章从效力级别上看，主要有地方性法规、地方政府规章、地方政府部门规章三个层次。地方性法规是由有立法权限的地方人民代表大会及其常委会制定的、在本行政区域内有效的法规，一般称为"条例"。地方性政府规章是指地方人民政府依据法律、法规制定的行政管理规章，一般称为"管理办法"。地方政府部门规章是地方政府各部门依据国家和地方法律、法规，在本部门权限范围内制定的行政管理规范性文件。

地方性法规和规章在我国的法律体系中占有重要地位，不仅数量多，而且对国家法律、法规原则与精神在不同地区因地制宜地贯彻落实，对制定全国统一法律、法规的先行先试，都发挥了重要作用。在公共文化领域，由于全国性立法的薄弱，地方性法规、规章先行先试的特点表现得尤其突出。如十七届六中全会提出的公共文化服务保障立法，国家层面的立法尚在研究阶段，广东省于2011年9月出台了《广东省公共文化服务促进条例》，江苏省于2012年1月出台了《江苏省农村公共文化服务管理办法》，上海市于2012年11月出台了《上海市社区公共文化服务规定》。再如，国家层面的公共图书馆立法目前尚在进行过程中，地方性的公共图书馆法规早在1997年就已出现，目前已有多件地方性图书馆法规和政府规章，为公共图书馆的国家立法奠定了坚实的基础。

目前，公共文化领域的地方性法规和规章主要集中在公共图书馆方面，其他方面相对较少。

有关公共图书馆的地方性法规目前已颁布4件,分别是:《深圳经济特区公共图书馆条例(试行)》(1997年7月)、《内蒙古自治区公共图书馆管理条例》(2000年8月)、《湖北省公共图书馆条例》(2001年7月)、《北京市图书馆条例》(2002年7月)。

有关公共图书馆的省级地方政府规章目前已发布4件,分别是:《上海市公共图书馆管理办法》(1996年11月发布,2001年11月修订)、《河南省公共图书馆管理办法》(2002年7月)、《浙江省公共图书馆管理办法》(2003年8月)、《山东省公共图书馆管理办法》(2009年4月)。此外,还有一些省以下地方政府发布的政府规章,如《乌鲁木齐市公共图书馆管理办法》(2008年3月)。

近年来,有地方文化行政主管部门制定、发布了一些部门规章,主要用以规范公共图书馆服务的标准,属于地方政府部门规章的范畴。如江西省文化厅发布的《江西省公共图书馆服务标准》(2008年11月)、上海市文化广播影视管理局发布的《上海市公共图书馆行业服务标准》(2010年1月)、新疆文化厅发布的《新疆维吾尔自治区公共图书馆服务标准(试行)》(2010年4月)等。

有关文化馆(站)、博物馆、美术馆等公共文化服务机构的地方性法规数量较少,目前检索可见的只有《北京市博物馆条例》(2000年9月)、《上海市公共文化馆管理办法》(1997年9月发布,2002年11月修订)、《浙江省文化馆管理办法》(2009年8月)。

(五)政府规范性、指导性文件

各级政府制定、颁发的非立法性文件,是各级政府部署、指导工作的常规手段。内容具有约束力,要求严格遵照执行的一般称为规范性文件;内容为方向性、引导性的,约束力不强,要求结合当地实际因地制宜加以贯彻落实的,一般称为指导性文件。

在公共文化领域,政府规范性、指导性文件在整个政策法规体系中占据重要地位,因此,目前阶段,公共文化事业的建设和发展更需要以政府规范性、指导性文件为依据。

近年来，公共文化服务体系建设中许多重要事项是通过政府规范性文件部署和实施的。如中共中央办公厅、国务院办公厅发布的《关于进一步加强农村文化建设的意见》(2005年11月)、《关于加强公共文化服务体系建设的若干意见》(2007年8月)，文化部和财政部发布的《关于推进全国美术馆公共图书馆文化馆(站)免费开放工作的意见》(2011年1月)等。

对公共文化服务体系建设中的一些新情况、新问题，往往以政府指导性文件的形式对其发展方向、基本路径、主要措施做出引导，以利于各地因地制宜地加以贯彻落实。如为了引导各地重视解决公共文化服务体系"最后一千米"的瓶颈问题，文化部发布了《关于加强村级文化建设的指导意见》(2011年3月)；为了全面保障"农民工"权益，从根本上解决农民工的城市融入问题，文化部、人力资源和社会保障部、中华全国总工会联合发布了《关于进一步加强农民工文化工作的意见》(2012年5月)；为了推动志愿者活动的深入开展，文化部、中央文明办发布了《关于广泛开展基层文化志愿服务活动的意见》(2012年9月)等。

(六)国家与行业标准

国家与行业标准是指纳入国家或地方标准体系的规范。名称中有无"标准"二字，并不是判断是否国家或行业标准的依据。如《公共图书馆建设标准》《江西省公共图书馆服务标准》，虽叫"标准"，实际上是政府部门规章。相反，《公共图书馆服务规范》(2011年12月30日发布)虽无"标准"二字，但它是国家标准。

我国现行的标准体系分为4个层级：国家标准、行业标准、地方标准和企业标准。国家标准是指由国家标准化主管机构批准发布、在全国范围内统一技术要素的标准。行业标准是对没有国家标准而又需要在全国某个行业范围内统一技术要求所制定的标准。地方标准是对没有国家标准和行业标准而又需要在省、自治区、直辖市范围内统一技术要素或要求的标准。按性质区分，标准分为强制性标准和推荐性标准两类；按标准化对象区分，标准分为技术标准、管理标准和工作标准三类。

在我国现行的标准体系中，国家标准、行业标准和地方标准中都有与公共文化相关的部分。从内容上看，相关部分主要涉及三个方面。一是公共文化设施建设、运营管理中事关公众人身和财产安全、重大社会公共利益的强制性标准。如《建筑设计防火规范》GB 50016—2006、《建筑工程抗震设防分类标准》GB 50223—2008、《公共建筑节能设计标准》GB 50189—2005等。二是规范公共文化服务质量的推荐性标准。其中有国家标准，如《公共图书馆服务规范》GB/T 28220—2011；也有地方标准，如《图书外借服务规范》DB 37/T 1075—2008（山东省）。三是文化行业标准。这类标准数量最多，集中在与公共文化相关的技术性、工作标准性的行业标准上，如《古籍定级标准》WH/T 20—2006、《舞台灯光图符代号及制图规则》WH 0202—1995等。文化行业标准的制定、修订、发布、实施由文化部归口管理。文化部所属专业标准化技术委员会是文化行业标准体系框架的编制者、标准立项和制订计划的提出者、标准内容的审查和鉴定者。目前，经国家标准化管理委员会批准的文化部所属专业标准化技术委员会共有8个，分别是：全国剧场标准化技术委员会、全国剧场标准化委员会舞台机械分技术委员会、全国图书馆标准化技术委员会、全国文化馆标准化技术委员会、全国网络文化标准化技术委员会、全国文化娱乐场所标准化技术委员会、全国社会艺术水平考级服务标准化技术委员会、全国文化艺术资源标准化技术委员会。

二、我国公共文化政策法规体系的主要特点

(一)与中国特色社会主义法律体系已经形成的总体格局相比,文化法制建设相对滞后,公共文化法制建设尤其薄弱

1997年,中共十五大提出了到2010年形成中国特色社会主义法律体系的目标。在2011年3月召开的十一届全国人大第四次会议上,吴邦国委员长宣布,我国以宪法为统帅,以宪法相关法、民法、商法等多个法律部门的法律为主干,由法律、行政法规、地方性法规等多个层次的法律规范构成的中国特色社会主义法律体系已经形成。到2010年年底,我国已经制定现行有效法律236件,与法律配套的行政法规690多件,地方性法规8600多件。然而,目前我国的文化法制建设明显滞后。即便在广义的"文化"范畴内,效力级别属于国家法律的也只有《文物保护法》《非物质文化遗产法》《国家通用语言文字法》等寥寥几种。国务院颁布的行政规章在"大文化"的范畴内大约有30多件,除《公共文化体育设施条例》外,大多是有关出版、演出、广播、电视、互联网、著作权等方面的,与公共文化相关度不高。至于专门规范公共图书馆、文化馆(站)、博物馆、美术馆等公共文化服务机构运行的国家法律、法规,目前尚属空白;地方性法规虽有,但为数不多。总体上看,目前我国的公共文化事业还处于主要依靠部门规章、团体和行业规定行事的层次,还没有走上法制化轨道。加快文化立法,特别是加快公共文化立法,提高文化建设法制化水平,是未来文化建设的重要任务。

(二)公共文化涉及的各领域的政策法规建设发展不平衡

总体而言,公共图书馆领域相对完善,博物馆次之,文化馆(站)最为薄弱。目前,公共图书馆领域政策法规体系的框架已经基本形成。《公共图书馆法》是国家法律,立法进程于2008年启

动,目前制定工作在正常推进。地方性公共图书馆法规和规章已经有十多件。公共图书馆的设施建设、公众服务、行业自律都已经有了基本的规范,业务工作和数字化建设的标准规范已经出台了一批。博物馆领域的地方性法规开始出现,但数量还有限,仅见于北京市。作为国务院行政规章的《博物馆条例》,以及部门规章《博物馆建设标准》等都在研究、制定过程中。地方性的博物馆服务标准已在一些地区开始试行,如北京市文物局于2011年开始试行《北京地区博物馆接待服务标准及工作流程(试行)》,安徽省文物局于2012年开始试行《安徽省博物馆服务标准(试行)》等。从目前的态势看,博物馆领域的法制建设近年来会有突破。文化馆领域目前最高层级的管理规范是1992年文化部发布的《群众艺术馆文化馆管理办法》,属国务院部门规章,今天看,其内容已经基本过时,目前正在修订过程中。文化馆方面的地方政府规章数量不多,仅见《浙江省文化馆管理办法》《上海市公共文化馆管理办法》。乡镇综合文化站的设施建设,有住房和城乡建设部、国家发展和改革委员会2012年出台的《乡镇综合文化站建设标准》,管理规范目前最高层级的是2009年文化部发布的《乡镇综合文化站管理办法》。有关文化馆的服务规范,目前只有少数几种层级较低的地方性政府部门规章,如安徽省文化厅发布的《安徽省文化馆服务标准(试行)》等。文化馆的业务规范、数字化建设标准目前基本上是空白。未来公共文化主要部门建设、运行、服务的政策法规建设,重点应是文化馆、博物馆、美术馆等薄弱环节。

(三)相关领域的政策法规对公共文化建设的关注程度不高

公共文化是一项社会事业。公共文化建设与许多领域、许多方面密切相关。比如,公共文化设施建设涉及土地管理、城市规划、建筑施工等,公共文化服务机构运行涉及经费和人员保障、资源建设、网络管理、著作权保护等。公共文化政策法规体系，从政策法规的类型上说，应该是法律、行政法规、司法解释、部门规章、团体规定、行业规范、政府文件等相辅相成，互为补充；从政策法规的内容上说，应该既包括公共文化方面的专门法律、法规，又包括与公共文化相关的其他领域的法律、法规，如财政预算、土地管理、城市规划、设施建设、人事管理等方面的政策法规。相关领域的政策法规如果能关注到公共文化建设，对与公共文化相关的事项做出规定，其实施效果更好。因此，相关领域的政策法规对公共文化建设的关注程度，是公共文化政策法规体系健全、完善程度的重要指标。目前，我国的公共文化政策法规体系，"相关法"的要素还比较薄弱，相关领域对公共文化建设的关注程度还比较低，其根本的原因是，公共文化的社会认知程度还比较低。因此，在加强公共文化政策法规建设的同时，强化相关领域政策法规对公共文化的关注程度和规制力度，是提高公共文化法制化水平的重要任务。

(四)公共文化设施建设和公共文化标准方面的政策法规成果丰硕

设施建设方面的政策法规以 2005 年以来文化部、国家发展和改革委员会、住房和城乡建设部、国土资源部启动的编制公共文化设施建设用地指标和建设标准为代表。到目前，公共图书馆和文化馆的建设用地指标和建设标准，以及科技馆、乡镇综合文化站的建设标准已经正式颁布，博物馆的建设标准编制工作已经启动。"建设用地指标"主要规范了公共文化设施"建在哪"的问题，提出了我国目前阶段各类公共文化设施的服务半径、覆盖面积指标；"建设标准"主要规范了公共文化设施"怎么建"的问题，提出了我国目前阶段各类公共文化设施的规模面积控制原则和指标。一系列公共文化设施建设用地指标和建设标准的颁布，使我国的公共文化设施建设迅速走上了有法可依的道路。

服务标准方面的政策法规建设以作为国家标准发布的《公共图书馆服务规范》和一些地方性的公共图书馆、文化馆、博物馆等公共文化服务机构服务标准为代表。目前，全国性的文化馆服务标准、乡镇综合文化站服务标准、社区文化中心服务标准、乡镇图书馆服务标准都在研究、制定过程中。服务标准相对较多地出现，说明公共文化服务机构"服务为本"的理念已经深入人心，提升服务能力、改善服务效益的问题已经受到高度重视。

（五）综合性公共文化服务保障和促进方面的政策法规建设已经引起重视

目前我国公共文化政策法规体系不完善的表现之一，是政策法规的层次体系不健全。例如，目前制定过程中的《公共图书馆法》，其法源依据只有《宪法》，《公共图书馆法》缺少具有统领关系的上位法。近年来，构建公共文化服务体系成为国家战略，公共图书馆、文化馆、博物馆、美术馆等公益性文化服务机构成为公共文化服务体系的组成部分，中共十七届六中全会提出加快文化立法、提高文化建设法制化水平的任务后，制定公共文化服务保障和促进政策法规引起了国家和地方的高度重视。目前，《广东省公共文化服务促进条例》《江苏省农村公共文化服务管理办法》已经出台，国家社会科学基金重大项目、教育部哲学社会科学研究重大课题攻关项目等高层次的研究都有公共文化立法方面的课题，可以预见，综合性的公共文化服务保障和促进方面的政策法规近期会有突破，这对完善我国的公共文化政策法规体系具有重要意义。

三、我国公共文化政策法规的获取和利用

现有的公共文化政策法规类型多样，分布广泛，数量繁多。在实际工作中要想方便地利用，首先需要解决信息来源、获取途

径、检索方法、遴选策略等问题。

目前获取公共文化政策法规最方便的途径是利用互联网资源和专题数据库。法律、法规资源是我国数字化程度较高的文献资源类型。一般来说，1949年以后颁布的各种类型、各个层次的法律、法规，都可以通过开放的互联网或专题数据库获得。

利用数字化资源，需要掌握基本的方法与技能。首先，需要熟悉重要的、常用的开放性网络信息源或专题数据库，即需要熟悉文献信息源；其次，需要掌握计算机环境下文献信息资源检索的基本方法；最后，需要掌握从海量信息中选择所需资源的策略。

(一)政府网站

政府网站是获取有关公共文化政策法规的重要源泉。按照我国《政府信息公开条例》的规定，各级政府对行政法规、规章和规范性文件等需要社会公众广泛知晓或参与的信息，应主动公开。目前，各级政府及政府部门网站一般均设有政府公开信息或政策法规栏目，及时收录最新的政策法规。

与公共文化相关度较高的全国性政府网站主要有中央人民政府网（www.gov.cn）、文化部网站（www.ccnt.gov.cn），地方性网站主要包括地方政府网站及地方文化厅（局）网站。这些网站均有与政策法规相关的栏目。

中央人民政府网设有"法律、法规"栏目，分为法律、行政法规、司法解释、地方性法规、部门规章、地方政府规章、单行条例和自治条例、国际条约、其他，共9大类别，同时配有按法律、法规的发布时间、按法规标题以及全文检索的功能，见图1-1。

文化部网站辟有"政府信息公开"和"政策法规"栏目，二者内容一致。所收录的政策法规做了多角度的分类，有主题分类、体裁分类和机构分类，同时也配有按政策法规的文号、名称（标题）、正文（全文）进行检索的功能，见图1-2。

图 1-1　中央人民政府网"法律、法规"栏目检索页面

图 1-2　文化部网站"政府信息公开"栏目检索页面

国家图书馆开发建设的"中国政府公开信息整合服务平台"(govinfo.nlc.gov.cn)是"一站式"获得全国各级政府主动公开的政策法规等政府信息的有效工具。该平台整合了全国各级公共图书馆分层建设的当地政府公开信息查询系统，链接了全国各地政府网站中的政府信息公开栏目，实现了对全国各级政府公开信息的

多途径、多角度"一站式"检索和获取。目前,该平台对海量政府信息的整合界面可见图1-3。

图1-3 中国政府公开信息整合服务平台首页界面

其整合方式有以下几种:

1. 内容分类

"内容分类"的整合方式是指将全部政府公开信息按内容分类集中。有关公共文化方面的政府信息集中收于"文化、广电、新闻出版"类别。

2. 政府公报专题

它集中收载了国务院、中央各部委、各省级人民政府出版发行的政府公报。

3. 特色资源库

它整合了全国各地有关政府政务的特色资源数据库,如湖北省图书馆的"网上看湖北"数据库。

4. 热点专题

这是指围绕社会热点问题对全国各地政府公开信息进行整合形成的专题资源。如目前在线的"保障性安居工程"专题、"个人所得税"专题。

5. 联盟分馆

它由各省公共图书馆按照平台统一规范建设的本省政府公开信息整合平台。

6. 行政区导航

它是以省级行政区划为单位，对该省人民政府及政府各部门网站中政府信息公开栏目进行链接。

另外，该平台有多样化的检索途径。检索包括简单检索和高级检索。高级检索又包括全文组合检索和元数据组合检索，见图1-4。与内容分类检索相配合的，还有按发布机构和发布时间检索的功能。

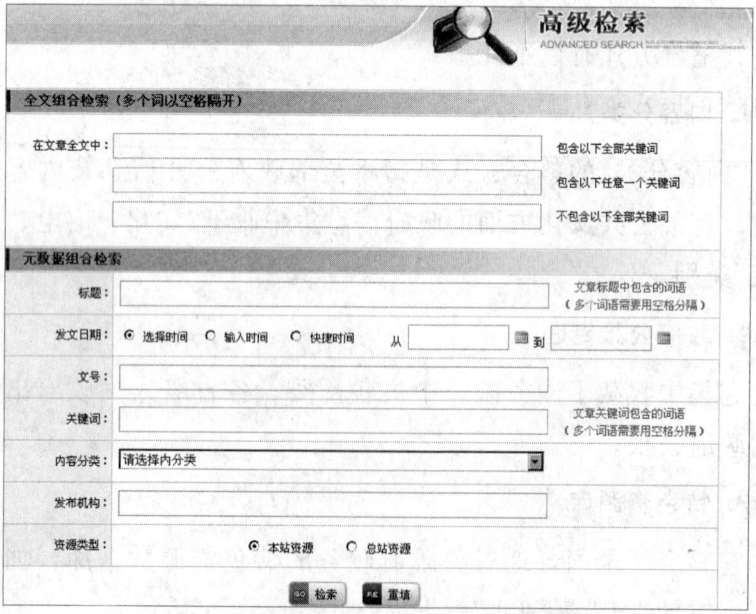

图1-4　中国政府公开信息整合服务平台的"高级检索"界面

(二)专题数据库

法律、法规专题数据库是检索和获取公共文化政策法规的权威检索工具。以下是目前国内有代表性的法律、法规专题数据库。

1. 中国法律、法规检索系统

它又称为"中国法律、法规信息系统",是由全国人大常委会法制工作委员会等单位开发建设的公益性法律、法规检索系统,包括"法律、法规司法解释"数据库(以下简称"国家库")和"地方性法规规章"数据库(以下简称"地方库")。"国家库"收入了新中国成立以来全部的现行法律、行政法规、部委规章,以及1985年以来最高人民法院和最高人民检察院发布的司法解释和文件。"地方库"收入了1979年以来全国31个省、自治区、直辖市人民代表大会及其常委会依法制定、颁布的地方性法规、自治条例和单行条例。

该数据库可以进行分类浏览查询,见图1-5。

图1-5 中国法律、法规信息系统"按分类浏览查询"的检索界面

2. 北大法宝—中国法律检索系统

它是由北京大学法制信息中心与北京北大英华科技有限公司联合开发建设的法律、法规数据库。查询政策法规文件,主要利用该系统中的"中央法规司法解释"数据库(以下简称"中央库")和

"地方法规规章"数据库(以下简称"地方库")。"中央库"包括了全国人民代表大会及其常委会、国务院及其各部委、最高人民法院、最高人民检察院批准和颁布的各类现行法律、行政法规、部门规章、规范性文件、司法解释;截至2013年4月,总量为18.9万件。"地方库"包括了全国各省、自治区、直辖市、省会城市、国务院批准的较大城市等地方人民代表大会及其常委会、地方政府和其他机构颁布的地方性法规、规章、规范性文件,民族自治地方的自治条例和单行条例,以及部分地级市政府颁布的规范性文件;截至2013年4月,总量为63.3万件。

与同类数据库相比,该数据库有两大突出特点。一是对收入的法律、法规进行了多角度的分类,便于从不同角度进行推荐性检索查询。目前的类聚方式包括:效力级别、发布部门、时效性、法规类别,见图1-6。

图1-6 北大法宝—中国法律检索系统的类聚方式

二是对所收入的政策法规文本进行了内容上的联想、扩展和挖掘,即将法律、法规条文和相关的司法解释、案例、裁判文书、研究文献等以超链接技术联系起来，见图1-7，从而使查询的结果大为扩展，使数据库具有了"智慧联想"功能，实现了文献信息的立体化呈现。

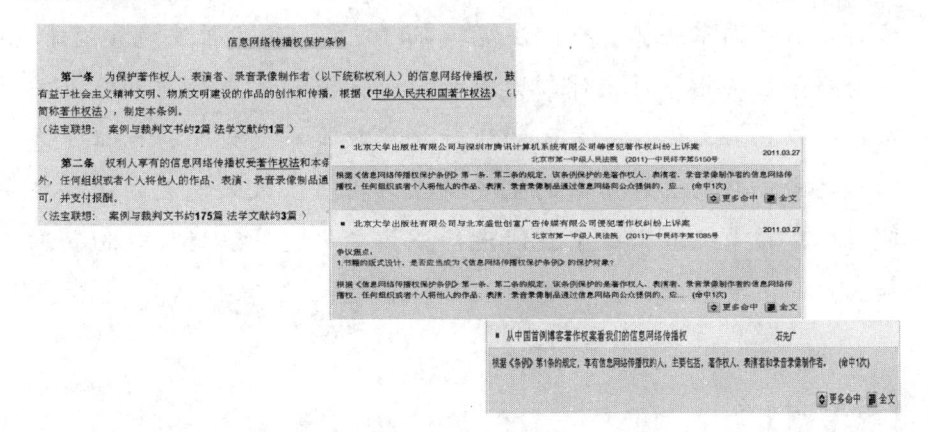

图 1-7　北大法宝—中国法律检索系统的内容联系个案界面

除通过政府网站、利用法律、法规专题数据库获取政策法规外，与公共文化相关的年鉴，如《中国文化年鉴》《中国图书馆年鉴》《中国博物馆年鉴》等也是查询、获取政策法规的常用工具书。还有一些专题性政策法规汇编也可以利用。如文化部政策法规司编辑的《地方性文化法规选编》(文化艺术出版社，1993年)，汇集了地方文化法规300多件；《中华人民共和国文化法规汇编(1997—2001)》(文化艺术出版社，2002年)，汇集了1997—2001年间颁布的文化法律、法规、部门规章80多件。中共中央宣传部政策法规研究室编辑的《宣传文化法规汇编》(学习出版社，2012年)是一部内容较新的文化法规汇编，收录了宣传文化系统现行有效的法律、行政法规、部门规章和司法解释156部，较全面地反映了宣传文化系统的立法成果。总的来说，印刷版的法规汇编由于编辑出版的连续性、系统性不够，且出版时间上的滞后性，难以及时反映最新的情况，已经不是今天查询、获取政策法规的首选文献源。

【本章小结】

本章介绍了我国公共文化政策法规体系的基本内涵、构成要素，阐述了国家法律、行政法规、部门规章、地方性法规和规章、政府规范性和指导性文件、国家和行业标准的各自性质和相互关系，并以公共文化相关方面的现行法律政策举例说明；论证了我国公共文化政策法规体系的主要特点，指明了未来发展的主要突破方向；较系统地介绍了我国现行公共文化政策法规信息的获取和利用的主要来源、重要途径、检索方法等。

【思考题】

1. 为什么要制定和完善公共文化服务保障方面的法律、法规？
2. 我国公共文化政策法规体系主要由哪些层级构成？
3. 简述我国公共文化政策法规体系建设的现状及未来发展的突破重点。
4. 从哪些途径可以获取和利用现行各类公共文化政策法规信息？

第二章　构建公共文化服务体系

【目标与任务】

了解我国公共文化服务体系理念、政策发展演变的脉络，了解构建现代公共文化服务体系的重点突破方向；正确理解和认识公共文化服务建设的时代任务与特点，重点掌握公共文化服务体系五大子系统的具体内容与相关要求。

一、公共文化服务体系建设理念、政策的兴起与发展

文化权益是人民群众的基本权益之一。长期以来，我们比较注重保障人民群众物质方面的"硬权益"，强调"耕者有其田，食者有其粮"。改革开放以来，随着经济社会的发展、人民生活水平的提高，人民群众对精神文化生活的需求越来越迫切，保障人民群众基本文化权益的问题日益凸显。21世纪以来，构建公共文化服务体系成为文化建设的重要任务。

在我国，"公共文化""公共文化服务""公共文化服务体系"这些概念出现的时间并不长。过去，我们有"群众文化""社会文化"的说法，但没有公共文化。经过改革开放30多年的思想和物质积累，公共文化、公共文化服务体系建设的理念、思想、方针、政策开始出现并逐步形成。

早在1966年12月，第21届联合国大会通过了著名的《经济、社会及文化权利国际公约》。该公约规定了现代社会公民所拥有的基本文化权利，主要包括三项：(1)人人有权参加文化生活；(2)人人有权享受科学进步及其应用所产生的利益；(3)人人有权对其本

人的任何科学、文学或艺术作品所产生的精神上和物质上的利用享受被保护的权利。[①] 1997年10月,中国政府签署了该公约。2001年2月,第九届全国人大常委会第20次会议批准该公约在中国生效,标志着国际社会普遍认可的现代社会公民拥有的基本文化权利进入了我国公民基本权利的范畴,党和政府对公民基本文化权利的理解、认识和保障跨入了新阶段。

2002年11月,中共十六大报告明确提出要切实尊重和保障人民的政治、经济和文化权益。保障人民文化权益被提到了与保障政治、经济权益同等重要的高度。报告进一步指出,保障人民文化权益的主要途径是发展文化公益事业,由此拉开了新时期通过大力发展公益性文化事业来保障人民基本文化权益的行动序幕。

2005年10月,中共十六届五中全会提出建设公共文化服务体系的构想。会议要求"加大政府对文化事业的投入,逐步形成覆盖全社会的比较完备的公共文化服务体系"。

2005年11月,中共中央办公厅、国务院办公厅发布了《关于进一步加强农村文化建设的意见》,构建公共文化服务体系的思想明显体现于农村文化建设。文件明确提出要加强文化基础设施建设,构建农村公共文化服务网络;明确提出农村文化建设的"五个纳入":纳入各级党委和政府的重要议事日程,纳入经济和社会发展规划,纳入财政支出预算,纳入扶贫攻坚计划,纳入干部晋升考核指标。

2006年9月,新中国第一个国家级的文化发展专项五年规划——《国家"十一五"时期文化发展规划纲要》出台。它以浓墨重彩阐述了公共文化服务的新理念、新思想:公共文化服务以实现和保障公民基本文化权益、满足广大人民群众的基本文化需求为

[①] 葛明珍.《经济、社会及文化权利国际公约》及其实施[M]. 北京:中国社会科学出版社,2003:189-190.

目标；兼顾城乡之间、地区之间的协调发展，以普遍均等为原则；实用、便捷、高效为公共文化服务体系的总要求。这些较系统的理念、思想的提出，令人耳目一新，给公共文化建设注入了空前的活力和动力。

2006年10月，中共十六届六中全会通过了《中共中央关于构建社会主义和谐社会若干重大问题的决定》，要求"加快建立覆盖全社会的公共文化服务体系"，彰显了构建公共文化服务体系是建设和谐社会的重要内容。

2007年在新时期公共文化服务体系建设进程中具有重要意义。当年6月，中共中央政治局全体会议专题研究公共文化服务体系建设，要求按照结构合理、发展平衡、网络健全、运行有效、惠及全民的原则，以政府为主导，以公益性文化单位为骨干，鼓励全社会参与，努力建设公共文化产品生产供给、设施网络、资金与人才及技术保障、组织支撑和运行评估为基本框架的覆盖全社会的公共文化服务体系，切实保障人民群众看电视、听广播、读书、看报、进行公共文化鉴赏、参加大众文化活动等基本文化权益。同年8月，中共中央办公厅、国务院办公厅下发了《关于加强公共文化服务体系建设的若干意见》，落实中央政治局会议精神，全面部署了新时期公共文化服务体系建设工作，成为指导新时期公共文化服务体系建设的纲领性文件。以此为标志，我国公共文化服务体系建设驶入了国家政策的快车道。

2007年10月，中共十七大召开。十七大报告提出了到2020年实现全面建设小康社会奋斗目标的新要求，其中包括"覆盖全社会的公共文化服务体系基本建立"。报告要求坚持把发展公益性文化事业作为保障人民基本文化权益的主要途径，推动社会主义文化大发展大繁荣，使人民基本文化权益得到更好保障，社会文化生活更加丰富多彩，人民精神风貌更加昂扬向上。

2010年10月,中共十七届五中全会提出了"十二五"时期我国文化建设的战略任务。公共文化的建设目标是:覆盖全社会的公共文化服务体系基本建立,城乡居民能够较便捷地享受公共文化服务,基本文化权益得到更好保障。

2011年3月,在国家正式发布的《国民经济和社会发展第十二个五年规划纲要》中,公共文化被纳入基本公共服务范畴,成为和公共教育、社会保障、医疗卫生、住房保障等同样重要的基本民生事业,公共文化在经济社会发展中的基础性地位、作用得以确立。

2011年10月,中共十七届六中全会召开。会议专题研究文化改革和发展,通过了《中共中央关于深化文化体制改革推动社会主义文化大发展大繁荣若干重大问题的决定》。它对新时期我国文化改革发展的理论和实践进行了系统总结,全面部署了未来文化改革发展的战略任务,提出了建设社会主义文化强国的宏伟目标。该文件明确了公共文化服务体系的性质定位:是社会主义文化建设的基本任务;指出了公共文化服务体系的方式、建设内容和建设目标:以公共财政为支撑,以公益性文化单位为骨干,以全体人民为服务对象,以保障人民群众看电视、听广播、读书、看报、进行公共文化鉴赏、参与公共文化活动等基本文化权益为主要内容,完善覆盖城乡、结构合理、功能健全、实用高效的公共文化服务体系;强化了保障措施:把主要公共文化产品和服务项目、公益性文化活动纳入公共财政经常性支出预算,保障公共文化服务体系的建设和运行;提出了重点任务:加快城乡文化一体化发展,加强社区公共文化设施建设,把农民工纳入城市公共文化服务体系。以该文件为标志,我国公共文化服务体系建设的思想、理论基本形成,方针、政策逐步完善,建设与实践跨入了新的阶段,标志着公共文化服务体系建设实现了历史性进步。

2012年2月,《国家"十二五"时期文化改革发展规划纲要》发布;2012年5月,《文化部"十二五"时期文化改革发展规划》发布,其内容是对《中共中央关于深化文化体制改革推动社会主义文化大发展大繁荣若干重大问题的决定》提出的任务进行量化、项目化、具体化。《国家"十二五"时期文化改革发展规划纲要》提出了公共文化服务体系建设的七大文化惠民工程,《文化部"十二五"时期文化改革发展规划》提出了公共文化服务体系建设的九大重点工程。

2012年7月,我国首次发布《国家基本公共服务体系"十二五"规划》。它对包括公共文化在内的基本公共服务体系建设的指导思想、战略目标、总体部署、重大举措做了全面阐述。一个重要突破是,首次明确提出了基本公共文化服务的"国家基本标准",对服务项目、服务对象、保障标准、支出责任、覆盖水平做出了明确界定。公共文化服务纳入基本公共服务,这是公共文化服务体系建设在理论上的重大突破,它明确了公共文化服务的性质功能,使公共文化成为政府向老百姓提供的制度化产品与服务成为可能,为政府主导公共文化服务体系建设,以及公共文化服务以保障公众基本文化权益、满足公众基本文化需求为目标,奠定了坚实的理论基础。

2012年11月,中共十八大召开。十八大报告对扎实推进社会主义文化强国建设做出了全面部署,明确提出让人民享有健康、丰富的精神文化生活是全面建成小康社会的重要内容,要求加快推进重点文化惠民工程,加大对农村和欠发达地区文化建设的帮扶力度,继续推动公共文化设施向社会免费开放。针对我国目前公共文化服务体系建设的现状,十八大报告在十七届六中全会的基础上,进一步提出了完善公共文化服务体系、提高服务效能的新要求。

2013年11月，中共十八届三中全会召开。会议在全面深化改革的背景下，提出了推进文化体制机制创新、构建现代公共文化服务体系的时代任务，并指明了五大重点突破方向。第一，建立公共文化服务体系的协调机制，要协调文化系统及全社会的资源，统筹公共文化的设施网络和服务体系建设。第二，以公共文化的普遍均等、惠及全民作为目标，形成以群众需求为导向、以经济社会发展水平为依据的公共文化服务标准，以标准化促进均等化，以均等化体现公平正义。第三，对基层公共文化资源要从组织体系、经费机制、资源配置、人员保障等方面进行深度整合，形成合力和优势，有效对接群众的需求，建立综合性的基层文化服务中心，实现多位一体的文化服务机制。第四，公益性文化事业单位推广法人治理结构，实行理事会制度，通过建立民主管理制度和机制来解决政府"办文化"问题，解决公益性文化事业单位行政化问题。第五，推动公共文化服务社会化发展，培育文化非营利组织，鼓励社会力量、社会资本参与公共文化服务体系建设，拓宽公共文化服务的渠道和范围，增加公共文化服务的开放性。

从2002年中共十六大报告，到2012年十七届六中全会的决定，再到2013年十八届三中全会"构建现代公共文化服务体系"，十多年来，我国公共文化服务体系建设的理念、思想逐步形成，方针、政策逐步完善，公共文化服务体系建设实践取得了丰硕成果。

二、公共文化服务的时代任务及其特点

按照实现全面建设小康社会奋斗目标的要求，中共十七届六中全会提出了到2020年公共文化发展的奋斗目标：文化事业全面繁荣，覆盖全社会的公共文化服务体系基本建立，努力实现基本公共文化服务均等化。

覆盖全社会的公共文化服务体系基本建立，努力实现基本公共文化服务均等化，这是公共文化建设的时代任务。全覆盖的公共文化服务体系基本建立和基本公共文化服务均等化之间，存在着相辅相成的内在逻辑联系。实现基本公共文化服务均等化是目标，建立覆盖全社会的公共文化服务体系是实现途径。换言之，只有建立起全覆盖的公共文化服务体系，才能实现提供均等化的公共文化服务的目标。因此，构建覆盖全社会的公共文化服务体系，成为各级政府发展文化事业的首要责任。

(一)覆盖全社会的公共文化服务体系基本建立的标志

覆盖全社会的公共文化服务体系基本建立的标志有五个：

第一，形成了具有覆盖所有人群能力、形式多样的公共文化设施网络体系；第二，形成了政府主导的多样化的公共文化产品生产供给体系；第三，形成了强有力的公共文化服务人才、技术、资金保障体系；第四，形成了完善的公共文化服务组织支撑体系；第五，形成了科学、有效的公共文化服务运行评估体系。对公共文化服务体系建设目标的总要求，简单地说就是：覆盖城乡、结构合理、功能健全、实用、高效。

(二)建立覆盖全社会的公共文化服务体系的路径

自2005年公共文化服务体系建设被提到党和政府的重要日程以来，经过不断探索和实践，目前已经形成了较明确的方针、政策，这就是：以政府为主导，以公共财政为支撑，以公益性文化单位为骨干，以基层为重点，以全体人民为服务对象，以保障人民群众看电视、听广播、读书、看报、进行公共文化鉴赏、参与公共文化活动等基本文化权益为主要内容。

公共文化服务的目标和任务是保障人民群众基本文化权益，满足人民群众基本文化需求。在我国目前的经济社会发展阶段，所谓基本文化需求，现行政策的界定就是老百姓看电视、听广播、读书、看报、进行公共文化鉴赏、参与公共文化活动的需求。基本公共文化服务具有地域性和阶段性两大特征。地域性是指由于经济社会发展的不平衡，不同地域的人群享受的基本公共文化服务不完全相同；阶段性是指同一地域的人群在不同发展阶段享受的基本公共文化服务不完全相同。因此，在努力实现基本公共文化服务均等化的原则下，要理解"均等化"的相对性，理解基本公共文化服务内涵的相对性和动态性。

(三)公共文化服务的突出特点

21世纪以来，经过理论上的不断探索、实践上的不断验证，目前，公共文化服务的特点在政策性文件中已有稳定表述，这就是所谓的"四性"：公益性、基本性、均等性、便利性。

"公益性"是指公共文化服务不以营利为目的，不以市场为导向，具有公益属性。对政府来说，公共文化服务是社会财富二次分配支持的事业，即公共资金支持的事业；对老百姓来说，以免费或优惠的形式享受公共文化服务，是对自身以纳税形式支付的社会管理和发展成本的享用，体现的是个人基本文化权利的实现，个体在社会中全面发展的实现。让人民群众广泛享有免费的或优惠的基本公共文化服务，这就是现行政策对公共文化服务公益性的要求。

"基本性"是指公共文化服务所保障的权益、所满足的需求，以"基本"为尺度，超出"基本"范围的文化需求，就需要通过市场满足，所以，在社会主义市场经济条件下，发展文化产业是满足人民群众多样化文化需求的主要途径。"基本"的尺度和范围不是一成不变的，"基本服务"也具有地域性和阶段性的特征，但公共文化服务首先需要确定"基本"的内容、范围和边界。

"均等性"是公共文化服务最本质的特点。所谓均等性，就是不分性别、年龄、贫富、地域，人人都可以公平享受的服务，是惠及全民的服务，所以，包括基本公共文化服务在内的基本公共服务也是社会公平、正义的体现。公共文化服务之所以要形成体系，公共文化服务体系之所以要求覆盖城乡、结构合理，公共文化服务体系建设之所以需要政府主导和公共资金支持，都是为了实现服务的普遍均等、惠及全民。当公平和效率发生矛盾时，公共文化服务应坚持公平优先、兼顾效率，这与文化产业效率优先、兼顾公平的思路不同。

"便利性"是指公共文化服务必须是老百姓身边的服务，必须是在老百姓生活中发挥作用的服务，必须是老百姓能够方便享用的服务。便利性要求公共文化服务具有覆盖所有人的能力，因此，设施要考虑服务半径、覆盖面积，要形成固定设施、流动服务、数字传播相辅相成的网络体系；资源配置要遵循规律，达到足以支撑服务的临界标准；服务要考虑手段、方式的体系化，要具备达到基本服务标准的服务能力，讲求服务效益。公共文化服务具有覆盖所有人的能力，不是仅由公共文化设施或服务向所有人敞开大门就能实现的。

公益性、基本性、均等性、便利性是公共文化服务最突出的特点。这四大特点不是简单的平行关系、并列关系或包含关系，而是有内在的逻辑联系。在四大特点中，"均等"是核心，"公益"是保障，"基本"是尺度，"便利"是前提。准确、深刻地理解公共文化服务的特点，对指导公共文化服务实践有重要意义。

三、公共文化服务体系及其子系统

公共文化服务体系是政府主导的、以保障公民基本文化权益为目标的基本文化产品与服务提供、制度和系统建设的统称。它是政府向人民群众提供公共文化服务的实现途径和保障体系。

公共文化服务是各级政府向全体公民提供的基本公共服务之一。政府提供基本公共文化服务，需要建立提供的保障机制，也需要建立公众接受和参与的保障与促进机制，还需要建立提供能力和服务效果的监督评价机制，所有这些就构成了公共文化服务体系的基本制度。政府通过构建公共文化服务体系，来实现和完成向公众提供公共文化服务的任务；公众依靠公共文化服务体系提供的设施和资源，以及建立的制度和机制，实现自身的基本文化权益。

一个完善的公共文化服务体系，主要包括以下五大子系统：

（一）设施网络体系

设施网络体系包括由单体设施建设到设施形成网络的全过程。单体设施建设需要解决网点布局、建设标准的问题，要提高公共文化设施的设置率；设施形成网络，需要建立公共文化设施的服务半径、覆盖面积指标，提高公共文化设施的覆盖率。设施体系不等于服务体系，但服务体系一定是以设施体系为基础的。从这个意义上说，没有覆盖全社会的公共文化设施体系，就没有覆盖全社会的公共文化服务体系。

在今天，设施网络体系不能简单地理解为仅指固定设施。作为公共文化设施的载体形式，既包括固定设施体系，也包括流动服务设体系和数字传播体系。三者互为补充、相辅相成，共同构成一个覆盖全社会的公共文化设施体系。

固定设施体系，现行政策强调以大型公共文化设施为骨干，以县、乡（镇）和社区基层文化设施为基础，统筹规划，合理布局，使设施体系的整体效益得以充分发挥。流动服务体系是目前设施网络体系建设的"短板"，十七届六中全会鼓励文化单位面向农村提供流动服务。数字传播具有跨越时空、无所不在的特点，但数字传播也需要节点，需要设施设备，文化共享工程基层点、党员远程教育基层点、农村公共信息服务点等共同构成了数字传播设施网络体系。提高公共文化服务的数字化、网络化水平，是未来公共文化建设的重要任务。

(二)产品生产供给体系

该体系的基本内容是建立群众基本文化需求的反馈机制,以及城乡群众基本文化服务内容及量化指标,明确并落实公共文化资源生产供给主体、方式、渠道。公共文化服务机构实行经常性开放和免费提供基本服务,有针对性地设立和实施重大文化惠民项目,重点解决突出矛盾和问题。

建立公共文化产品生产和供给体系,需要处理好政府与市场的关系。公共文化的政府主导,意味着政府是公共文化产品、资源提供的责任主体,至于产品和资源的生产与供给,要充分利用市场机制。十七届六中全会提出要采用政府采购、项目补贴、定向资助、贷款贴息、税收减免等多种政策措施鼓励文化企业参与公共文化服务,这是形成完善的公共文化服务产品生产供给体系的方向和路径。公共文化产品和资源的生产途径多元化,供给方式由文化系统的"内循环"转变为市场化的"大循环",公共文化就会成为文化产业培育与发展的阵地,成为促进文化产业发展的动力,最终形成公益性文化事业和营利性文化产业协调发展、共同繁荣的局面。

(三)人才、技术、资金保障体系

公共文化服务体系建设的人才保障,需要打造三支队伍:高层次的领军人物;高素质的专业人才队伍;规模宏大、结构合理的基层公共文化人才队伍。领军人物队伍建设,目前需要重点解决基层公共文化服务机构馆长、站长遴选与任命的科学化、规范化、专业化问题,造就一批堪称事业发展中坚的职业化的领军人才。专业人才队伍建设,需要逐步建立和完善公共文化服务专业人员的资格要求和聘任制度,深化职称制度改革,建立有效的激励机制,为专业人才的成长和才华施展提供良好的制度环境。要形成一种共识:现代社会的公共文化服务是一种专业化的服务,离开了高素质的专业人才支撑，公共文化服务就没有可持续发展的能力。基层公共文化人才队伍建设，一方面要完善机构编制、学习培训、待遇保障等方面的政策措施，重视选好、配齐专职人员；另一方面要加强基层文化志愿者队伍建设，完善基层文化志愿活动的领导体制和运行机制，依托公益性文化设施、重点文化惠民工程、重要节日和纪念日以及各种形式的文化帮扶活动，开展多彩的基层文化志愿服务活动。基层公共文化服务需要一支规模宏大、结构合理、专兼职相结合的公共文化人才队伍。

信息时代的公共文化服务对技术的要求和依赖越来越强。技术应用改变了服务手段、服务方式，也改变了人们享用公共文化服务的方式。公共文化服务要建立现代传播体系、现代服务体系，必须建立相应的技术保障体系。技术保障体系的基本目标是建立公共文化服务机构利用新技术、新媒体、新手段开展服务和管理的基础设施建设和设备配置标准，以及相应的技术支撑条件，让所有的公共文化服务机构都具有数字资源提供能力、远程服务能力。

经过长期的探索与实践，关于公共文化服务体系建设的资金保障，《中共中央关于深化文化体制改革推动社会主义文化大发展大繁荣若干重大问题的决定》《国家"十二五"时期文化改革发展规划纲要》等重要文件已经确立了明确的方针。第一，公共文化产品和服务项目、公益性文化活动纳入公共财政经常性支出预算；第二，保证公共财政对文化建设投入的增长幅度高于财政经常性收入增长幅度；第三，提高文化支出占财政支出的比例；第四，中央、省、市三级设立农村文化发展建设专项资金，保证一定数量的中央转移支付资金用于乡镇和村文化建设；第五，设立国家文化发展基金，扩大有关文化基金和专项资金的规模，提高各级彩票公益金用于文化事业的比重。总的要求是，建立与健全同国力相匹配、同人民群众文化需求相适应的政府投入保障机制，增加公共文化服务体系建设资金和经费保障投入，保障公共文化服务体系的建设和运行。

（四）组织支撑体系

组织支撑体系包括公共文化服务体系建设的领导体制、工作机制，以及公共文化服务机构的运行机制。

领导体制首先要加强和改进党委和政府对文化建设的领导。《中共中央关于深化文化体制改革推动社会主义文化大发展大繁荣若干重大问题的决定》要求各级党委、政府切实担负起推进文化改革发展的政治责任；要把文化建设摆在全局工作的重要位置；把文化改革发展的成效纳入科学发展考核评价体系，作为衡量领导班子和领导干部工作业绩的重要依据；把文化建设的内容纳入干部培训计划和各级党校、行政学院、干部学院教学体系。

公共文化服务体系建设的工作机制，目标是形成党委统一领导、党政齐抓共管、宣传部门统一协调、有关部门分工负责、社会力量积极参与的工作格局。在形成文化建设强大合力的同时，文化领域各部门发挥文化建设主力军的作用。

公共文化服务机构作为公益性文化事业单位、独立事业法人，是公共文化服务体系的细胞。细胞的活力决定着体系的活力。公共文化服务机构内部机制改革，遵循"增加投入、转换机制、增强活力、改善服务"的原则进行。公共文化服务机构运行机制改革的方向是，形成政府宏观管理、行业组织指导与行业自律、公共文化服务机构实行法人治理的结构模式，在这一过程中，特别需要建立和强化公共文化服务机构的专家咨询制度与公众参与制度。

（五）评估体系

评估体系的基本目标是建立公共文化服务指标体系和绩效考核的办法。指标体系是对公共文化服务项目、保障标准、服务标准、支出责任、覆盖水平形成量化标准，有了服务的指标体系，考核服务绩效才有依据。建立以服务绩效为导向的评价机制，是提升服务能力、改善服务效益所必需的。绩效考核办法要向多元、立体的方向发展,上级考核与第三方评价相结合,体制内考核与社会评价相结合,服务提供者评价与服务受众评价相结合,历时性评价与共时性评价相结合,尤其要着力建立独立第三方评估机制和公众满意度指数,形成政府、社会、公共文化服务机构、服务受众共同参与的科学、高效的绩效考核办法。

四、重要政策法规选编

(一)中共中央关于全面深化改革若干重大问题的决定[①](节选)

中共中央关于全面深化改革若干重大问题的决定

(2013年11月12日中国共产党第十八届中央委员会第三次全体会议通过)

十一、推进文化体制机制创新

建设社会主义文化强国,增强国家文化软实力,必须坚持社会主义先进文化前进方向,坚持中国特色社会主义文化发展道路,培育和践行社会主义核心价值观,巩固马克思主义在意识形态领域的指导地位,巩固全党全国各族人民团结奋斗的共同思想基础。坚持以人民为中心的工作导向,坚持把社会效益放在首位、社会效益和经济效益相统一,以激发全民族文化创造活力为中心环节,进一步深化文化体制改革。

(38)完善文化管理体制。按照政企分开、政事分开原则,推

---

① 新华社. 中共中央关于全面深化改革若干重大问题的决定[EB/OL]. [2013-11-15]. http://www.gov.cn/jrzg/2013-11/15/content_2528179.htm. 为保证法律及政策的准确性,本书中各章附上的法律、法规及政策文件均保持原文内容,未做修改,特此说明。

动政府部门由办文化向管文化转变，推动党政部门与其所属的文化企事业单位进一步理顺关系。建立党委和政府监管国有文化资产的管理机构，实行管人管事管资产管导向相统一。

健全坚持正确舆论导向的体制机制。健全基础管理、内容管理、行业管理以及网络违法犯罪防范和打击等工作联动机制，健全网络突发事件处置机制，形成正面引导和依法管理相结合的网络舆论工作格局。整合新闻媒体资源，推动传统媒体和新兴媒体融合发展。推动新闻发布制度化。严格新闻工作者职业资格制度，重视新型媒介运用和管理，规范传播秩序。

（39）建立健全现代文化市场体系。完善文化市场准入和退出机制，鼓励各类市场主体公平竞争、优胜劣汰，促进文化资源在全国范围内流动。继续推进国有经营性文化单位转企改制，加快公司制、股份制改造。对按规定转制的重要国有传媒企业探索实行特殊管理股制度。推动文化企业跨地区、跨行业、跨所有制兼并重组，提高文化产业规模化、集约化、专业化水平。

鼓励非公有制文化企业发展，降低社会资本进入门槛，允许参与对外出版、网络出版，允许以控股形式参与国有影视制作机构、文艺院团改制经营。支持各种形式小微文化企业发展。

在坚持出版权、播出权特许经营前提下，允许制作和出版、制作和播出分开。建立多层次文化产品和要素市场，鼓励金融资本、社会资本、文化资源相结合。完善文化经济政策，扩大政府文化资助和文化采购，加强版权保护。健全文化产品评价体系，改革评奖制度，推出更多文化精品。

（40）构建现代公共文化服务体系。建立公共文化服务体系建设协调机制，统筹服务设施网络建设，促进基本公共文化服务标准化、均等化。建立群众评价和反馈机制，推动文化惠民项目与群众文化需求有效对接。整合基层宣传文化、党员教育、科学普及、体育健身等设施，建设综合性文化服务中心。

明确不同文化事业单位功能定位，建立法人治理结构，完善绩效考核机制。推动公共图书馆、博物馆、文化馆、科技馆等组建理事会，吸纳有关方面代表、专业人士、各界群众参与管理。

引入竞争机制，推动公共文化服务社会化发展。鼓励社会力量、社会资本参与公共文化服务体系建设，培育文化非营利组织。

(41)提高文化开放水平。坚持政府主导、企业主体、市场运作、社会参与，扩大对外文化交流，加强国际传播能力和对外话语体系建设，推动中华文化走向世界。理顺内宣外宣体制，支持重点媒体面向国内国际发展。培育外向型文化企业，支持文化企业到境外开拓市场。鼓励社会组织、中资机构等参与孔子学院和海外文化中心建设，承担人文交流项目。

积极吸收借鉴国外一切优秀文化成果，引进有利于我国文化发展的人才、技术、经营管理经验。切实维护国家文化安全。

(二)中共中央关于深化文化体制改革推动社会主义文化大发展大繁荣若干重大问题的决定[1](节选)

中共中央关于深化文化体制改革推动社会主义文化大发展大繁荣若干重大问题的决定

(2011年10月18日中国共产党第十七届
中央委员会第六次全体会议通过)

五、大力发展公益性文化事业，保障人民基本文化权益

满足人民基本文化需求是社会主义文化建设的基本任务。必

---

① 新华社. 中共中央关于深化文化体制改革推动社会主义文化大发展大繁荣若干重大问题的决定[EB/OL]．[2011-10-25]．news. xinhuanet. com/politics/2011－10/25/C_122197737. htm

须坚持政府主导，按照公益性、基本性、均等性、便利性的要求，加强文化基础设施建设，完善公共文化服务网络，让群众广泛享有免费或优惠的基本公共文化服务。

（一）构建公共文化服务体系。加强公共文化服务是实现人民基本文化权益的主要途径。要以公共财政为支撑，以公益性文化单位为骨干，以全体人民为服务对象，以保障人民群众看电视、听广播、读书看报、进行公共文化鉴赏、参与公共文化活动等基本文化权益为主要内容，完善覆盖城乡、结构合理、功能健全、实用高效的公共文化服务体系。把主要公共文化产品和服务项目、公益性文化活动纳入公共财政经常性支出预算。采取政府采购、项目补贴、定向资助、贷款贴息、税收减免等政策措施鼓励各类文化企业参与公共文化服务。鼓励国家投资、资助或拥有版权的文化产品无偿用于公共文化服务。加强文化馆、博物馆、图书馆、美术馆、科技馆、纪念馆、工人文化宫、青少年宫等公共文化设施和爱国主义教育示范基地建设并完善向社会免费开放服务，鼓励其他国有文化单位、教育机构等开展公益性文化活动，各类公共场所要为群众性文化活动提供便利。统筹规划和建设基层公共文化设施，坚持项目建设和运行管理并重，实现资源整合、共建共享。加强社区公共文化设施建设，把社区文化中心建设纳入城乡规划和设计，拓展投资渠道。完善面向妇女、未成年人、老年人、残疾人的公共文化设施。引导和鼓励社会力量通过兴办实体、资助项目、赞助活动、提供设施等形式参与公共文化服务。推进国家公共文化服务体系示范区创建。制定公共文化服务指标体系和绩效考核办法。

（二）发展现代传播体系。提高社会主义先进文化辐射力和影响力，必须加快构建技术先进、传输快捷、覆盖广泛的现代传播体系。要加强党报党刊、通讯社、电台电视台和重要出版社建设，进一步完善采编、发行、播发系统，加快数字化转型，扩大有效覆盖面。加强国际传播能力建设，打造国际一流媒体，提高新闻信息原创率、首发率、落地率。建立统一联动、安全可靠的国家应急广播体系。完善国家数字图书馆建设。整合有线电视网络，组建国家级广播电视网络公司。推进电信网、广电网、互联网三网融合，建设国家新媒体集成播控平台，创新业务形态，发挥各类信息网络设施的文化传播作用，实现互联互通、有序运行。

（三）建设优秀传统文化传承体系。优秀传统文化凝聚着中华民族自强不息的精神追求和历久弥新的精神财富，是发展社会主义先进文化的深厚基础，是建设中华民族共有精神家园的重要支撑。要全面认识祖国传统文化，取其精华、去其糟粕，古为今用、推陈出新，坚持保护利用、普及弘扬并重，加强对优秀传统文化思想价值的挖掘和阐发，维护民族文化基本元素，使优秀传统文化成为新时代鼓舞人民前进的精神力量。加强文化典籍整理和出版工作，推进文化典籍资源数字化。加强国家重大文化和自然遗产地、重点文物保护单位、历史文化名城名镇名村保护建设，抓好非物质文化遗产保护传承。深入挖掘民族传统节日文化内涵，广泛开展优秀传统文化教育普及活动。发挥国民教育在文化传承创新中的基础性作用，增加优秀传统文化课程内容，加强优秀传统文化教学研究基地建设。大力推广和规范使用国家通用语言文字，科学保护各民族语言文字。繁荣发展少数民族文化事业，开展少数民族特色文化保护工作，加强少数民族语言文字党报党刊、广播影视节目、出版物等译制播出出版。加强同香港、澳门的文化交流合作，加强同台湾的各种形式文化交流，共同弘扬中华优秀传统文化。

（四）加快城乡文化一体化发展。增加农村文化服务总量，缩小城乡文化发展差距，对推进社会主义新农村建设、形成城乡经济社会发展一体化新格局具有重大意义。要以农村和中西部地区为重点，加强县级文化馆和图书馆、乡镇综合文化站、村文化室建设，深入实施广播电视村村通、文化信息资源共享、农村电影放映、农家书屋等文化惠民工程，扩大覆盖、消除盲点、提高标准、完善服务、改进管理。加大对革命老区、民族地区、边疆地区、贫困地区文化服务网络建设支持和帮扶力度。深入开展全民阅读、全民健身活动，推动文化科技卫生"三下乡"、科教文体法律卫生"四进社区"、"送欢乐下基层"等活动经常化。引导企业、社区积极开展面向农民工的公益性文化活动，尽快把农民工纳入城市公共文化服务体系。建立以城带乡联动机制，合理配置城乡文化资源，鼓励城市对农村进行文化帮扶，把支持农村文化建设作为创建文明城市基本指标。鼓励文化单位面向农村提供流动服务、网点服务，推动媒体办好农村版和农村频率频道，做好主要党报党刊在农村基层发行和赠阅工作。扶持文化企业以连锁方式加强基层和农村文化网点建设，推动电影院线、演出院线向市县延伸，支持演艺团体深入基层和农村演出。中央、省、市三级设立农村文化建设专项资金，保证一定数量的中央转移支付资金用于乡镇和村文化建设。

……

七、进一步深化改革开放，加快构建有利于文化繁荣发展的体制机制

文化引领时代风气之先，是最需要创新的领域。必须牢牢把握正确方向，加快推进文化体制改革，建立健全党委领导、政府管理、行业自律、社会监督、企事业单位依法运营的文化管理体制和富有活力的文化产品生产经营机制，发挥市场在文化资源配置中的积极作用，创新文化走出去模式，为文化繁荣发展提供强大动力。

（一）深化国有文化单位改革。以建立现代企业制度为重点，加快推进经营性文化单位改革，培育合格市场主体。科学界定文化单位性质和功能，区别对待、分类指导、循序渐进、逐步推开，推进一般国有文艺院团、非时政类报刊社、新闻网站转企改制，拓展出版、发行、影视企业改革成果，加快公司制股份制改造，完善法人治理结构，形成符合现代企业制度要求、体现文化企业特点的资产组织形式和经营管理模式。创新投融资体制，支持国有文化企业面向资本市场融资，支持其吸引社会资本进行股份制改造。着眼于突出公益属性、强化服务功能、增强发展活力，全面推进文化事业单位人事、收入分配、社会保障制度改革，明确服务规范，加强绩效评估考核。创新公共文化设施运行机制，吸纳有代表性的社会人士、专业人士、基层群众参与管理。推动党报党刊、电台电视台进一步完善管理和运行机制。推动一般时政类报刊社、公益性出版社、代表民族特色和国家水准的文艺院团等事业单位实行企业化管理，增强面向市场、面向群众提供服务能力。

（二）健全现代文化市场体系。促进文化产品和要素在全国范围内合理流动，必须构建统一开放竞争有序的现代文化市场体系。要重点发展图书报刊、电子音像制品、演出娱乐、影视剧、动漫游戏等产品市场，进一步完善中国国际文化产业博览交易会等综合交易平台。发展连锁经营、物流配送、电子商务等现代流通组织和流通形式，加快建设大型文化流通企业和文化产品物流基地，构建以大城市为中心、中小城市相配套、贯通城乡的文化产品流通网络。加快培育产权、版权、技术、信息等要素市场，办好重点文化产权交易所，规范文化资产和艺术品交易。加强行业组织建设，健全中介机构。

（三）创新文化管理体制……加快文化立法，制定和完善公共文化服务保障、文化产业振兴、文化市场管理等方面法律、法规，提高文化建设法制化水平。坚持主管主办制度，落实谁主管谁负责和属地管理原则，严格执行文化资本、文化企业、文化产品市场准入和退出政策，综合运用法律、行政、经济、科技等手段提高管理效能。深入开展"扫黄打非"，完善文化市场管理，坚决扫除毒害人们心灵的腐朽文化垃圾，切实营造确保国家文化安全的市场秩序。

（四）完善政策保障机制。保证公共财政对文化建设投入的增长幅度高于财政经常性收入增长幅度，提高文化支出占财政支出比例。扩大公共财政覆盖范围，完善投入方式，加强资金管理，提高资金使用效益，保障公共文化服务体系建设和运行。落实和完善文化经济政策，支持社会组织、机构、个人捐赠和兴办公益性文化事业，引导文化非营利机构提供公共文化产品和服务。加大财政、税收、金融、用地等方面对文化产业的政策扶持力度，鼓励文化企业和社会资本对接，对文化内容创意生产、非物质文化遗产项目经营实行税收优惠。设立国家文化发展基金，扩大有关文化基金和专项资金规模，提高各级彩票公益金用于文化事业比重。继续执行文化体制改革配套政策，对转企改制国有文化单位扶持政策执行期限再延长五年。

……

八、建设宏大文化人才队伍，为社会主义文化大发展大繁荣提供有力人才支撑

推动社会主义文化大发展大繁荣，队伍是基础，人才是关键。要坚持尊重劳动、尊重知识、尊重人才、尊重创造，深入实施人才强国战略，牢固树立人才是第一资源思想，全面贯彻党管人才原则，加快培养造就德才兼备、锐意创新、结构合理、规模宏大的文化人才队伍。

……

（二）加强基层文化人才队伍建设。基层文化人才队伍是文化改革发展的基础力量。要制定实施基层文化人才队伍建设规划，完善机构编制、学习培训、待遇保障等方面的政策措施，吸引优秀文化人才服务基层。配好配齐乡镇、街道党委宣传委员、宣传干事和乡镇综合文化站专职人员。设立城乡社区公共文化服务岗位，对服务期满高校毕业生报考文化部门公务员、相关专业研究生实行定向招录。重视发现和培养扎根基层的乡土文化能人、民族民间文化传承人特别是非物质文化遗产项目代表性传承人，鼓励和扶持群众中涌现出的各类文化人才和文化活动积极分子，促进他们健康成长、发挥作用。壮大文化志愿者队伍，鼓励专业文化工作者和社会各界人士参与基层文化建设和群众文化活动，形成专兼结合的基层文化工作队伍。

......

九、加强和改进党对文化工作的领导，提高推进文化改革发展科学化水平

加强和改进党对文化工作的领导，是推进文化改革发展的根本保证，也是加强党的执政能力建设和先进性建设的内在要求。必须从战略和全局出发，把握文化发展规律，健全领导体制机制，改进工作方式方法，增强领导文化建设本领。

（一）切实担负起推进文化改革发展的政治责任。各级党委和政府要把文化建设摆在全局工作重要位置，深入研究意识形态和宣传文化工作新情况新特点，及时研究文化改革发展重大问题，加强和改进思想政治工作，牢牢把握意识形态工作主导权，掌握文化改革发展领导权。把文化建设纳入经济社会发展总体规划，与经济社会发展一同研究部署、一同组织实施、一同督促检查。把文化改革发展成效纳入科学发展考核评价体系，作为衡量领导班子和领导干部工作业绩的重要依据。制定社会主义核心价值体系建设实施纲要。在全党深入开展社会主义核心价值体系学习教育，使广大党员、干部成为实践社会主义核心价值体系的模范，做共产主义远大理想和中国特色社会主义共同理想的坚定信仰者。深入做好文化领域知识分子工作，充分尊重知识分子创造性劳动，善于同知识分子特别是有影响的代表人士交朋友，把广大知识分子紧紧团结在党的周围。

（二）加强文化领域领导班子和党组织建设。坚持德才兼备、以德为先用人标准，选好配强文化领域各级领导班子，把政治立场坚定、思想理论水平高、熟悉文化工作、善于驾驭意识形态领域复杂局面的干部充实到领导岗位上来，把文化领域各级领导班子建设成为坚强领导集体。加强领导班子思想政治建设，增强政治敏锐性和政治鉴别力，筑牢思想防线，确保文化阵地导向正确。各级领导干部要高度重视并切实抓好文化工作，加强文化理论学习和文化问题研究，提高文化素养，努力成为领导文化建设的行家里手。把文化建设内容纳入干部培训计划和各级党校、行政学院、干部学院教学体系。结合文化单位特点加强和创新基层党的工作，发挥文化事业单位、国有和国有控股文化企业党组织的领导核心和政治核心作用，重视文化领域非公有制经济组织、新社会组织党的组织建设。注重在文化领域优秀人才、先进青年、业务骨干中发展党员。文化战线全体共产党员要牢固树立党的观念、党员意识，讲党性、重品行、作表率，在推进文化改革发展中创先争优、发挥先锋模范作用。

（三）健全共同推进文化建设工作机制。推动社会主义文化大发展大繁荣是全党全社会的共同责任。要建立健全党委统一领导、党政齐抓共管、宣传部门组织协调、有关部门分工负责、社会力量积极参与的工作体制和工作格局，形成文化建设强大合力。文化领域各部门各单位要自觉贯彻中央决策部署，落实文化改革发展目标任务，发挥文化建设主力军作用。支持人大、政协履行职能，调动各部门积极性，支持民主党派、无党派人士和人民团体发挥作用，共同推进文化改革发展。推动文联、作协、记协等文化领域人民团体创新管理体制、组织形式、活动方式，履行好联络协调服务职能，加强行业自律，依法维护文化工作者权益。全面贯彻党的宗教工作基本方针，发挥宗教界人士和信教群众在促进文化繁荣发展中的积极作用。

（四）发挥人民群众文化创造积极性。人民是推动社会主义文化大发展大繁荣最深厚的力量源泉。要牢固树立马克思主义群众观点，自觉贯彻党的群众路线，为广大群众成为社会主义文化建设者提供广阔舞台。广泛开展群众性文化活动，提高社区文化、村镇文化、企业文化、校园文化等建设水平，引导群众在文化建设中自我表现、自我教育、自我服务。积极搭建公益性文化活动平台，依托重大节庆和民族民间文化资源，组织开展群众乐于参与、便于参与的文化活动。支持群众依法兴办文化团体，精心培育植根群众、服务群众的文化载体和文化样式。及时总结来自群众、生动鲜活的文化创新经验，推广大众文化优秀成果，在全社会营造鼓励文化创造的良好氛围，让蕴藏于人民中的文化创造活力得到充分发挥。

（三）国家基本公共服务体系"十二五"规划[①]（节选）

国家基本公共服务体系"十二五"规划

第十章 公共文化体育

国家建立公共文化体育服务制度，保障人民群众看电视、听

---

① 国务院. 国家基本公共服务体系"十二五"规划[EB/OL]. [2012-07-11]. http://www.gov.cn/zwgk/2012-07/20/content_2187242.htm.

广播、读书看报、进行公共文化鉴赏、参加大众文化活动和体育健身等权益。

> "十二五"时期，政府提供如下公共文化体育服务：
> ◆向全民免费开放基层公共文化体育设施，逐步扩大公共图书馆、文化馆（站）、博物馆、美术馆、纪念馆、科技馆、工人文化宫、青少年宫等免费开放范围；
> ◆为全民免费提供基本的广播电视服务和突发事件应急广播服务；
> ◆为农村居民免费提供文化信息资源共享、电影放映、送书送报送戏等公益性文化服务；
> ◆加强文化遗产保护和综合利用；
> ◆为城乡居民参加全民健身活动提供免费指导服务。

第一节　重点任务

围绕建设社会主义核心价值体系和满足城乡居民精神文化需求的要求，坚持公益性、基本性、均等性、便利性，建立健全公共文化服务体系，扩大公共文化产品和服务的供给。推进全民健身公共服务体系建设。

——公益性文化。继续实施文化惠民工程，以农村基层和中西部地区为重点，加快公共文化基础设施建设。推进建立公共电子阅览室和未成年人公益性上网场所。促进城乡基层公共文化服务资源的共建共享。逐步实现公共文化场馆向全社会免费开放。推动文化科技卫生"三下乡"、"送欢乐下基层"等活动制度化，充分发挥流动文化服务车、流动电影放映车作用。广泛开展社区文化、村镇文化、校园文化、家庭文化等群众性文化活动，积极开展面向农民工和残疾人等群体的公益性文化服务。完善公益性演出补贴制度。加大对地方特色和民族特色文化的支持力度。加大文化和自然遗产、非物质文化遗产保护力度，逐步提高面向公众开放、展示的水平。

——广播影视。加强农村基层广播电视和无线发射台站建设，全面解决20户以下已通电自然村"盲村"广播电视覆盖。加强直播卫星平台建设，在有线网络未通达、无线网络不能覆盖的农村地区开展直播卫星公共服务。提高少数民族语言广播影视节目译制、制作、播出及传播覆盖能力。继续推进农村电影数字放映，将观看爱国主义教育影片纳入中小学教育教学计划。鼓励电影企业深入城乡社区、厂矿等开展公益放映活动。积极推进国家应急广播体系建设。加强地面数字电视建设，逐步完成地面模拟信号向数字信号的转换，不断提高无线广播电视公共服务的质量和水平。

——新闻出版。广泛开展全民阅读活动，逐步扩大基本免费或低收费阅读服务范围。继续加强农家书屋和城乡阅报栏（屏）建设，合理规划布局建设农村和中小城市出版发行网点。推进公益性数字出版产品免费下载、阅读和使用。大力扶持少数民族出版物的翻译和出版，积极开展少数民族文字书报刊赠送活动。

——群众体育。加强基层公共体育设施建设。大力推动公共体育设施向社会开放，健全学校等企事业单位体育设施向公众开放的管理制度。全面实施全民健身计划，健全基层全民健身组织服务体系，扶持社区体育俱乐部、青少年体育俱乐部和体育健身站（点）等建设，发展壮大社会体育指导员队伍，大力开展全民健身志愿服务活动。积极推广广播体操、工间操以及其他科学有效的全民健身方法，广泛开展形式多样、面向大众的群众性体育活动。建立国家、省、市三级体质测定与运动健身指导站，普及科学健身知识，指导群众科学健身。推动落实国家体育锻炼标准，加强学生体质监测，制定残疾人体质测定标准，定期开展国民体质监测。

第二节　基本标准

加快建立、健全公共文化体育服务国家标准体系。依据国家文化体育相关法律、法规，为保障服务的供给规模和质量，明确工作任务的事权与支出责任，促进城乡均衡发展，制定"十二五"时期公共文化体育服务国家基本标准。

各类公共文化体育设施布局、场馆建设、设备配置、人员配备、服务规范等具体标准，由文化部、广电总局、新闻出版总署、文物局和体育总局依法会同有关部门及国家标准化行政管理部门制定实施。

各省(区、市)应遵循实施国家基本标准，并可结合本地区实际情况适当提高标准。

"十二五"时期公共文化体育服务国家基本标准

服务项目	服务对象	保障标准	支出责任	覆盖水平
公益性文化服务				
公共文化场馆开放	城乡居民	公共空间设施和基本服务项目免费，全年开放时间不少于10个月	中央和地方财政按比例共同负担	除文物建筑及遗址类博物馆外，各级文化文物部门归口管理的公共文化场馆全面向社会开放
公益性流动文化服务	城乡居民	免费享有影视放映、文艺演出、图片展览、图书销售和借阅、科技宣传为一体的流动文化服务；每个乡镇每年送4场地方戏曲；每学期中小学生观看两部爱国主义教育影片	地方政府负责，中央财政适当补助	基本建立灵活机动、方便群众的公益性流动文化服务网络，保障公益性演出场次

续表

服务项目	服务对象	保障标准	支出责任	覆盖水平
广播影视				
农村广播电视	农村居民为主	无偿提供中央第一套广播节目、中央第一套和第七套电视节目及本省第一套广播电视节目等4套以上广播和电视节目服务，逐步增加节目套数和提高播放质量	中央和地方政府共同负责	基本实现所有通电行政村和自然村村村和户户通广播电视
农村电影放映	农村居民	行政村一村一月放映一场电影，每场财政补贴200元	中央和地方财政按比例共同负担	每年放映780万场公益电影
少数民族语言广播影视	主要少数民族地区居民	通过有线、无线或卫星等方式能够收听收看到本民族语言广播影视节目	中央和地方政府共同负责	覆盖藏、维、蒙、哈、朝、壮、傣等主要少数民族地区
应急广播	城乡居民	在突发公共事件发生前后及时获得政令、信息等服务	中央和地方政府共同负责	在全国范围内基本实现分层次、分类型、全方位立体覆盖

续表

服务项目	服务对象	保障标准	支出责任	覆盖水平
新闻出版				
公共阅读服务	城乡居民	农村行政村建立农家书屋，图书不少于1500册，报刊20—30种，电子音像制品不少于100种(张)，并及时更新；城市和乡镇主要街道、大专院校、居民小区等人流密集地点设公共阅报栏(屏)，及时提供各类新闻和服务信息	中央和地方财政按比例共同负担	基本实现行政村村村有农家书屋，新增城乡公共阅报栏(屏)10万个，国民综合阅读率达到80%
民文出版译制	有文字的少数民族	可以获得本民族语言文字出版的、价格适宜的常用书刊、电子音像制品，政府给予出版物资助	中央和地方政府共同负责	每年选择不少于800种优秀国内外书刊、电子音像制品翻译成少数民族语言文字
盲文出版	盲人	可以获得价格适宜的盲文出版物，政府给予出版物资助	中央和地方政府共同负责	年生产盲文书刊1600种、70万册

续表

服务项目	服务对象	保障标准	支出责任	覆盖水平
文化遗产展示					
文化遗产展示门票减免	未成年人、老年人、现役军人、残疾人和低收入人群	减免参观文物建筑及遗址类博物馆的门票	中央和地方财政分别负担	目标人群覆盖率100%
群众体育					
体育场馆开放	城乡居民	有条件的公办体育设施(含学校体育设施)向公众开放,免费项目或有关收费标准由地方政府制定;开放时间与当地公众的工作时间、学习时间适当错开,不少于省(区、市)规定的最低时限,全民健身日免费开放,国家法定节假日和学校寒暑假期间,应当适当延长开放时间	地方政府负责,中央财政适当补助	可供使用的公共体育场地(含学校体育场地)占全国体育场地总数的比率达到53%左右

续表

服务项目	服务对象	保障标准	支出责任	覆盖水平
全民健身服务	城乡居民	免费享有健身技能指导、参加健身活动、获取科学健身知识等服务；免费提供公园、绿地等公共场所全民健身器材	地方政府负责，中央财政适当补助	经常参加体育锻炼人数比率达到32%以上

第三节 保障工程

实施公共文化体育服务保障工程，健全服务网络，着力改善基层文化体育设施条件，有效提升公共文化体育服务能力。

——公共文化服务体系建设工程。继续推进广播电视村村通、文化信息资源共享、国家数字图书馆推广工程、公共电子阅览室建设计划、农村数字电影放映、农家书屋、西藏新疆等边疆民族地区广播电视覆盖工程和边疆地区少数民族新闻出版工作，实施地面数字电视覆盖和直播卫星广播电视公共服务建设，新建、改扩建一批市（地）级公共图书馆、文化馆、博物馆。

——传播体系建设工程。重点加强媒体传播能力、民族文字出版和民族语言广播、文化传播渠道、国家应急广播体系建设。

——文化和自然遗产保护工程。重点支持国家重大文化和自然遗产地、全国重点文物保护单位、大遗址、中国历史文化名城名镇名村保护设施建设，推进非物质文化遗产保护利用设施建设试点。做好历史档案和文化典籍保护整理工作。

——体育基本公共服务建设工程。重点支持县级公共体育场建设，加快建设一批面向群众、贴近基层的中小型全民健身中心和灯光球场，充分利用城市绿地、广场、公园等公共场所和适宜的自然区域建设全民健身活动设施。继续实施农民体育健身工程，改善农村公共体育设施条件。

(四)文化部"十二五"时期文化改革发展规划①(节选)

文化部"十二五"时期文化改革发展规划

二、发展目标和主要指标

……

(二)主要指标

——保证公共财政对文化建设投入的增长幅度高于财政经常性收入增长幅度，提高文化支出占财政支出比例。

——"十二五"期间，推出100部以上深受人民群众喜爱、久演不衰的优秀保留剧目和精品剧目，保护和扶持60个左右全国重点地方戏曲院团，扶持创作60台左右优秀地方戏剧目，30台左右优秀京剧剧目，挖掘整理改编20台左右优秀昆曲剧目，重点扶持20台左右交响乐、15台左右歌剧(音乐剧)、10台左右舞剧(芭蕾舞剧)，扶持10个左右全国重点美术馆。

——到"十二五"期末，全国60%以上图书馆达到部颁三级以上评估标准，全国60%以上省市群艺馆、文化馆达到部颁三级以上评估标准。基本实现全国所有地市级城市均有设施达标、布局合理、功能完善的公共图书馆、文化馆。

——到"十二五"期末，全国人均拥有公共图书馆藏书达到0.7册左右。各级公共图书馆，文化共享工程乡镇、街道、社区基层服务点基本建有公共电子阅览室。文化信息资源共享工程资

---

① 文化部政策法规司. 文化部"十二五"时期文化改革发展规划[EB/OL]. [2012-05-08]. http://59.252.212.6/auto255/201205/t20120510_28451.html.

源量争取达到530百万兆字节以上，入户率达到50%左右。国家数字图书馆资源总量争取达到1000百万兆字节以上，并提供全媒体服务。中西部地区争取每县配备1台流动文化车，中西部地区已完成转制的县级剧团每团配备1辆流动舞台车。

——"十二五"期间，文化部门管理的文化产业增加值年平均现价增长速度高于20%，2015年比2010年至少翻一番，实现倍增。建成10家左右具有重大影响的国家级文化产业示范园区，培育100个左右特色鲜明、主导产业突出的特色文化产业集群，培育30家左右上市文化企业，形成10家左右全国性或跨区域的文艺演出院线，打造3—5个具有国际影响的文化产业展会。

——到"十二五"期末，第一至六批全国重点文物保护单位的重大文物险情排除率达到100%，全国博物馆总数达到3500个，免费开放博物馆总数达到2500个，文化遗存较丰富的地市级以上中心城市拥有1个功能健全的博物馆。国有博物馆一级文物的建账建档率达到100%。文物博物馆一级风险单位中文物收藏单位的防火、防盗设施达标率达到100%。"十二五"期间，新设立20个国家级文化生态保护区，在非物质文化遗产资源丰富的地区建设100个非物质文化遗产保护利用设施。

——"十二五"期间，安排150个左右重点科技攻关项目、300个左右基础科研项目、75个科技转化推广项目。国家社科基金艺术学项目立项600个、文化部文化艺术科学研究项目立项300个。

——"十二五"期间，在国际、多边、双边等场合举办国家级重大涉外文化活动30项以上，邀请500名国际文化名人与1000名青少年文化使者来华访问，对外文化援助的受援国家达20个以上。海外中国文化中心形成合理布局，到"十二五"期末，总数达到25—30所。

……

专栏 2. 公共文化服务体系建设重点工程

重大文化设施建设：推进国家美术馆、中国工艺美术馆、中国非物质文化遗产展示馆、中央歌剧院剧场、国家图书馆一期维修改造、国家文献战略储备库、中国国家画院扩建、中国交响乐团改扩建、中国歌剧舞剧院剧场、中国东方大剧院、中央文化管理干部学院改扩建、中国艺术研究院研究生院等重点文化设施建设。

全国地市级公共文化设施建设规划：完成 532 个地市级公共图书馆、文化馆、博物馆建设项目，其中，地市级公共图书馆 189 个，地市级文化馆 221 个，地市级博物馆 122 个。规划实施完成后，基本实现全国地市都建有设施达标、功能完善、布局合理的公共图书馆和文化馆，文物资源特别丰富的地市文物馆藏及展示条件得到明显改善。

全国文化信息资源共享工程：实现从城市到农村服务网络全面覆盖。大力推进服务网络建设，积极推进进村入户，建立"公共文化数字资源基础库群"和"红色历史文化多媒体资源库"，加强少数民族语言数字资源译制等。

公共电子阅览室建设计划：利用全国文化信息资源共享工程工作网络，依托公益性文化单位，建立公共电子阅览室，为基层群众，特别是广大青少年提供绿色上网空间。

数字图书馆推广工程：建立海量分布式数字资源库群，构建以国家数字图书馆为核心，以省级数字图书馆为主要节点的全国性数字图书馆虚拟网，形成覆盖全国的数字图书馆服务网络，搭建全媒体服务平台，使数字图书馆建设成果实现全民共享。

文化馆（站）、公共图书馆、美术馆免费开放计划：深入推进文化馆（站）、公共图书馆、全国美术馆设施免费向群众开放，与其职能相适应的基本服务项目健全并免费向群众提供。

国家公共文化服务体系示范区（项目）创建工程：创建国家公共文化服务体系建设示范区 90 个左右，示范项目 180 个左右，涵盖全国 1/3 市县。

公共文化单位服务能力建设项目：用于图书馆、文化馆（站）等基层公共文化服务机构制度创新、丰富服务内容、强化管理、提高队伍素质等软件建设。

续表

专栏 2. 公共文化服务体系建设重点工程
文化建设"春雨工程"：以新疆为试点，在边疆和少数民族地区加快推进以基层为重点的公共文化基础设施建设，着力构建公共文化服务体系运行经费保障机制，加强文化活动和文化内容建设，加大文化艺术人才培养和文化干部队伍建设。

【本章小结】

本章介绍了我国公共文化服务体系建设理念、政策的兴起与发展历程，系统梳理了党和政府在公共文化服务体系建设方面的重大方针政策及其内容演进，重点解读了"覆盖全社会的公共文化服务体系基本建立"这一时代任务实现的保障政策——以政府为主导，以公共财政为支撑，以公益性文化单位为骨干，以农村基层为重点，以全体人民为服务对象，鼓励全社会参与；阐述了保障人民群众基本文化权益的主要内容，以及公共文化服务体系的公益性、基本性、均等性、便利性四大特点；围绕公共文化服务体系构成要素，阐释了五大子系统的内容及其要求；提供了指导我国公共文化服务体系建设的纲领性文献。

【思考题】

1. 公共文化服务的时代任务是什么？如何实现？
2. 如何正确理解公共文化服务均等性的内涵？
3. 公共文化设施网络体系包括哪些内容？
4. 完善的公共文化服务产品生产供给体系的方向和路径是什么？
5. 公共文化服务体系建设资金保障的方针是什么？
6. 公共文化服务体系建设的工作机制是什么？

第三章 公共文化设施"免费开放"

【目标与任务】

了解我国公共文化设施"免费开放"的发展历程；了解新时期公共文化设施"免费开放"政策的出现与演变；掌握公共文化设施"免费开放"的含义，掌握不同类型公共文化设施"免费开放"的内容与方式；准确理解"免费开放"政策的核心要素。

一、不同历史时期的"免费开放"

新中国成立至改革开放前，我国公共文化设施总体上实行的是免费提供服务政策。不过，这一时期的免费服务政策是建立在计划经济基础之上的，在服务理念、服务范围、服务方式、服务质量等方面，与今天立足于现代公共服务理念和社会主义市场经济的免费开放有本质的区别。改革开放前相当一段时间，由于受政治大环境影响，公共文化产品类型单一、供给匮乏，人民群众的文化需求并没有真正得到满足。以公共图书馆为例，服务对象不明确，过分强调"为领导决策服务""为科学研究服务"，而对社会公众的借阅需求弱化甚至忽视。这表现在服务对象上重身份、讲级别，借书证发放往往有指标，按级别内部发放，普通百姓一证难求；馆藏资源划分为公共流通、内部控制甚至封存等几部分。[1] 从总体上说，这一时期的"免费服务"是不平等的、不开放的，并不能和今天意义上的免费开放相提并论。

---

[1] 余胜，吴晞.免费开放：理论追寻、历史回顾与现实思考[J].中国图书馆学报，2011，(3)：10—17.

20世纪80年代初，我国文化事业发展受到商品经济、市场经济浪潮的冲击，再加上各级政府对文化事业经费投入普遍不足，"以文补文""以文养文"的政策开始大行其道，公共文化的有偿服务逐渐成为风气，且愈演愈烈。从开始搞"副业"进行创收，到公共文化的基本服务也进行收费，各种各样的服务收费名目繁多、花样百出。有偿服务不断挤压面向公众的服务设施和资源，以出租、办班等活动进行创收。公共文化服务的"收费"模式弊端尽显，严重背离了服务宗旨，成为社会科学发展、和谐发展的"短板"。

20世纪90年代末至21世纪初，学术界开始讨论与反思公共文化服务有偿与免费的话题，并逐渐达成共识，认为政府有责任、有义务为全体公民免费提供最基本的公共文化服务。与此同时，中国政府的执政理念与方式开始转变。中共十六大提出在社会主义市场经济条件下，政府必须全面履行经济调节、市场监管、社会管理和公共服务四大职能，人民群众的政治权益、经济权益和文化权益应得到确实保障。中共十七大明确提出了建设"公共服务型"政府的目标。服务型政府的建设，成为现代化进程中国家管理的基本理念，政府通过构建公共文化服务体系向人民群众提供公共文化服务的理念与思想得以形成，为公共文化设施"免费开放"奠定了思想基础。

新时期的公共文化设施"免费开放"，大致经历了三个发展阶段。20世纪90年代初到2005年前后，公共文化设施主要针对特定群体（如未成年人）实行有限度的低价或免费开放；2005年到2010年这五年间，一些经济发达地区的公共文化设施自行实行全免费或有限度免费开放，2008年全国公共博物馆、纪念馆开始实行免费开放；从2011年开始，作为一项国家政策，全国文化行政部门归口管理的美术馆、公共图书馆、文化馆（站）等公共文化设施全面实行免费开放，公共文化设施免费开放走向普及。

二、新时期"免费开放"政策的演进

新时期我国以法律规范形式明确公共文化设施应实行优惠或免费开放原则,是从未成年人开始的,主要体现在《中华人民共和国未成年人保护法》《中华人民共和国教育法》中。

1991年9月颁布的《中华人民共和国未成年人保护法》第二十二条规定:"博物馆、纪念馆、科技馆、文化馆、影剧院、体育场(馆)、动物园、公园等场所,应当对中小学生优惠开放。"2006年12月修订后的《中华人民共和国未成年人保护法》在第三十条,将公共文化设施进一步细分,免费或优惠规定也进一步细化为:"爱国主义教育基地、图书馆、青少年宫、儿童活动中心应当对未成年人免费开放;博物馆、纪念馆、科技馆、展览馆、美术馆、文化馆以及影剧院、体育场馆、动物园、公园等场所,应当按照有关规定对未成年人免费或者优惠开放。"

1995年颁布的《中华人民共和国教育法》第五十条规定:"图书馆、博物馆、科技馆、文化馆、美术馆、体育馆(场)等社会公共文化体育设施,以及历史文化古迹和革命纪念馆(地),应当对教师、学生实行优待,为受教育者接受教育提供便利。"

国家各部委制定的相关政策,对公共文化设施向未成年人的"免费开放"也逐步加以规范和拓展。1991年8月,中共中央宣传部、国家教委、文化部、民政部、共青团中央、国家文物局联合发布《关于充分运用文物进行爱国主义和革命传统教育的通知》,要求:"各博物馆、纪念馆、烈士陵园和各种纪念设施管理单位,对青少年学生有组织的参观、瞻仰要优先安排,并为他们开展活动提供必要的人员、场地、教材等方面的支持和帮助。实行收费参观的单位,平时对在校学生要半价优惠或每周指定一天免费接待;寒暑假要集中一至两周时间,对在校学生免费开放。"

1996年10月，国家教委、民政部、文化部、国家文物局、团中央、总政治部在《关于命名和向全国中小学推荐百个爱国主义教育基地的通知》中要求："被命名为各级各类爱国主义教育基地的博物馆、纪念馆、烈士陵园和各种纪念设施等对中小学生有组织的参观要优先安排，并为他们开展活动提供必要的人员、场地、数据等方面的支持和帮助。实行收费参观的单位，在节、假日，特别是双休日，对中小学有组织的参观必须要有优惠措施，对中小学师生实行免费开放。"

2003年11月，由科技部、财政部、国家税务总局、海关总署、新闻出版总署联合制定的《科普税收优惠政策实施办法》，明确规定申请认定为科普基地的自然博物馆、天文馆（站、台）、气象台（站）、地震台（站）以及设有植物园、标本馆、陈列馆等科普场所的高校和科研机构的，"对青少年实行优惠或免费开放的时间不少于每年20天"。

2004年3月，文化部、国家文物局下发了《关于公共文化设施向未成年人等社会群体免费开放的通知》，明确规定："从2004年5月1日起，全国文化、文物系统各级博物馆、纪念馆、美术馆要对未成年人集体参观实行免票；对学生个人参观可实行半票；家长携带未成年子女参观的，对未成年子女免票。"

2004年8月，文化部、国家发展改革委、教育部、科技部、民政部、财政部、国家文物局、解放军总政治部、中华全国总工会、共青团中央、全国妇联、中国科协联合下发了《关于公益性文化设施向未成年人免费开放的实施意见》，进一步加大了公益性文化设施向未成年人免费开放的力度。

随着经济的发展、社会的进步，人们对文化功能认识水平不断提高，公共文化设施免费开放从特定的未成年人群体逐步向老年人、残疾人，直至所有人拓展。2003年6月，国务院颁布《公共文化体育设施条例》，其中第二十一条规定，"需要收取费用的公共文化体育设施管理单位，应当根据设施的功能、特点对学生、老年人、残疾人等免费或者优惠开放"。

2005年，中共中央和国务院制定的关于公共文化服务体系建设的一系列政策，对社会公众实现基本文化权利、追求丰富精神文化生活的热切愿望给予了积极回应。2006年9月，《国家"十一五"时期文化发展规划纲要》出台，有关公共文化服务平等、免费、关注弱势群体、覆盖全社会的理念和思想得到了精辟阐述和充分体现，公共文化设施面向全社会免费开放已经完成了思想和舆论准备。

2008年1月，中共中央宣传部、财政部、文化部、国家文物局联合下发了《关于全国博物馆、纪念馆免费开放的通知》，全国公共性博物馆、纪念馆开始免收参观门票，"免费开放"的说法由此诞生，我国的公共文化设施开始了真正迈向"公共"的历史性转变。

2010年初，温家宝总理在《政府工作报告》中明确提出了推进美术馆、图书馆、文化馆、博物馆免费开放的任务。此后，《国民经济和社会发展第十二个五年规划纲要》把基层公共文化设施免费开放列为推进基本公共服务均等化、保障和改善民生的重点任务之一，作为大力发展文化事业、增强公共文化产品和服务供给的首要任务。推进公共文化设施免费开放成为构建全覆盖、均等化的公共文化服务体系的重要内容。

2010年，文化部进行了全国范围的公共文化设施免费开放调研，并组织国家公共文化服务体系建设专家委员会开展免费开放保障政策的研究和相关政策文件的起草。2011年年初，在"十二五"开局伊始，文化部、财政部《关于推进全国美术馆、公共图书馆、文化馆（站）免费开放工作的意见》正式发布，一项在我国公共文化服务体系建设进程中具有划时代意义的政策由此诞生，标志着我国公共文化设施全面免费开放时代的到来。

2011年10月，中共十七届六中全会通过的《中共中央关于深化文化体制改革推动社会主义文化大发展大繁荣若干重大问题的决定》明确指出，"加强文化馆、博物馆、图书馆、美术馆、科技馆、纪念馆、工人文化宫、青少年宫等公共文化服务设施和爱国主义教育示范基地建设并完善向社会免费开放服务"，预计不久的将来，科技馆、工人文化宫、青少年宫等公共文化设施将全面实行免费开放。

三、"免费开放"的含义与内容

"免费开放"是伴随着2008年全国公共性博物馆免收参观门票而被社会公众熟悉的一个概念。作为政策语言的"免费开放"，包含免费开放与优惠开放两层含义，即与公共文化设施相适应的基本公共文化服务项目免费提供；对于基本公共文化服务项目以外的非基本服务项目，坚持公益性，降低收费标准，不得以营利为目的。所以，公共文化设施的"免费开放"，不能简单地理解为所有的服务项目都不收费，而是基本服务免费，非基本服务可以收取成本补偿费用。

不同的公共文化设施，由于其承载的功能不同，服务的方式不同，"免费开放"的具体内涵和方式也有所差异。

博物馆、纪念馆、美术馆、爱国主义教育示范基地等主要是观赏性的公共文化设施，"免费开放"主要体现在实行基本展览、展示免费参观，不再需要付费购买门票。少数特别（临时）展览、展示，可根据实际情况实行低票价优惠收费。文物建筑及遗址类博物馆暂不实行全部免费参观，继续对未成年人、老年人、现役军人、残疾人和低收入人群等特殊群体实行减免门票等优惠政策。

公共图书馆、文化馆等主要是服务提供型的公共文化设施，"免费开放"的内容包括三个方面：第一，免费开放公共空间设施场地。包括公共图书馆的一般阅览室、电子阅览室、报告厅及类似的多功能厅、自修室等，文化馆的多功能厅、展览厅（陈列厅）、宣传廊、辅导培训教室、计算机与网络教室、舞蹈（综合）排练室、独立学习室（音乐、书法、美术、曲艺等）、娱乐活动室等公共空间设施场地。第二，免费提供基本服务项目。包括公共图书馆的文献资源借阅、检索与咨询，公益性讲座和展览，基层辅导，流动服务等；文化馆的书、报刊借阅，普及性的文化艺术辅导培训，时政、法制、科普教育，公益性群众文化活动，公益性展览展示，数字文化信息服务，公共文化资源配送和流动服务，体育健身，青少年校外活动，培训基层队伍和业余文艺骨干，指导群众文艺作品创作等。第三，免费提供配套管理服务，主要是指办证费、验证费和存包费等。

公共图书馆、文化馆除了提供基本服务之外，为满足广大群众多层次、多样化的需求，还提供多种多样的非基本服务。如公共图书馆的深度参考咨询服务（为读者收集专题信息，编写参考数据，代查、代译、复印书刊数据等服务）、赔偿性收费和文化馆的高端艺术培训服务等，这些服务可以收取合理的费用。

四、"免费开放"政策的核心要素

（一）合理界定"基本服务"的内容与范围

公共文化设施免费开放之"免费"，是指免费提供与自身职能相适应的基本服务项目。之所以强调"基本服务"，是因为公共文化设施承担的主要社会职能是保障公众基本文化权益，满足公众基本文化需求。正因为需要保障的权益和满足的需求是基本的，所以才要求公共文化服务是全覆盖的、均等化的；反过来说，正因为这种服务是全覆盖的、均等化的，所以服务的内容、范围和边界不可能是无限的，不可能满足所有个性化的需求。因此，免费提供的只能是"基本服务"。

　　什么是"基本服务"？这是落实"免费开放"政策首先需要解决的问题。科学、合理地界定基本服务的内容与范围，实际上是合理划分政府与市场作用的边界，是落实财政保障的前提。从整体上看，基本服务有两大特点：一是地域性；二是阶段性。

　　文化部、财政部《关于推进全国美术馆、公共图书馆、文化馆（站）免费开放工作的意见》提出了公共图书馆、文化馆（站）基本服务的大致内容和范围，由于它是一个全国性文件，所以所做的规定是粗线条的。文件所说的"与自身职能相适应的公共文化服务项目"，在不同的地区、不同的发展阶段，就会包含不完全相同的内容。比如，在经济发展水平较高的苏州，面向0~3岁婴幼儿赠送"阅读大礼包"的"悦读宝贝计划"，可以看作苏州公共图书馆的基本服务项目，而在经济发展水平还不那么高的西部地区，类似项目显然还难以纳入基本服务范畴。公共文化服务机构在落实"免费开放"政策时，首先需要立足本地现实，界定清楚自身目前阶段应该并且可以提供的基本服务项目是什么，进而测定"免费开放"需要多大数量、什么结构的经费保障力度。总之，合理界定基本服务的内容、范围与边界，是落实"免费开放"政策的核心和基础工作。

（二）基本服务保障经费实行中央财政和地方财政分担、以地方为主的机制

　　"免费开放"政策明确了公共文化服务机构提供基本服务所需要的经费由政府保障和落实，那么，作为保障和落实责任主体的政府是哪一级政府？现行政策是：实行中央财政和地方财政分担、以地方财政为主的机制。这一机制实际上明确了向公众提供基本公共文化服务的责任主体是地方政府。换言之，地方财政承担主要的"支付责任"，中央财政起辅助性作用。这一机制也是国际上公共文化经费保障的通行机制。

目前，"免费开放"政策确定的经费分担原则是：公共文化服务机构的人员、公用等基本支出经费由同级财政负担，开展基本服务项目的支出由中央和地方财政共同负担。通俗地说就是，"养人的钱"由同级财政负担；"办事的钱"由中央财政和地方财政分担。为此，中央财政设立专项资金，重点对中西部地区地市级和县市级公共文化服务机构开展基本服务项目所需经费予以补助，具体标准是按照地市级文化馆和公共图书馆50万元、县市级文化馆和公共图书馆20万元、乡镇综合文化站5万元的标准，中央财政补助西部地区的80%、中部地区的50%，对东部地区则采用"以奖代补"的形式资助。①

中央财政公共文化服务机构"免费开放"补助经费的数量在逐年增加。如中央财政对全国博物馆和纪念馆免费开放的补助经费，2008年为12亿元，2009年为20亿元，2010年为28亿元。2011年，中央财政对公共图书馆、文化馆（站）免费开放补助经费为18.22亿，这笔经费已经列入中央财政制度性预算之中。中央财政"免费开放"补助经费在使用中体现出了如下特点：第一，主要用于补助公共文化服务机构开展基本服务项目的支出；第二，补助的数量和方式，体现向中西部倾斜、向基层倾斜的原则；第三，补助标准不是"封顶标准"，鼓励地方财政根据实际情况提高标准。

---

① 财政部教科文司副司长王家新在全国美术馆、公共图书馆、文化馆站免费开放工作新闻发布会上的发言[EB/OL].[2011-02-18]. http://www.ccnt.gov.cn/hdjl-new2011/wszb_2869/.

(三) 维护公共文化设施的公益性质，限期收回出租设施

目前，我国公共文化设施被出租或挪作他用的现象还比较普遍。造成这种"人吃楼"现象的根本原因是，长期以来公共文化服务机构经费保障不到位。2005年以来，已有多个政策性文件反复强调要维护公共文化设施的公益性质，不得以拍卖、租赁等任何形式改变公共文化设施用途，已挪作他用的限期收回。然而，三令五申均无果而终，原因就在于没有解决"人吃楼"现象的根源。"免费开放"政策开始真正落实公共文化服务机构基本服务经费的保障问题，为解决长期存在的馆舍出租问题创造了条件。当公共文化服务机构的基本保障经费解决后，出租或挪作他用的设施就应该无条件收回。限期收回出租设施，是公共资源回归公共的必然要求，也是"免费开放"政策要解决的突出问题之一。

(四) 增强服务能力，提高服务质量，改善服务效益

"免费开放"不是"廉价"开放，也不是低水平开放，而是以免费开放为动力，增强服务能力，提高服务质量，改善服务效益。这方面的要求包括：公共文化服务机构应把主要精力用于开展基本公共文化服务；公共文化服务机构实现规章制度健全，职责任务清晰，服务内容明确，保障机制完善；与公共文化服务机构自身职能相适应的服务项目健全，设施利用率明显提高，形成2个以上品牌服务项目或活动；逐步增加多样化服务，重点增加对未成年人、老年人、农民工等特殊人群的对象化服务。

五、"免费开放"显露的问题及政策未来走向

到2011年，全国文化行政部门归口管理的公共文化设施已经全部实现了免费开放。由于首次大范围地实施"免费开放"政策，再加上政策实施采用了"全面推开，逐步完善"的原则，因此，在

实施过程中也显露出了一些问题，需要引起注意，并探寻可行的解决办法。

第一，"免费开放"政策面临的机制性问题。主要有两个：一是免费开放导致的服务量大增与人手短缺的矛盾。据各地统计，"免费开放"政策实施后的2011年，全国公共图书馆总流通人次比2010年增长16.2%，其中有8个省（区、市）增长幅度超过20%；全国文化馆组织普及性培训班培训人次比2010年增长43.1%；全国乡镇综合文化站组织普及性训练班培训人次比2010年增长32.7%。面对服务量的大幅增加，人手短缺的矛盾突出显现出来。要保证免费开放后充分满足公众的利用需求，并不断提升服务质量，需要从适当增加人员编制、加大政府支持力度、扶持文化志愿者队伍建设等多方面研究制度性的解决办法。二是强化激励机制的问题。目前的免费开放经费补助标准，还没有体现出应有的激励导向和激励作用，如何让补助经费在服务、管理、效益等方面发挥激励作用，事关公共文化服务机构的持续发展，需要认真研究解决。

第二，"免费开放"政策在落实过程中显露的苗头性问题。主要包括：（1）"分而不担"。有的地方在中央财政补助经费到位后，地方财政的分担经费不落实，事实上形成"免费开放"保障经费"分而不担"的局面。（2）投入缩水。有的地方以中央财政有经费补助为由，减少或停止了本级财政对公共文化服务机构的经费投入，地方政府对公共文化服务机构的经费投入事实上"缩水"。（3）降低标准。有的地方把目前设定的经费补助标准当作封顶标准，有意无意地忽略了国家文件中有关鼓励地方政府提高补助标准的导向。（4）投入"梗阻"。典型调查显示，有的地方的公共文化服务机构（如县级图书馆、文化馆）或者不能及时获得、或者根本没有获得来自中央财政的服务补助经费，中央财政补助经费在下拨过程中遇到了"梗阻",说明有截留或挪用的现象发生。(5)免费泛化。这是问题的另一方面,有的地方超越"基本"范畴,无原则地扩大免费开放的范围,如把一些针对特定个人的个性化服务也完全免费,从一个极端走向了另一个极端,这同样需要加以防止。

"免费开放"政策未来如何进一步发展和完善?中共十七届六中全会通过的《中共中央关于深化文化体制改革推动社会主义文化大发展大繁荣若干重大问题的决定》强调加强文化馆、博物馆、图书馆、美术馆、科技馆、纪念馆、工人文化宫、青少年宫等公共文化设施和爱国主义教育示范基地建设并完善向社会免费开放服务,鼓励其他国有文化单位、教育机构等开展公益性文化活动,各类公共场所要为群众性文化活动提供便利。中共十八大报告也要求继续推动公共文化设施向社会免费开放。据此,我国公共文化设施"免费开放"政策的未来走向,简单地说,就是扩大范围,完善政策。所谓扩大范围,是指免费开放的公共文化设施由目前文化行政部门归口管理的博物馆、纪念馆、文化馆、公共图书馆、美术馆、乡镇综合文化站,扩展到其他系统管理的公共文化设施,如工会系统的工人文化宫、共青团系统的青少年宫、科协系统的科技馆、教育部系统的爱国主义教育示范基地等,免费提供基本服务的公共文化设施数量会进一步增加,公众的基本文化权益、基本文化需求将会得到更好的保障和满足。所谓完善政策,一方面是研究解决现行的"免费开放"政策在实施过程中显露的矛盾和问题,使政策进一步完善;另一方面,制定鼓励其他国有文化单位、教育机构开展公益性文化活动、开放公共场所的相关政策,让更多的力量和资源投入到公共文化服务上来。总的目标就是通过更多的公共文化设施免费开放、免费提供基本服务,让人民群众广泛享有免费的或优惠的基本公共文化服务,努力实现基本公共文化服务均等化。

六、重要政策法规选编

(一)关于全国博物馆、纪念馆免费开放的通知[1]

关于全国博物馆、纪念馆免费开放的通知

中宣发[2008]2号

各省、自治区、直辖市党委宣传部,财政部(局),文化厅(局),文物局(文管会):

为贯彻落实党的十七大精神,充分发挥博物馆、纪念馆宣传和传播先进文化的重要作用,加强公共文化服务体系建设和公民思想道德建设,现就全国博物馆、纪念馆向社会免费开放有关事宜通知如下:

一、博物馆、纪念馆免费开放的重要意义

博物馆、纪念馆是陈列、展示、宣传人类文化和自然遗存的重要场所,是国民教育体系的重要组成部分。博物馆、纪念馆向全社会免费开放是党的十七大关于社会主义文化大发展大繁荣的具体实践,是加强社会主义核心价值体系建设和公民思想道德建设的有效手段,是进一步提高政府为全社会提供公共文化服务水平的重要举措,是实现和保障人民群众基本文化权益的积极行动。博物馆、纪念馆免费开放符合世界文物展示业的发展趋势,有利于完善我国现代国民教育体系和履行教育功能,有利于发挥博物馆和纪念馆作为公益性文化机构的社会价值,有利于加强国际文化交流和中华民族优秀文化的宣传推广。各地区、各有关部门要

---

[1] 中共中央宣传部,财政部,文化部,国家文物局.关于全国博物馆、纪念馆免费开放的通知[EB/OL].[2008-02-01]. http://www.gov.cn/gzdt/2008-02-01/content_877540.htm.

统一思想，提高认识。积极行动，切实把免费开放工作做实、做细、做好，为公众提供更多、更好的公共文化产品和服务。

二、博物馆、纪念馆免费开放的实施范围和步骤

（一）实施范围

全国各级文化文物部门归口管理的公共博物馆、纪念馆，全国爱国主义教育示范基地全部免费开放。其中，文物建筑及遗址类博物馆暂不实行全部免费开放，继续对未成年人、老年人、现役军人、残疾人和低收入人群等特殊群体实行减免门票等优惠政策。博物馆、纪念馆按照市场化运作举办的特别（临时）展览，可根据实际情况确定门票价格。

（二）实施步骤

2008年，中央级文化文物部门归口管理的博物馆全部向社会免费开放；各省级综合博物馆全部向社会免费开放；各级宣传和文化文物部门归口管理的列入全国爱国主义教育示范基地的博物馆、纪念馆全部向社会免费开放；浙江、福建、湖北、江西、安徽、甘肃和新疆等7省（区）文化文物系统归口管理的省、市、县级博物馆全部向社会免费开放。鼓励有条件的省（区、市）探索全面实行免费开放。

2009年，除文物建筑及遗址类博物馆外，全国各级文化文物部门归口管理的公共博物馆、纪念馆，全面爱国主义教育示范基地全部向社会免费开放。

鼓励暂不能完全免费开放的博物馆、纪念馆实行低票价政策，继续对未成年人、老年人、现役军人、残疾人等社会群体实行免费或优惠参观，并向社会承诺定期免费日，制定灵活多样的门票制度，如家庭套票、特定时段票等，吸引公众走进博物馆和纪念馆。

三、博物馆、纪念馆免费开放的保障机制

要以博物馆、纪念馆免费开放为契机，实现"三个结合"：一

是与文化体制改革中公益类文化事业单位改革要求相结合，进一步加大博物馆经费保障力度；二是与构建公共财政体制相结合，进一步完善财政投入方式，激励博物馆提高服务能力和服务质量；三是与博物馆运行规律相结合，推进我国博物馆机制改革和管理创新。

（一）各级财政部门应将博物馆、纪念馆免费开放相关经费纳入财政预算，切实予以保障。中央财政设立专项资金，重点补助地方博物馆免费开放所需资金，鼓励改善陈列布展和举办临时展览，支持重点博物馆提升服务能力，对实行低票价的博物馆和自行实行免费并取得良好效果的省份给予奖励。其中，博物馆、纪念馆免费开放单位门票收入减少部分全部由中央财政负担；运转经费增量部分由中央财政分别按照东部20％、中部60％和西部80％的比例进行补助。

地方财政部门要承担相应职责，保障当地博物馆、纪念馆免费或优惠开放的资金投入。要统筹使用中央和地方财政资金，落实配套设施建设和设备更新经费，落实增强接待能力、增设服务项目、改进服务手段所需资金，落实人员培训经费及增加业务时间和业务强度的必要补助，保证博物馆正常、高效运转。

（二）要研究制定博物馆、纪念馆文化产品经营收入税收优惠政策，促进其依托文物藏品、陈列展示推出各类文化产品，拓展和延伸文化传播功能。鼓励社会力量对博物馆、纪念馆进行捐赠，拓宽博物馆经费来源渠道。

（三）按照文化遗产保护和传播的重要程度科学界定博物馆等级，将部分地方所属的代表中华民族历史文明的重点博物馆确定为国家级博物馆，由中央政府承担更多的投入和管理责任。省级和省级以下博物馆也要参照此原则，进行科学分级，加强资源整合。市级和县级应重点发展特色博物馆，避免重复投资。

四、博物馆、纪念馆免费开放的工作要求

（一）改善管理和服务，努力满足观众需求。各有关博物馆要积极借鉴已经免费开放博物馆的经验，切实做好免费开放的前期准备。充分考虑免费开放后观众量短时间内急剧增加，对博物馆、纪念馆的管理、运行造成的巨大压力，科学地测算确定博物馆的接待能力，建立每日参观人数总量控制和疏导制度。健全开放服务管理制度，制定突发事件的应急预案，完善应急处理机制。加强媒体宣传，并在博物馆、纪念馆显著位置公示免费开放管理办法、服务项目、开放时间、文明参观须知等制度措施，方便公众了解和监督，引导观众有序、文明参观。同时要努力改善文物安全保护和观众服务设施条件，增加安全、保洁、讲解咨询等服务人员，强化内部管理，加强安全防范，切实保证免费开放的安全、规范、有序。

（二）坚持以人为本，提高展示传播水平。各有关博物馆、纪念馆应贴近实际、贴近生活、贴近群众作为不懈的追求，准确把握免费开放后观众及其精神文化需求呈现出多层次、多方面、多样式的特点，在展示传播的内容上、形式上更加积极探索和大胆创新，成为文化教育和传播中心，成为公众流连忘返的文化园地。将专业性、学术性和知识性、趣味性、观赏性有机结合，不断创造新的文化样式，实现题材、品种、风格和载体的极大丰富，使陈列展览更具吸引力、感染力，打造公众喜闻乐见的文化品牌。要充分发挥博物馆、纪念馆社会教育功能，积极推进博物馆进校园、进社区和建设数字博物馆，不断拓展服务领域、方式和手段，提供更加人性化的服务设施和服务项目，努力强化文化的感染力和辐射力。

（三）改革创新，增加博物馆、纪念馆活力。各有关博物馆、纪念馆要以免费开放为契机，认真研究和把握博物馆运行规律，按照国家关于文化事业体制改革的要求和部署，加强体制和机制创新。以深化人事制度改革为突破口，优化内部组织结构，整合内部资源，转变运营方式，完善激励机制，提高运行效率。要采取有效措施、创造有利条件，最大限度地动员社会各方面力量支持参与博物馆志愿者队伍的壮大，使之成为支持免费开放工作及博物馆发展的坚定，可信赖的社会力量。

（四）加强管理，切实做好博物馆、纪念馆免费开放的协调、指导工作。要在各级党委、政府的领导下，各级宣传、财政、文化、文物部门要指导、督促各地做好免费开放工作，并对各单位实施情况进行督促检查和考评，对开放中出现的问题和困难及时沟通、协调。各级文物行政部门要发挥行业管理作用，加快完善博物馆、纪念馆管理法律、法规和行业标准，建立政府主导、法律规范、社会参与的博物馆管理体系，建立以展示教育、开放服务为核心的评价体系和政府、社会、公众代表相结合的监督体系，开展评估定级和分类指导。

中共中央宣传部
财政部
文化部
国家文物局
2008年1月23日

(二)文化部、财政部关于推进全国美术馆、公共图书馆、文化馆(站)免费开放工作的意见[①]

文化部、财政部关于推进全国美术馆、公共图书馆、文化馆(站)免费开放工作的意见

各省、自治区、直辖市文化厅(局)、财政厅(局),新疆生产建设兵团文化广播电视局、财政局:

为贯彻落实党的十七届五中全会、胡锦涛总书记在中央政治局第22次集体学习时的重要讲话精神和全国文化体制改革工作会议精神,落实温家宝总理在《2010年政府工作报告》中提出的"推进美术馆、图书馆、文化馆、博物馆免费开放,丰富人民群众的精神文化生活"的要求,充分发挥美术馆、公共图书馆、文化馆(站)保障公民基本文化权益、提高公民鉴赏能力的重要作用,加强公共文化服务体系建设和公民思想道德建设,现就各级文化行政部门归口管理的美术馆、公共图书馆、文化馆(站)进一步向社会免费开放提出以下意见:

一、美术馆、公共图书馆、文化馆(站)免费开放的重要意义

美术馆、公共图书馆、文化馆(站)是政府举办的公益性文化事业单位,是开展公共文化服务的重要场所,是保障人民群众基本文化权益的重要阵地。推动美术馆、公共图书馆、文化馆(站)免费开放是党的十七大关于社会主义文化大发展大繁荣的具体实践,是加强社会主义核心价值体系建设和公民思想道德建设的有效手段,是进一步提高政府为全社会提供公共文化服务水平的重

[①] 财务司.文化部、财政部关于推进全国美术馆、公共图书馆、文化馆(站)免费开放工作的意见[EB/OL].[2011-01-26].http://59.252.212.6/auto255/201102/t20110210_20743.html.

要举措,是实现和保障人民群众基本文化权益的积极行动。对于提高广大人民群众思想道德和科学文化素质,保障广大人民群众基本权益,促进社会和谐稳定具有重要意义。

要统一思想,提高认识,积极行动,切实把免费开放工作做实、做细、做好,为公众提供更多、更好的公共文化产品和服务。

二、美术馆、公共图书馆、文化馆(站)免费开放的指导思想、工作原则和主要目标

(一)指导思想

以邓小平理论和"三个代表"重要思想为指导,深入贯彻落实科学发展观和党的十七届五中全会精神,进一步推进公益性文化事业单位改革,着眼于保障公民基本文化权益,促进基本公共文化服务均等化,着眼于发挥公共文化服务机构的基本职能作用,着眼于增强公共文化服务能力和管理水平,以健全和增强服务项目、服务能力为重点,与建立公共文化服务体系经费保障机制相结合,努力实现美术馆、公共图书馆、文化馆(站)设施免费开放,与其职能相应的基本文化服务项目健全,免费向群众提供,公共文化服务能力明显增强。

(二)工作原则

1. 全面推开,逐步完善。贯彻落实中央关于公共文化服务机构免费开放的要求,全面推动美术馆、公共图书馆、文化馆(站)免费开放。在推进免费开放的过程中,建立与其职能任务相适应的基本文化服务内容和方式,加强管理,深化改革,提升服务能力。

2. 坚持公益,保障基本。免费开放作为政府的重要文化民生项目,免费提供的是与美术馆、公共图书馆、文化馆(站)职能相适应的基本公共文化服务,应由政府予以保障落实。同时,对于基本公共文化服务以外的文化服务项目,要坚持公益性,降低收

费标准，不得以营利为目的。

3. 科学设计，注重实效。紧紧结合美术馆、图书馆、文化馆（站）基本职能，研究确定基本服务项目和内容；以免费开放为契机，加强规范化建设，实现美术馆、公共图书馆、文化馆（站）规章制度健全，职责任务清晰，服务内容明确，公共文化设施的利用率明显提高，免费开放落到实处，切实保障人民群众基本文化权益。

4. 扩大宣传，树立形象。免费开放的根本目的是让广大人民群众就近方便地参与文化活动，保护群众的基本文化权益。要加强免费开放的宣传工作，通过形式多样的宣传，让更多的群众了解美术馆、公共图书馆、文化馆（站）的功能和作用，吸引广大群众走进文化设施，享受政府提供的公共文化服务，同时树立美术馆、公共图书馆、文化馆（站）的良好社会形象。

（三）总体目标

到2012年底，与深化文化体制改革、提升公共文化服务能力相结合，实现美术馆、公共图书馆、文化馆（站）规章制度健全，职责任务清晰，服务内容明确，保障机制完善，实现免费开放，健全与其职能相适应的基本文化服务项目并免费向群众提供，设施利用率明显提高，使免费服务成为政府的重要民生项目和公共文化服务品牌。

三、美术馆、公共图书馆、文化馆（站）免费开放的基本内容和实施步骤

（一）美术馆免费开放的基本内容

美术馆基本展览实行免费参观。对于少数特殊展览，可根据实际情况实行低票价。

（二）公共图书馆、文化馆（站）免费开放的基本内容

公共图书馆、文化馆（站）免费开放包括两个方面：一是指公共空间设施场地的免费开放，二是指与其职能相适应的基本公共文化服务项目健全并免费向群众提供。基本公共文化服务项目将

随着社会的不断发展、政府财力的增长和人民群众精神文化需求的不断增长而发展变化。

1. 公共图书馆免费开放主要包括：一般阅览室、少年儿童阅览室、多媒体阅览室（电子阅览室）、报告厅（培训室、综合活动室）、自修室等公共空间设施场地免费开放；文献资源借阅、检索与咨询、公益性讲座和展览、基层辅导、流动服务等基本文化服务项目健全并免费提供；为保障基本职能实现的一些辅助性服务如办证、验证及存包等全部免费。

2. 文化馆免费开放主要包括：多功能厅、展览厅（陈列厅）、宣传廊、辅导培训教室、计算机与网络教室、舞蹈（综合）排练室、独立学习室（音乐、书法、美术、曲艺等）、娱乐活动室等公共空间设施场地的免费开放；普及性的文化艺术辅导培训、时政法制科普教育、公益性群众文化活动、公益性展览展示、培训基层队伍和业余文艺骨干、指导群众文艺作品创作等基本文化服务项目健全并免费提供；为保障基本职能实现的一些辅助性服务如办证、存包等全部免费。

3. 文化站免费开放主要包括：多功能厅、展览厅（陈列厅）、辅导培训教室、计算机与网络教室等公共空间设施场地的免费开放；书报刊借阅、时政法制科普教育、群众文艺演出活动、数字文化信息服务、公共文化资源配送和流动服务、体育健身、青少年校外活动等服务项目健全并免费提供；为保障基本职能实现的一些辅助性服务如办证、存包等全部免费。

（三）美术馆、公共图书馆、文化馆（站）免费开放的实施步骤

1. 美术馆免费开放的具体实施步骤分为两个阶段：

第一阶段：在2011年年底之前国家级、省级美术馆全部向公众免费开放。

第二阶段：在2012年年底之前各级美术馆全部向公众免费开放。

2. 公共图书馆、文化馆（站）免费开放的具体实施步骤分两个

阶段：

第一阶段：到 2011 年底，全国所有公共图书馆、文化馆（站）实现无障碍、零门槛进入，公共空间设施场地全部免费开放，所提供的基本服务项目全部免费。

第二阶段：到 2012 年底，全国所有一级馆、省级馆、省会城市馆、东部地区馆站免费提供的基本公共文化服务质量和水平不断提升，形成 2 个以上服务品牌。其它图书馆、文化馆（站）实现基本公共文化服务项目健全，并免费提供。

四、推进美术馆、公共图书馆、文化馆（站）免费开放的具体举措

（一）取消原有部分收费项目

取消公共图书馆办证费、验证费、自修室使用费、电子阅览室上网费，取消公共图书馆、文化馆（站）存包费，限期取消文化馆（站）群众文化艺术辅导和培训费，业余文艺骨干培训费，公益性讲座、展览收费。

（二）限期收回出租设施

要严格执行《公共文化体育设施条例》和中央《关于加强公共文化服务体系建设的若干意见》、《关于进一步加强农村文化建设的意见》，维护好美术馆、公共图书馆、文化馆（站）的公益性质，不得以拍卖、租赁等任何形式改变公共文化设施用途，已挪作它用的限期收回。

（三）降低非基本服务收费

公共图书馆、文化馆（站）除基本公共服务外，为满足广大基层群众多层次、多样化的需求，开展了多种多样的公益性服务。如公共图书馆深度参考咨询服务（为读者收集专题信息，编写参考资料，或者进行代查、代译、复印书刊资料等服务）、赔偿性收费和文化馆（站）的高端艺术培训服务等，可以收取合理的费用。在财政经费保障机制建立的前提下，各级公共图书馆、文化馆（站）

应把主要精力用于开展基本公共文化服务。基本公共文化服务以外的公益性服务,要与市场价格有所区分,降低收费标准,按照成本价格为群众提供服务。

(四)完善免费开放公示制度

美术馆、公共图书馆、文化馆(站)要公示免费开放内容,在窗口接待、场所引导、资料提供以及内容讲解等方面创造良好的服务环境,增强吸引力。

(五)制定应急预案

美术馆、公共图书馆、文化馆(站)要切实做好免费开放的前期准备,充分考虑免费开放后可能遇到的各种情况和问题,制定切实可行、严谨细致的免费开放工作方案。要制定突发事件的应急预案,完善应急处置机制,确保免费开放后的公众安全、资源安全、设施设备安全。

(六)加强免费开放的宣传

要开展形式多样的宣传活动,扩大免费开放的公众知晓率,吸引广大群众走进文化设施,最大限度地发挥美术馆、公共图书馆、文化馆(站)功能作用。

五、美术馆、公共图书馆、文化馆免费开放的保障机制

免费开放是实施民生工程的重要内容,是保障广大人民群众基本文化权益、提高公民鉴赏能力的重要举措。各级文化、财政部门要高度重视,加强领导,采取措施,加强管理和创新,保证这一惠民措施真正落到实处。

(一)加强组织保障

各级文化、财政部门要加强对免费开放工作的组织领导,将免费开放作为公共文化服务体系建设的重点工作,纳入文化建设总体规划,纳入重要议事日程,纳入财政预算。要建立统筹协调、密切配合、分工协作的工作机制,加强免费开放工作的组织和领导。要充分依靠专家,加强对免费开放工作方案的制度设计和科学研究,保证免费开放工作科学有序地开展。

(二)建立经费保障机制

各级财政部门要进一步明确美术馆、公共图书馆、文化馆(站)公益性文化单位性质,按照"增加投入、转换机制、增强活力、改善服务"的原则,建立免费开放经费保障机制,保证免费开放后正常运转并提供基本公共文化服务。中央财政安排专项资金,重点对中西部地区美术馆、公共图书馆、文化馆(站)开展基本公共文化服务项目所需经费予以补助,对东部地区予以适当奖励。要逐步提高经费保障水平,不断健全美术馆、公共图书馆、文化馆(站)免费提供的基本公共文化服务项目,提升服务质量。探索建立公共文化多元化投入机制,鼓励社会力量对美术馆、公共图书馆、文化馆(站)进行捐赠和投入,拓宽经费来源渠道。

(三)深化改革,增强发展活力

要按照中央关于深化文化体制改革的总体部署,推动公共文化服务体制机制创新,优化组织结构,改进内部管理,创新服务方式,提高运营效率。进一步深化公益性文化单位内部机制改革,在人事、分配制度等方面大胆创新,形成讲实绩、重贡献、向优秀人才和关键岗位倾斜的分配机制。建立健全各项规章制度,以制度管人、以制度管事,增强发展活力。

(四)加强管理,拓展服务领域

要根据群众的需求,结合公共文化事业特点和本地本单位实际,整合业务流程,合理调配资源,改善服务效能。不断拓展服务领域、方式和手段,提供更加人性化的服务设施和服务项目,努力强化文化的感染力和辐射力,最大限度地缓解因免费开放带来的供需矛盾。要尊重和贴近服务对象的文化需求,在实现均等普惠的公共服务基础上,逐步增设多样化服务,重点增加对未成年人、老年人、农民工等特殊人群的对象化服务。

(五)加强监管,建立评估体系

在各级党委、政府的领导下,各级文化、财政部门要指导、督促各地做好免费开放工作,并对各单位实施情况进行督促检查和考评,对开放中出现的问题和困难及时沟通、协调,切实帮助解决免费开放中遇到的困难和问题。各级文化行政部门要发挥行业管理作用,加快完善美术馆、公共图书馆、文化馆(站)业务规范化建设,开展评估定级,加强分类指导,不断提高管理水平和服务能力。要加强宣传,扩大免费开放的社会影响,让更多群众了解美术馆、公共图书馆、文化馆(站)的功能作用,吸引广大群众走进文化设施,共享改革开放带来的文化发展成果。

各地要按照本通知要求,结合本地实际,尽快制订本地区推进美术馆、公共图书馆、文化馆(站)免费开放工作的实施方案,于2011年3月1日前报送文化部、财政部。

二〇一一年一月二十六日

(三)关于加强美术馆 公共图书馆 文化馆(站)免费开放经费保障工作的通知[1]

关于加强美术馆 公共图书馆 文化馆(站)
免费开放经费保障工作的通知

财教[2011]31号

各省、自治区、直辖市、计划单列市财政厅(局),新疆生产建设兵团财务局:

---

[1] 财政部. 关于加强美术馆 公共图书馆 文化馆(站)免费开放经费保障工作的通知[EB/OL]. [2011-03-07]. http://jkw.mof.gov.cn/zhengwuxinxi/zhengcefabu/201103/t20110321_510130.html.

根据《文化部 财政部关于推进全国美术馆公共图书馆文化馆（站）免费开放工作的意见》（文财务发[2011]5号），为支持做好免费开放工作，现就2011年免费开放经费保障有关事项通知如下：

一、加大投入力度，建立健全经费保障机制

各级财政部门要进一步明确美术馆、公共图书馆、文化馆（站）公益性文化事业单位性质，按照"增加投入、转换机制、增强活力、改善服务"的原则，将支持免费开放工作与建立公益性文化事业单位经费保障机制紧密结合，确保美术馆、公共图书馆、文化馆（站）免费开放后正常运转并提供基本公共文化服务。要认真研究制定美术馆、公共图书馆、文化馆（站）基本支出财政补助定额标准，足额保障人员、公用等日常运转所需经费；要增加专项资金投入，支持开展业务活动，改善设施设备条件，不断提高服务质量和服务水平。同时，要探索建立公共文化多元化投入机制，进一步完善和落实相关政策措施，引导和鼓励社会力量对美术馆、公共图书馆、文化馆（站）进行捐赠和投入，拓宽经费来源渠道。

二、经费保障分担原则和补助标准

按照中央和地方财力与事权相匹配的原则，美术馆、公共图书馆、文化馆（站）免费开放后，其人员、公用等基本支出由同级财政部门负担，开展基本公共文化服务项目支出由中央和地方财政共同负担。其中：中央级美术馆、图书馆所需经费由中央财政安排；省级美术馆、图书馆、文化馆所需经费由省级财政负担；中央财政设立专项资金，重点对中西部地区地市级和县级美术馆、公共图书馆、文化馆以及乡镇综合文化站开展基本公共文化服务项目所需经费予以补助，对东部地区免费开放工作实施效果好的地方予以奖励。

2011年地市级图书馆、文化馆开展基本公共文化服务项目经费补助标准为每馆每年50万元，县级图书馆、文化馆补助标准为每馆每年20万元，乡镇综合文化站补助标准为每站每年5万元。对中西部地区中央财政按照补助标准分别负担50%和80%。美术馆补助标准另行研究制定。各省级财政部门要合理确定省级和市、县级财政负担比例，对财力困难的地区给予适当倾斜。地方财政可根据实际情况提高补助标准，所需经费由地方财政自行负担。

三、2011年中央专项资金申报要求

1. 各级财政部门应会同文化部门认真做好本地区美术馆、公共图书馆、文化馆（站）基本情况调研、基础数据核实等工作，按照《文化部 财政部关于推进全国美术馆公共图书馆文化馆（站）免费开放工作的意见》（文财务发〔2011〕5号）的要求，尽快制定本地区推进美术馆、公共图书馆、文化馆（站）免费开放工作实施方案。列入免费开放名单的美术馆、公共图书馆、文化馆（站）应为文化行政部门归口管理，已建成并具备免费开放条件。

2. 中西部地区根据本地区公共图书馆、文化馆（站）个数，以及中央财政补助标准和负担比例，提出2011年中央专项资金申请；东部地区应将本地区2011年公共图书馆、文化馆（站）免费开放经费落实方案报财政部，由中央财政视情况安排奖励经费。

文化行政部门归口管理的美术馆免费开放经费补助申报要求另行通知。

3. 请你厅（局）会同文化厅（局）联合上报中央专项资金申请报告，并附本地区美术馆、公共图书馆、文化馆（站）免费开放工作实施方案，于3月31日前分别报送财政部、文化部。

财政部
二〇一一年三月七日

【本章小结】

本章介绍了我国公共文化设施"免费开放"的发展历程，重点解读了"免费开放"政策的内涵：一是与公共文化设施相适应的基本公共文化服务项目免费提供；二是对于基本公共文化服务项目以外的非基本服务项目，应坚持公益性、降低收费标准、不得以营利为目的。所以，公共文化设施的免费开放，不能简单地理解为所有的服务项目都不收费，而是基本服务免费、非基本服务可以收取成本补偿费用。本章还提供了文化馆（站）、公共图书馆等不同类型公共文化设施免费开放的内容与方式，界定了"基本服务"的内容、范围边界，明确了"免费开放"保障经费的中央财政和地方财政的分担机制，并且对实施"免费开放"政策以来显露出来的问题进行了分析，对政策未来走向做出了预测。

【思考题】

1. 如何正确理解"免费开放"的含义？
2. 公共图书馆"免费开放"的主要内容有哪些？
3. 文化馆（站）"免费开放"的主要内容有哪些？
4. 什么是公共文化服务的基本服务？什么是非基本服务？两者有何关系？

第四章　国家重大文化惠民工程

【目标与任务】

了解国家重大文化惠民工程的发展历程，正确理解和认识实施重大文化惠民工程对构建公共文化服务体系的意义和作用，重点熟悉"十二五"期间实施的重大文化惠民工程的基本内容、主要政策。

一、实施重大文化惠民工程的意义和作用

重大文化惠民工程是我国在公共文化服务体系建设进程中创造的重要举措，是有中国特色的公共文化服务体系建设的实现方式。我国公共文化服务体系建设由于实施了重大文化惠民工程，带动了事业的跨越式发展，短时间内实现了发展水平的迅速提高。如广播电视"村村通"工程的实施，使我国广大农村地区的广播电视覆盖率在短时间内接近100%；文化信息资源共享工程的实施，造就了全世界最大规模的面向农村的信息传播网络，以及最广泛的计算机公共接入点。重大文化惠民工程在我国的公共文化服务体系建设中具有重要意义，发挥着重要作用。

第一，重大文化惠民工程是政府主导公共文化服务体系建设的重要体现。重大文化惠民工程一个突出的特点是，政府对工程的统一规划、集中投入、强力推进、速见成效。通过各个工程建设向公众提供公共文化产品和服务，是公共文化服务体系建设的重要内容，更是政府主导公共文化的重要体现。

第二，重大文化惠民工程是加快城乡文化一体化发展的有力

举措。农村公共文化基础设施落后，资源总量短缺，而重大文化惠民工程以短时期重点、集中投入的方式，解决了公共文化服务体系建设中存在的突出矛盾和问题，带来了农村公共文化设施和资源跨越式发展的效果，能够迅速增加农村文化资源总量，促使农村公共文化服务水平迅速提高，这是加快城乡文化一体化发展的有力举措。

第三，重大文化惠民工程是统筹发展、整合资源的有效抓手。我国的公共文化建设，一方面，投入不足、供给不足、实现和保障人民群众基本文化权益的任务等问题仍很严重；另一方面，由于行政壁垒、行业割据，也存在着投入多头、资源分散、重复建设的问题。在目前的体制下，重大文化惠民工程的实施可以形成党委与政府高度重视、统筹协调推进的工作格局，这对于突破行政壁垒、解决资源分散与重复建设有重要意义，也有利于形成统筹发展、整合资源、共建共享的公共文化服务体系建设新格局。

二、重大文化惠民工程的发展历程

1998 年，为解决农村地区农民群众听广播、看电视难的问题，我国启动了"广播电视村村通工程"。同年，为解决农民看电影难的问题，我国启动了农村电影放映"2131"工程（即在 21 世纪初，广大农村地区实现"一村一月放映一场电影"的目标）。2002 年，为解决利用互联网向农村和基层传播优秀文化资源不畅的问题，我国启动了"全国文化信息资源共享工程"试点。世纪之交，我国开始出现一种公共文化建设的新形式——由国家主管部门统一规划、各级政府主导、在全国范围内统一实施的重大公益性文化建设工程（项目），后称"国家重大文化惠民工程"。

中共中央、国务院高度重视此类工程建设。2005 年 12 月，中共中央、国务院发布《关于推进社会主义新农村建设的若干意见》，把继续实施广播电视"村村通"和农村电影放映工程，发展文化信息资源共享农村基层服务点，作为构建农村公共文化服务体系的重要任务。

2006年9月公布的《国家"十一五"时期文化发展规划纲要》在部署公共文化服务时，提出了国家"重要文化工程项目建设"和"农村文化建设重点工程"的概念，将文化信息资源共享工程列为国家重要文化工程建设项目，将广播电视"村村通"工程、农村电影放映工程、乡镇综合文化站建设、流动综合文化服务车列为农村文化建设重点工程，确立了通过农村文化重点工程建设，改善和提升农村公共文化基础设施条件和服务水准，逐步改变城乡之间文化发展不平衡现象的农村文化建设思路。

2007年6月，中共中央政治局会议专题研究加强公共文化服务体系建设。为实现公共文化服务体系建设的目标任务，会议强调当前要大力加强重大公益性文化工程建设，认真组织实施广播电视"村村通"、全国文化信息资源共享、乡镇综合文化站和基层文化阵地建设、农村电影放映、"农家书屋"建设等公共文化服务工程。会议强调了实施重大公益性文化工程建设对构建公共文化服务体系的重要性，明确了"十一五"期间我国重点建设的五大公益性文化工程项目。为贯彻落实中共中央政治局会议精神，2007年8月，中共中央办公厅、国务院办公厅发布《关于加强公共文化服务体系建设的若干意见》，在部署公共文化服务体系建设目标任务时提出，"当前要大力发展公益性文化事业，实施文化惠民工程，优先安排关系人民群众切身利益的重大公共文化服务项目"。在中共中央和政府的重要文件中，开始以"文化惠民工程"的概念来指称此前出现的"重要文化工程建设项目""农村文化重点工程""重大公益性文化工程""公共文化服务工程"等称谓。该文件对中央政治局会议确定的五大文化惠民工程做出了具体部署。

中共十七届六中全会通过的《中共中央关于深化文化体制改革推动社会主义文化大发展大繁荣若干重大问题的决定》把深入实施广播电视"村村通"、文化信息资源共享、农村电影放映、"农家书屋"等文化惠民工程，作为加快城乡文化一体化的重要举措，提出了新时期深入实施文化惠民工程的"20字"方针：扩大覆盖、消除盲点、提高标准、完善服务、改进管理。随后发布的《国家"十二五"时期文化改革发展规划纲要》规划的重点文化惠民工程共有7项，包括：(1)广播电视村村通工程；(2)文化信息资源共享工程；(3)农村数字电影放映工程；(4)"农家书屋"工程；(5)公共文化设施建设；(6)边疆及民族地区公共文化建设；(7)国家级重大文化设施建设。

2012年5月，《文化部"十二五"时期文化改革发展规划》发布，在深化、细化《国家"十二五"时期文化改革发展规划纲要》的基础上，提出了9项公共文化服务体系建设重点工程，包括：(1)文化设施建设；(2)全国地市级公共文化设施建设规划；(3)全国文化信息资源共享工程；(4)公共电子阅览室建设计划；(5)数字图书馆推广工程；(6)文化馆(站)、公共图书馆、美术馆免费开放计划；(7)国家公共文化服务体系示范区(项目)创建工程；(8)公共文化单位服务能力建设项目；(9)文化建设"春雨工程"。

《文化部"十二五"时期文化改革发展规划》还列出了9项文化遗产保护重点工程，包括：(1)不可移动文物保护工程；(2)可移动文物保护工程；(3)文物保护能力建设工程；(4)文物保护基础设施和装备保障工程；(5)非物质文化遗产保护传承工程；(6)文化生态保护区建设工程；(7)非物质文化遗产数字化保护和传播工程；(8)全国非物质文化遗产保护利用设施试点建设工程；(9)中华古籍保护计划。

在国家重大文化惠民工程的示范和带动下，近年来，全国各地也出现了许多地方性的文化惠民工程，成为解决各地公共文化服务体系建设中突出矛盾和问题的有效方式。

三、"十二五"时期实施的重大文化惠民工程

(一)广播电视"村村通"及直播卫星公共服务

广播电视"村村通"工程，简称"村村通"工程，1998年中共中央、国务院决定启动，由国家广电总局负责实施。实施该工程的目的是，扩大农村广播电视覆盖面，切实提高农村群众收听、收看广播电视节目的水平和质量，解决广大农民群众听广播难、看电视难的问题。

2000年9月，为重点解决西藏、新疆等边疆少数民族地区的广播电视覆盖问题，"村村通"工程先行启动了"西新工程"。"西新工程"的实施范围最终包括了西藏、新疆、内蒙古、宁夏4个自治区和青海、甘肃、四川、云南4省的藏区，以及福建、浙江、广西、海南和吉林延边部分地区，涵盖国土面积超过498万平方千米。

1998年到2005年，是"村村通"工程第一轮实施期。2004年，国务院办公厅转发了广电总局、发展改革委、财政部《关于巩固和推进村村通广播电视工作的意见》，提出在巩固行政村"村村通"的基础上，自2004年7月起，稳步推进新通电行政村和20户以上已通电自然村"村村通"工作。2004年和2005年，重点解决新通电行政村和50户以上已通电自然村收听不到广播、收看不到电视的问题。中央财政继续安排专项建设资金，对中部地区国家扶贫开发工作重点县和西部地区给予必要支持。截至2005年年底，"村村通"工程国家投入建设资金34.4亿元，运行维护费0.4亿元，完成了11.7万个已通电行政村、10万个50户以上已通电自然村"村村通"建设任务，修复了1.5万个"返盲"行政村"村村通"

工程，解决了近 1 亿农民听广播、看电视的问题。

"十一五"期间，广播电视"村村通"工程被列入农村文化建设重点工程。《国家"十一五"时期文化发展规划纲要》提出的工程目标任务是，推进广播电视进村入户，充分利用无线、卫星、有线、微波等多种手段，为广大农村地区提供套数更多、质量更好的广播电视节目，全面实现 20 户以上已通电自然村通广播电视。与此同时，国务院办公厅发布《关于进一步做好新时期广播电视村村通工作的通知》，要求到 2010 年年底，按照"技术先进，安全可靠，经济可行，保证长效"的原则，因地制宜地采取适合本地特点的技术手段，全面实现 20 户以上已通电自然村通广播电视的目标。该文件明确了实施"村村通"工程的经费保障机制。工程建设资金，省、市两级政府负责解决 20 户以上已通电自然村"盲村"收看、收听包括中央和省级的 4 套以上的广播节目、8 套以上的电视节目的"村村通"工程建设资金，并切实落实修复"返盲"设施资金；省、市、县级政府分别负责解决转播本级广播电视节目的无线发射转播台（站）的机房和设备的更新改造资金。中央政府负责组织"村村通"卫星平台建设，对中部地区国家扶贫开发工作重点县、贫困人口集中分布地区、革命老区、少数民族地区和西部地区"村村通"工程建设给予一定资金补助，对全国县及县以上转播中央第一套广播节目、中央第一套和第七套电视节目的大、中功率无线发射设备的更新改造给予一定补助。工程完成后的日常管理维护资金，地方各级政府负责农村广播电视管理维护机构的日常经费，并按有关规定转播好中央广播电视节目；省、市、县级政府分别负责解决转播本级广播电视节目的无线发射转播台（站）的机房和设备的运行维护经费。中央政府保障"村村通"卫星平台运行维护经费，对"西新工程"范围的新疆、内蒙古、宁夏几个自治区和青海、甘肃、云南、四川省藏区"村村通"工程维护经费给予适当补助；对全国县及县以上转播中央第一套广播节目、中央第一套和第七套电视节目的大、中功率无线发射设备的运行维护经费给予一定补助。

2007年11月，国家发展改革委、财政部、广电总局联合发布了《"十一五"全国广播电视村村通工程建设规划》，提出了"村村通"工程"十一五"期间的任务：按照"巩固成果，扩大范围，提高质量，改进服务"的要求，进一步巩固农村地区广播电视建设成果，完善农村广播电视基础设施建设，大力提高农村广播电视无线覆盖水平，逐步消灭盲区，增加收听、收看广播电视节目套数，建立健全"村村通"的长效机制，构建广播电视农村公共服务体系。具体目标是，全面实现20户以上已通电自然村村村通广播电视，力争使现有20户以上自然村广播电视盲点的农民群众能够收看到包括中央第一套、第七套和本省第一套在内的8套以上电视节目，收听到包括中央第一套和本省第一套在内的4套广播节目（即"8+4"标准）；同时通过加强无线覆盖，使80%以上的农村人口能够用电视机、收音机直接收看、收听到包括中央电视台第一套节目、第七套节目和中央人民广播电台第一套节目在内的4套以上无线电视节目和4套以上无线广播节目，广大农村群众收听、收看中央和省级广播电视节目的效果得到显著改善。据统计，全国新通电行政村和20户以上已通电自然村广播电视覆盖"盲村"总数为71万多个，完成建设任务共需投资107.5亿元，中央财政计划投入补助资金34亿元。同时，"村村通"工程在"十一五"期间先行启动直播卫星公共服务节目部分平台建设。到2010年年底，"村村通"工程已先后解决全国已通电行政村、50户以上已通电自然村和20户以上已通电自然村"盲村"的群众听广播、看电视难的问题。"十一五"规划提出的目标任务全面如期完成。

进入"十二五"时期，"村村通"工程继续深入实施。2011年8

月,国家发改委和广电总局联合印发《全国"十二五"广播电视村村通工程建设规划》,提出了"十二五"期间的目标任务:将偏远农村地区近83万个新通电行政村和20户以上自然村、20户以下自然村"盲村",以及近49万个林区(场)"盲户"的广播电视覆盖纳入实施范围,加强转播中央广播电视节目的1229座高山无线发射台站的基础设施建设;启动全国直播卫星公共服务,以解决约2亿户农村家庭主要靠地面无线信号收听、收看广播电视,节目套数少,画面质量差,城乡差别大的问题。到2015年年底,基本实现由"村村通"到"户户通",全国广播电视人口综合覆盖率达到99%。

广播电视"村村通"工程是新中国成立以来广播电视领域投入最多、时间最长、覆盖面最广、受益人数最多的文化惠民工程,被称为是新时期国家重大文化惠民工程中的"一号工程",工程的持续实施将彻底解决农村基层听广播、看电视难的问题。

(二)全国文化信息资源共享工程、数字图书馆推广工程和公共电子阅览室建设计划

公共文化服务体系建设的一个重要任务是构建公共数字文化服务体系。2011年11月,文化部、财政部发布《关于进一步加强公共数字文化建设的指导意见》,提出"十二五"期间公共数字文化建设的目标任务:以数字化平台、数字化资源、数字化服务建设为基本内容,以制度体系、网络体系、资源体系、管理体系和服务体系建设为着力点,构建海量分级分布式公共数字文化资源库群,建成内容丰富、技术先进、覆盖城乡、传播快捷的公共数字文化服务体系。为此,"十二五"期间重点实施全国文化信息资源共享工程(以下简称"文化共享工程")、数字图书馆推广工程和公共电子阅览室建设计划三大公共数字文化惠民工程。文件特别强调,三大公共数字文化惠民工程是公共文化服务体系的基础性工程,是改进城乡基层群众文化服务的创新工程,三者既有内在联系，又各有侧重，因此，在组织实施上，应统一规划，统筹兼顾；在技术平台和网络建设上，应做好协调，不重复建设；在资源建设上，应各有侧重，突出特色；在标准规范上，应统一规划，相互兼容。三大惠民工程互为支撑，互相促进，形成合力，共同在公共数字文化建设中发挥重要作用。

1. 文化共享工程

文化共享工程是利用现代信息技术，依托各级图书馆、文化馆等公共文化设施，通过互联网、卫星网、广播电视网、无线通信网等新型传播载体，在全国范围内实现中华优秀文化资源的共建共享。

文化共享工程的策划与研究始于2001年6月。当时，文化部联合财政部策划并研制文化共享工程试验系统。2001年12月，国务院法制办、北京市大运村、北京市北辰小区、河北省承德地区满蒙自治县围场一中分别对试验系统进行了测试，获得成功。2002年4月，文化部和财政部发出《关于实施全国文化信息资源共享工程的通知》，并制定了《全国文化信息资源共享工程实施方案》，文化共享工程试点工作在全国展开。

2005年以来，文化共享工程受到了中共中央、国务院的高度重视。2006年9月发布的《国家"十一五"时期文化发展规划纲要》把文化共享工程列为"国家重要文化工程项目建设"，提出了"十一五"时期的建设目标：以农村为重点，建设电子图书、舞台艺术、知识讲座和影视节目等数字资源库，基本完成全国省、市、县和乡镇分中心建设，推进文化资源数字化，促进文化信息资源共享。2007年12月，文化部、财政部发布《关于进一步推进全国文化信息资源共享工程的实施意见》，要求进一步加大力度、加快进度，推进文化共享工程的实施，提出了到2010年工程建设的目标任务：基本建成资源丰富、技术先进、服务便捷、覆盖城乡的数字文化服务体系,努力实现"村村通"。基层服务网点建设,东部地区实现100%全覆盖,中西部地区实现县县建有支中心;资源建设力争总量达到100 TB,提供不少于5万种的电子图书,采集制作不少于14000场(个)舞台艺术、知识讲座、影视节目等视频资源;县级以上各级中心具备提供数字图书馆服务的技术能力。文件还形成了具体的经费保障措施:"中西部地区的县级支中心、村级基层服务点建设经费由中央财政和地方财政共担,中部地区按五五开比例分担,西部地区按八二开比例分担,中央财政对省级分中心资源建设将予以一定补助。对东部工作成效突出的省份中央财政给予适当奖励。"文件要求地方财政部门按照规划任务,加大对数字资源和基层服务网点的投入力度,并确保文化共享工程建设所需的网络维护经费、日常运行经费等。

截至2011年年底,各级财政为文化共享工程累计投入资金达到66.87亿元,工程实现了"十一五"时期的主要目标。在组织体系建设方面,已建成1个国家中心,33个省级分中心(覆盖率达100%),2840个县级支中心(覆盖率达99%),28595个乡镇基层服务点(覆盖率达83%),60.2万个村基层服务点(覆盖率达99%),部分省(区、市)村级覆盖范围已经延伸到自然村,基本实现全国"村村通"目标。在数字资源建设方面,累计建设数字资源136.4 TB,包括艺术欣赏、农业科技、文化教育、知识讲座、少儿动漫等视频类资源34809部(场)、21964小时,少数民族语言资源1956小时,具有地方特色文化内涵的专题资源库207个。在信息传输网络建设方面,利用互联网、卫星网、电子政务外网等多种传输渠道,形成了覆盖全国城乡、连接各级站点、便捷有效的信息和资源传输网络。在人才队伍建设方面,全国拥有专兼职工作人员68万人,工程培训总计591万人次。在共建共享方面,与全国农村党员干部现代远程教育、全国农村中小学远程教育合作共建基层服务点85万个，向各地农村党员干部现代远程教育累计提供数字资源68 TB，从2007年开始每年向远程教育平台提供不少于100小时的资源。文化共享工程实施以来产生了巨大的社会效益，累计服务群众达11.2亿人次，被称为国家重大文化惠民工程中的"二号工程"。

《国家"十二五"时期文化改革发展规划纲要》《文化部"十二五"文化改革发展规划》相继对"十二五"时期文化共享工程的深入发展做出了部署，文化部业务主管部门、共享工程国家中心做出了相应规划。"十二五"时期文化共享工程的发展目标是，到2015年，建成资源优质丰富、技术先进实用、传播高效互动、服务便捷贴近、管理科学规范、体系完整可控的公共数字文化传播服务体系，实现"时时可看，处处可学，人人可享"，成为基层群众的信息中心、学习中心和数字文化中心。其具体任务是：实现从城市到农村服务网络全覆盖，在城市社区和文化馆新建基层服务点，到"十二五"末基层服务点达到100万个；通过有线电视、直播卫星、通信网、互联网等多种方式进入居民家庭，入户率达到50%；数字资源量达到530 TB；建立"公共文化数字资源基础库群"和"红色历史文化多媒体资源库"，专题资源库不少于500个；加强少数民族语言数字资源译制，资源总量不少于30 TB；建设公共电子阅览室，到"十二五"末，实现公共电子阅览室在全国所有乡镇和街道、社区的全覆盖。

2. 数字图书馆推广工程

我国自1995年开始进行数字图书馆的研究与实验工作。2001年，第一个国家级数字图书馆项目——国家数字图书馆工程立项，2005年正式开始建设。为推广国家数字图书馆建设成果，2010年国家图书馆实施了"县级数字图书馆推广计划"，通过文化共享工程的服务网络，将国家图书馆优秀的数字资源推送到全国每一个县，使全国所有县级图书馆都具备了数字图书馆服务能力。同时，国家图书馆在山东、新疆、厦门、黑龙江等省市进行了国家数字图书馆区域全覆盖的试点工作，为在全国推广国家数字图书馆建设提供了经验。2011年5月，文化部、财政部做出了"十二五"期间在全国实施"数字图书馆推广工程"的部署。

数字图书馆推广工程的目标是，建设覆盖全国的数字图书馆虚拟网、互联互通的数字图书馆系统平台和海量分布式数字资源库群，形成完整的数字图书馆标准规范体系，借助全媒体提供数字图书馆服务。工程的建设内容主要包括五大方面：(1)建设覆盖全国的数字图书馆虚拟网，实现各级公共图书馆的互联互通；(2)建设分级分布式数字资源库群，实现数字资源无障碍共建共享。到"十二五"末，工程数字资源总量达到10000 TB，其中国家图书馆达到1000 TB，每个省级数字图书馆可用数字资源量达100 TB，每个市级数字图书馆可用数字资源量达30 TB，每个县级数字图书馆可用数字资源量达4 TB；(3)建设数字图书馆基础软件支撑平台，实现全国公共图书馆数字图书馆系统间的无缝连接；(4)建设多层次、多样化、专业化、个性化的数字图书馆服务平台，形成数字图书馆服务体系；(5)开展数字图书馆建设与服务的培训，建设一支专业知识与实践技能兼备的高素质人才队伍。

数字图书馆推广工程在"十二五"期间分阶段实施。2011—2012年为基础构建阶段，2013—2015年为全面推广阶段。目标是：到2015年末，以国家图书馆为中心、以各级数字图书馆为节点的全国数字图书馆虚拟网和分布式数字资源库群建设完成，数字资源总量和类型得到跨越式发展，全国数字图书馆人才队伍更加完备，各级公共图书馆服务能力获得较大提升。

数字图书馆推广工程的经费保障实行中央和地方财政共同负担的政策。中央财政资金主要用于全国性基础数字资源保障性建设、基础性资源的版权征集、资源统一调度与服务系统开发、新媒体服务系统开发、人员培训等，并对中西部地区省、市两级数字图书馆硬件设备建设予以补助。地方财政资金主要用于搭建硬件环境与地方特色数字资源建设。2011年，中央财政安排转移支付经费4980万元，对中西部地区省、市两级数字图书馆的硬件设备购置予以补助。省、市两级图书馆分别按照300万元和150万元的标准配置，其中，东部省份全部由地方财政投入；西部省份中央投入80%，地方投入20%；中部省份中央、地方财政各投入50%。

3. 公共电子阅览室建设计划

公共电子阅览室建设是文化部、财政部为适应公共数字文化的新发展，满足基层群众的新需求，在"十二五"期间推出的一项新的文化惠民工程。所谓公共电子阅览室，就是建设以计算机技术、网络通信技术为基础，依托文化共享工程各级服务点、图书馆、文化馆，以及具备条件的工人文化宫、少年宫、妇女儿童活动中心、乡镇（街道）文化站、社区文化中心（村文化室）、学校、工业（产业）园区等，与中央文明办组织实施的"绿色电脑进西部"工程相结合，提供集互联网信息查询、文化共享工程信息资源服务、数字图书馆服务、素质培训、网络通信、休闲娱乐为一体的现代化多功能公共文化服务场所。公共电子阅览室以未成年人、老年人、进城务工人员等特殊群体为重点服务对象，目的是更好地保障基层广大群众的基本文化权益，吸引基层群众参与积极、健康的网络文化活动，活跃基层群众的文化生活，推进全社会的信息化进程。

公共电子阅览室建设计划于2010年11月至2011年12月在全国9省市进行试点。9个试点省市参加试点的公共电子阅览室达6200个，资源提供总量达386 GB，服务人次1700多万，各级财政投入经费2.7亿元。在试点的基础上，2012年2月，文化部、财政部发布《"公共电子阅览室建设计划"实施方案》。

公共电子阅览室建设计划的主要内容是：(1)在文化共享工程县级支中心及基层服务点基础上，按照面积不少于40平方米、终端计算机不少于10台、局域网储存空间不少于1 TB、互联网出口带宽不低于2 MB的标准，改造升级或新建公共电子阅览室。到"十二五"末，实现在全国所有乡镇、街道、社区的全面覆盖。(2)依托文化共享工程和国家数字图书馆资源，建设适合开展公共电子阅览室服务的优秀数字资源，总量达到500 TB。(3)充分应用云计算、智能服务、流媒体、移动互联网等最新适用技术，与"三网融合"发展战略紧密结合，依托已有技术管理平台，建设先进实用、安全可靠、传输通畅、开放互联的公共电子阅览室技术平台。(4)制定出台《公共电子阅览室管理规范》；建立健全统一标志、用户上网实名登记、巡查监督、限时上网、工作信息填报、资源利用统计与反馈制度；重点加强对未成年人上网管理。(5)结合"三馆"免费开放工作，建立公共电子阅览室建设和运行经费保障机制，促进可持续健康发展。

"十二五"期间，公共电子阅览室建设分阶段推进。2010年11月到2011年12月为试点阶段，2012年到2013年为逐步推进阶段。推进已建公共电子阅览室全面免费开放；完成已配备文化共享工程设备的乡镇/街道、社区公共电子阅览室的设备升级；完成公共电子阅览室信息管理平台建设；完成"十二五"期间资源建设计划总量的60%，并提供服务。2014年到2015年为全面完成阶段。对符合条件的公共互联网服务场所进行认定；推进全社会共同参与建设公共电子阅览室；发展完善面向三网融合的资源传输调配体系；全面完成500 TB资源建设计划，并提供服务。

"公共电子阅览室建设计划"的经费保障由中央和地方财政共同负担。中央财政专项资金重点用于中西部地区乡镇、街道和社区公共电子阅览室补充设备，完善服务管理、建设技术平台。中央财政支持中西部地区公共电子阅览室建设专项资金投入分别为50%和80%，东部地区给予适当奖励；地方财政按规定足额落实配套资金。

(三)"农家书屋"工程

进入21世纪以来，各级政府一直在研究探索如何破解农民"买书难、借书难、读书难"的问题。2003年，新闻出版行政主管部门倡导和推动"三农"读物的出版发行，在此基础上，提出建设"农家书屋"的设想，2005年在甘肃、贵州等西部省份开展试点。2005年11月，中共中央办公厅、国务院办公厅发布《关于进一步加强农村文化建设的意见》，其中就提出推动"三农"出版物的出版发行，增加农民群众买得起、读得懂、用得上的通俗读物的品种和数量，发展农民书社等农民自助读书组织，为农民群众读书提供方便。2006年9月发布的《国家"十一五"时期文化发展规划纲要》在部署农村文化建设时，提出按照"政府资助建设，鼓励社会捐助，农民自我管理，市场运作发展"的要求，支持农民群众开办"农家书屋"。这是"农家书屋"在政府重要文件中首次出现。

2007年3月，新闻出版总署、中央文明办、国家发展和改革委员会、科技部、民政部、财政部、农业部、国家人口和计划生育委员会8部委联合发布《关于印发〈"农家书屋"工程实施意见〉的通知》，部署"十一五"时期在全国范围内实施"农家书屋"工程。以此为标志，"农家书屋"由农民群众开办的农民自主读书组织演变为政府主导的农村文化建设重大工程。2007年6月，中央政治局会议专题研究公共文化服务体系建设；2007年8月，中共中央办公厅、国务院办公厅发布《关于加强公共文化服务体系建设的若干意见》，"农家书屋"是要求重点加强建设的五大文化惠民工程之一。2007年11月，新闻出版总署发布《农家书屋"十一五"建设规划编制说明》，提出到"十一五"末，全国建成20万个"农家书屋"，覆盖全国1/3以上的行政村；到2015年，基本实现"农家书屋"对全国行政村的全覆盖。

根据2007年3月8部委联合发布的《"农家书屋"工程实施意见》，"农家书屋"是为满足农民文化需要，在行政村建立的、农民自己管理的、能提供农民实用的书报刊和音像电子产品阅读视听条件的公益性文化服务设施。工程的短期目标是着力解决农民群众"买书难、借书难、看书难"的问题；中长期目标是通过5~10年的建设，在全国农村逐步建立起"供书、读书、管书、用书"的长效机制，基本形成适应社会主义市场经济要求、符合社会主义精神文明建设规律的农村出版物发行服务新格局，达到"书屋"阅读条件完备、体制机制相对完善、服务功能不断加强、出版物发行网络延伸进村、农村出版物市场初步形成的基本目标。工程按照"政府组织建设，鼓励社会捐助，农民自主管理，创新发展机制"的原则组织实施。所谓"政府组织建设"，是指"农家书屋"工程由政府规划实施；所谓"农民自主管理"，是指"农家书屋"在个人自愿的基础上，由村民民主推荐管理人员，党支部、村委会承担筹建和监督的职责；所谓"创新发展机制"，是指"书屋"建立后，政府鼓励支持具备条件的"书屋"管理人员开展出版物经营活动，获得的经营收入按比例用于购买新的出版物。

"农家书屋"的建设标准是，每一"农家书屋"原则上可供借阅的适用图书不少于1000册，报刊不少于30种，电子音像制品不少于100种（张）。所需出版物，由相关部门参照"农家书屋"工程协调小组办公室公布的推荐目录组织采购和配送。

2008年7月，新闻出版总署印发《农家书屋工程建设管理暂行办法》。该办法在总结此前"农家书屋"工程实施情况的基础上，对工程实施部门及职责、建设标准与要求、实施计划申报与制订、社会捐赠管理、出版物选配、"农家书屋"管理、验收与检查等内容进行了规范。与2007年的《"农家书屋"工程实施意见》相比，该办法适当提高了"农家书屋"的建设标准，图书总量提高到一般不少于1500册，不低于500个品种，同时明确规定，"农家书屋"的出版物由政府统一配备，房屋由当地解决。

《国家"十二五"时期文化改革发展规划纲要》将"农家书屋"工程列入重点文化惠民工程，要求工程到2012年实现覆盖全部行政村，建立出版物更新配送系统，提高配送图书的质量。

2012年9月，全国"农家书屋"工程建设总结大会在天津举行。会议宣布，经过5年努力，全国"农家书屋"工程建设的目标任务提前3年完成。到2012年8月，60多万个"农家书屋"在全国农牧地区全部建成，全国每个行政村建有一个50平方米以上，配有1200种、1500~5000册适用图书、30种优秀报刊、100种影视音乐光盘及相应放映设备、阅读桌椅等设备的"农家书屋"，实现了"农家书屋村村有"。各级政府共投入财政资金120多亿元，吸引社会资金60多亿元，配送图书总量达9.4亿册，报刊5.4亿份，优秀音像制品1.2亿张，影视放映设备和阅读设施60多万套。

"农家书屋"工程建设未来的工作重点是：(1)以出版物补充为保障，完善长效机制。中央财政"十二五"期间安排了农村文化建设专项资金，每个"农家书屋"每年可以获得2000元的补助，这为"农家书屋"的长效发展提供了保障。(2)以管理员队伍建设为重点，提高"农家书屋"的使用效率。(3)以开展活动为抓手，带动"农家书屋"发挥作用。(4)以数字化建设为手段，提高"农家书屋"的传播能力。(5)以"农家书屋"为基础，逐步完善城乡一体的公共阅读服务体系。①

(四)农村数字电影放映工程

1998年,文化部、国家广播电影电视总局提出了农村电影放映"2131"目标,即在21世纪初,广大农村实现"一村一月放映一场电影"的目标。2000年12月,国家计委、广播电影电视总局、文化部联合发出《关于进一步实施农村电影放映"2131工程"的通知》,明确提出作为21世纪的一项电影工程和文化建设项目,力争"十五"期间基本实现农村电影放映"2131"目标。为此,从2000年到2004年,国家设立了"2131工程"专项资金。

"十一五"期间,农村电影放映工程被列为农村文化建设重点工程,目标是在基本实现全国农村一村一月一场电影的基础上,做好农村电影拷贝配送工作,丰富电影片源,加快推进农村电影数字化放映,加强农村电影院更新改造,增加固定或流动放映点。为落实《国家"十一五"时期文化发展规划纲要》提出的农村电影放映工作目标,2007年5月,国务院办公厅转发了广电总局、发展改革委、财政部、文化部《关于做好农村电影工作的意见》。该文件提出了加强农村电影工作的政策措施,主要包括:扶持农村题材影片的创作生产;推进农村电影体制机制改革;推广农村电影数字化放映;扶持农村电影公益性放映。为了加快农村数字电影发展,2007年5月,广电总局还专门制定了《农村数字电影发行放映实施细则》。2007年8月,由国家发展改革委、财政部、广电总局、文化部编制的《全国"十一五"农村电影放映工程建设规划》发布,全面规划了"十一五"时期的农村电影放映工程,确定了工程实施的保障政策。"十一五"期间,国家安排专项资金6亿元,

---

① 柳斌杰. 开创农家书屋工程建设新局面——在全国农家书屋工程建设总结大会上的讲话[EB/OL]. [2012-09-28]. www.gapp.gov.cn/news/1301/87212.shtml.

为中西部地区(含福建的龙岩、三明两市原中央苏区县)配备电影流动放映车919辆，配备数字放映设备12588台，对少数民族语电影译制中心进行数字化改造；建立公益放映补贴的新机制，政府对农村公益电影放映每场补助放映最低成本100元，中央财政负担西部地区的80%，中部地区的50%，东部地区以奖代补；加快市、县两级电影体制改革；鼓励民间资本进入农村电影发行放映市场，逐步实现市场化运作。2008年11月，广电总局发布《农村电影公益放映场次补贴管理实施细则》，规范了农村电影公益放映补贴的使用与发放。

2010年，广电总局发出《关于推动农村电影放映工程持续健康发展的通知》，对农村电影放映工程可持续发展的数字电影放映设备保值增值、农村电影公益放映场次补贴足额下发到放映员，以及进一步提高农村电影数字院线公司的市场经营能力、进一步创新管理方式等事项做出了部署。

"十二五"期间，"十一五"实施的"农村电影放映工程"提升为"农村数字电影放映工程"，继续作为国家重点文化惠民工程实施。《国家"十二五"时期文化改革发展规划纲要》提出了目标任务：农村流动银幕达到5万块，每个行政村每月放映一场数字电影，每学期农村中小学生观看两场爱国主义教育影片。

(五)创建国家公共文化服务体系示范区(项目)

"十一五"期间，我国公共文化服务体系建设取得了突出成就，但与经济社会发展的水平相比，与人民群众日益增长的精神文化需求相比，还存在着明显的不相适应。为有效落实各级政府构建公共文化服务体系的主导责任，探索解决公共文化服务体系建设中突出矛盾和问题的路径与方法，探索建立公共文化服务体系可持续发展的长效保障机制，为同类地区的公共文化服务体系建设提供借鉴和示范，为国家制定相关政策提供科学依据和实践经验，

2011年1月，文化部、财政部印发了《关于开展国家公共文化服务体系示范区(项目)创建工作的通知》，启动了国家公共文化服务体系示范区(项目)创建工作，计划"十二五"期间分三批在全国创建90个左右公共文化服务体系示范区，创建180个左右公共文化服务体系示范项目，覆盖约全国1/3的区域，推动这些地区的公共文化服务体系建设科学发展。

示范区(项目)创建的目标是，按照公益性、均等性、基本性、便利性的要求，在全国创建一批网络健全、结构合理、发展均衡、运行有效的公共文化服务体系示范区，培育一批具有创新性、带动性、导向性、科学性的公共文化服务体系项目，为我国公共文化服务体系建设探索经验，提供示范，推动公共文化服务体系建设科学发展。

创建类型分为综合性的"国家公共文化服务体系示范区"和单项性的"国家公共文化服务体系示范项目"两类。

1. 国家公共文化服务体系示范区

国家公共文化服务体系示范区的创建任务是，结合当地实际，坚持公益性、基本性、均等性、便利性，在满足群众基本文化需求的基础上，积极探索如何形成网络健全、结构合理、发展均衡、运行有效、惠及全民的公共文化服务体系，进一步推动公共文化服务广覆盖、高效能，为构建基本完善的公共文化服务体系提供实践示范和制度建设经验。

示范区创建主体以地级市(区)人民政府(含省直辖的县级人民政府)为主，采取城市主动申报、省级文化和财政主管部门审核、省级人民政府推荐、专家委员会评审、文化部和财政部批准的方式确定创建资格城市。创建周期为2年。创建期满，经专家委员会验收合格，由文化部、财政部命名、授牌。中央财政对示范区创建城市给予创建经费补助。第一批创建城市于2011年5月正式公布，全国31个省份的31个城市获得创建资格。

2. 国家公共文化服务体系示范项目

国家公共文化服务体系示范项目的创建任务是，就公共文化服务体系的某一方面、某一构成要素进行探索，为完善公共文化服务体系的构成要素、组成方面提供实践示范和制度建设经验。

示范项目的创建主体以地级市(区)文化管理部门(含省直辖的县级文化管理部门)为主。采取地方文化行政部门主动申报、省级文化和财政主管部门审核、专家委员会评审、文化部和财政部批准的方式确定创建资格项目。创建周期为2年。创建期满，经专家委员会验收合格，由文化部、财政部命名、授牌。中央财政对示范项目创建单位给予创建经费补助。第一批创建示范项目于2011年5月正式公布，全国27个省份和新疆生产建设兵团的47个项目获得创建资格。

国家公共文化服务体系示范区(项目)的创建要求体现如下特点：(1)政府主导，规划先行。公共文化服务体系示范区(项目)创建是政府行为，不是部门行为，因此要体现政府主导。示范区(项目)创建是公共文化建设落实科学发展观的一次实践，首先要结合实际做好顶层设计，规划先行。(2)全面达标和重点突破相结合。文化部、财政部制定了分东、中、西部的示范区创建标准，对公共文化服务体系的建设提出了全面要求，设定了量化指标，对示范项目也提出了原则性的创建标准，所有示范区(项目)创建单位经过2年努力，必须全面达到创建标准的要求。在全面达标的基础上，要求创建单位结合自身实际，选准当地存在又具有一定普遍性的突出矛盾和问题，在创建实践过程中探索解决的途径和办法。(3)制度设计研究和创建实践相结合。开展制度设计研究，是公共文化服务体系示范区(项目)创建的突出特点；制度设计研究的对象，是当地公共文化服务体系建设中存在的突出矛盾和问题；

研究的内容，是要探究解决矛盾和问题的思路、途径、方法、方案；研究的结果，用于指导创建实践。示范区（项目）又是课题研究的实践基地，通过实践修正和完善研究成果；对经过实践检验的研究成果加以提炼、升华，形成制度、政策、规范乃至法规，以此为区域乃至全国的公共文化服务体系建设提供借鉴，产生示范。(4) 全面落实过程管理规定。2011年11月，文化部办公厅印发了《创建国家公共文化服务体系示范区（项目）过程管理几项规定（暂行）》，就示范区（项目）创建过程中建立领导机制、联络员制度、经费管理制度、督导检查制度、信息报送制度、信息宣传评分制度等做出了规定，要求全面落实。

示范区（项目）创建已经取得了积极成效，2013年9月，第一批31个创建示范区、45个创建示范项目通过评审验收。创建城市党委、政府建设公共文化服务体系的主导作用得到有效发挥；示范区创建城市文化事业费投入大幅度增加，公共文化设施建设速度大幅提升。粗略估算，首批中央财政3.05亿元创建补助资金推动了31个示范区创建城市财政资金投入超过100亿元；解决制约公共文化服务体系科学发展的突出矛盾和问题取得初步成效；制度设计研究取得阶段性成果，发挥了在区域乃至在全国的示范和带动作用。

2013年8月，第二批32个创建示范区、57个创建示范项目通过评审，获得创建资格。

四、重要政策法规选编

(一)文化部 财政部关于进一步加强公共数字文化建设的指导意见[①](节选)

文化部 财政部关于进一步加强公共数字文化建设的指导意见

二、明确公共数字文化建设的指导思想、建设原则和目标任务

(一)指导思想。以邓小平理论和"三个代表"重要思想为指导,深入贯彻落实科学发展观,坚持开拓创新、与时俱进,坚持为人民服务、为社会主义服务的方向,以重点公共数字文化惠民工程为抓手,以现代信息技术为支撑,以资源建设为重点,以打造基于新媒体的服务新业态为目标,努力满足信息化环境下人民群众日益增长的精神文化需求,充分发挥公共数字文化建设在传承先进文化、传播科学知识、提高公民文明素质、增强民族凝聚力和创造力、提升国家文化软实力等方面的重要作用。

(二)建设原则。坚持政府主导、社会参与的原则,突出公益性,维护和保障广大公众的基本文化权益;坚持统筹规划、协调发展的原则,发挥重点公共数字文化惠民工程的整体优势;坚持需求主导、服务为先的原则,了解群众对公共数字文化的需求,建设丰富适用的数字资源,加强公共数字文化的惠民服务;坚持规范建设、科学管理的原则,发挥先进信息技术和标准规范在公共数字文化建设中的基础作用;坚持共建共享、开放共赢的原则,加强合作共建,鼓励、引导社会力量参与公共数字文化建设,开

---

① 文化部,财政部. 文化部 财政部关于进一步加强公共数字文化建设的指导意见 [EB/OL]. [2011-11-15]. http://59.252.212.6/auto255/201112/t20111201_27528.html.

创互利共赢的局面。

（三）目标任务。公共数字文化建设包括数字化平台、数字化资源、数字化服务等基本内容，以制度体系、网络体系、资源体系、管理体系和服务体系建设为着力点，构建海量分级分布式公共数字文化资源库群，建成内容丰富、技术先进、覆盖城乡、传播快捷的公共数字文化服务体系，为广大群众提供丰富便捷的数字文化服务，切实保障信息技术环境下公共文化服务的公益性、基本性、均等性、便利性。重点实施文化共享工程、数字图书馆推广工程和公共电子阅览室建设计划三大公共数字文化惠民工程，在此基础上，广泛动员各方面力量，逐步拓展范围，带动数字美术馆、数字文化馆、数字博物馆、数字爱国主义教育基地等建设，大力整合汇聚非物质文化遗产、国有艺术院团、民间文艺社团等方面的数字化资源，不断丰富和加强公共数字文化建设，从而丰富公共文化服务内容，拓展公共文化服务阵地，整合公共文化服务资源，创新公共文化服务手段，提高公共文化服务水平，完善公共文化服务体系。

三、实施重点公共数字文化惠民工程

"十二五"时期，重点实施文化共享工程、数字图书馆推广工程和公共电子阅览室建设计划，加强统筹，协调发展，提升三大公共数字文化惠民工程的整体效能。三大公共数字文化惠民工程是公共文化服务体系的基础性工程，是政府提供公共文化服务的重要手段，是实现广大人民群众基本文化权益的重要途径，是改善城乡基层群众文化服务的创新工程。文化共享工程实施多年，初步构建起覆盖城乡的公共数字文化服务网络，初步实现了优秀文化信息资源的全民共享；数字图书馆建设经过十多年的发展，在数字资源、技术与标准规范方面成果显著，为公共数字文化建设提供强有力的服务资源保障与技术、标准支撑；公共电子阅览室作为基层服务窗口，是汇聚共享工程、数字图书馆及互联网海量信息资源的公共数字文化服务终端。三大惠民工程既有内在联系又各有侧重，在组织实施上，应统一规划，统筹兼顾；在技术平台和网络建设上，应做好协调，不重复建设；在资源建设上，应各有侧重，突出特色；在标准规范上，应统一规则，相互兼容。三大惠民工程互为支撑，互相促进，形成合力，共同在公共数字文化建设中发挥重要作用。

（一）文化共享工程

文化共享工程作为公共文化服务体系的基础工程和重要平台，相继列入国家"十一五"规划和"十二五"规划。经过九年来的建设，文化共享工程已初步建成国家、省、市/县、乡镇/街道、村/社区五级服务网络，包括1个国家中心、33个省级分中心、2867个县级支中心、22963个乡镇基层服务点，以及与全国农村党员干部现代远程教育工作和农村中小学现代远程教育工程合作共建的59.7万个基层服务点，数字资源建设总量达到108 TB。"十二五"时期，文化共享工程将进一步加大整合力度，建设"公共文化数字资源基础库群"，资源总量达到530 TB；在城市社区、文化馆新建基层服务点，加强已建基层点的管理，发展完善覆盖城乡的服务网络，到"十二五"末达到基层服务点100万个，入户覆盖全国50%以上的家庭；利用"云计算"和"三网融合"技术，提升整个网络的服务能力与管理能力；大力推进进村入户，广泛开展惠民服务，实施以"农村实用技术人才培养计划"为重点的网络培训；与公共电子阅览室建设计划相结合，加快建设以公共图书馆、学校电子阅览室、社区文化活动中心为载体的未成年人公益性上网场所，更好地满足人民群众特别是广大青少年的精神文化需求。

（二）数字图书馆推广工程

数字图书馆推广工程的核心内容是建设覆盖全国的数字图书

馆虚拟网、互联互通的数字图书馆系统平台和海量分布式数字资源库群，形成完整的数字图书馆标准规范体系，借助全媒体提供数字文化服务。数字图书馆推广工程将进一步加强资源共享，扩大资源总量，形成规模效益，有效扩充全国各级公共图书馆的数字资源，避免重复建设；将全面提升各级公共图书馆的文献保障水平和信息服务能力，拓展服务渠道，丰富服务手段；将推广我国在数字图书馆软硬件平台建设方面的成果，搭建标准化和开放性的数字图书馆系统；将为广大公众提供多层次、多样化、专业化、个性化的数字图书馆服务，打造基于新媒体的图书馆服务新业态。到"十二五"末，全国各级公共图书馆可用数字资源量将得到较大、均衡的增长，工程数字资源总量达到10000 TB，其中国家图书馆数字资源总量达到1000 TB，与2010年底的480 TB相比翻一番；每个省级数字图书馆可用数字资源量达100 TB，每个市级数字图书馆可用数字资源量达30 TB，每个县级数字图书馆可用数字资源量达4 TB。工程的实施将整体提升我国各级图书馆的服务能力和服务水平，到"十二五"末，以互联网、移动通信网、广电网为通道，借助手机、数字电视、移动电视等新兴媒体，使数字图书馆的服务覆盖全国省、市、县、乡镇（街道）、村（社区），促进公共文化服务新业态的形成。

（三）公共电子阅览室建设计划

公共电子阅览室建设计划以保障人民群众的基本网络文化权益为目标，以未成年人、老年人、进城务工人员等群体为重点服务对象，依托文化共享工程的服务网络和设施，以及文化共享工程、国家数字图书馆丰富的数字资源，与文化共享工程建设、乡镇文化站建设、街道（社区）文化中心（文化活动室）建设，以及中央文明办组织实施的"绿色电脑进西部活动"相结合，在城乡基层大力推进公共电子阅览室建设，努力构建内容安全、服务规范、环境良好、覆盖广泛的公益性互联网服务体系。实施公共电子阅览室建设计划,将为广大人民群众特别是未成年人提供公益性上网场所,吸引广大人民群众参与积极、健康的网络文化活动;将进一步完善全国各级公共图书馆、文化馆(站、室)的软硬件设施,增强各级公共图书馆、文化馆(站、室)的数字文化服务能力,把更多适应人民群众需求的数字资源传送到社区、城镇和农村,活跃基层群众的文化生活,推进全社会的信息化。到"十二五"末,努力实现公共电子阅览室在全国乡镇、街道、社区的全覆盖。

……

五、加强领导,完善投入和保障机制

(一)加强组织领导和统筹规划。各地要高度重视公共数字文化建设工作,将其纳入当地政府文化发展规划和公共文化服务体系建设,切实加强组织领导,做好统筹规划,充分发挥文化共享工程、数字图书馆推广工程、公共电子阅览室建设计划三大数字文化惠民工程的整体优势,依托各级公共图书馆、文化共享工程各级中心、公共电子阅览室以及文化馆(站、室)、社区文化中心等公共文化基础设施,注重与教育、科研等系统的合作共建,形成合力,共同促进公共数字文化的建设。要重点做好资源建设,开展惠民服务,加大宣传力度,营造全社会共同关注、参与和支持公共数字文化建设的良好氛围,让群众充分享受公共数字文化服务,使公共数字文化建设成果惠及更广泛的基层群众。

(二)完善投入和保障机制。中央财政设立专项资金,对三大公共数字文化惠民工程建设所需经费予以补助。各地要积极争取地方党政领导的重视和支持,确保地方财政资金足额按时到位,并做好经费管理和使用,使财政资金充分发挥效益。要研究制定政策措施，鼓励社会力量投资文化建设，逐步形成政府投入为主、社会多渠道筹资为辅的投入格局；加强对公共数字文化建设有关政策法规的研究，完善法律、法规，加强政策保障。各级文化主管部门要建立管理和考核机制，对公共数字文化建设工作进行督导和检查。

（三）注重人才培养和队伍建设。建立人才培养机制，为公共数字文化建设提供人力资源基础。充分发挥中央和地方文化单位积极性，通过分级培训的方式，不断提高从业人员的思想水平和业务素质，培养一支既具备较高技术素质和专业知识，又具备实际技能的人才队伍。国家图书馆和全国文化信息资源建设管理中心要组织力量编制教材，面向省级图书馆和省级支中心开办骨干培训班；各地要组织好本地区的培训工作，重点建设一批爱岗敬业、善于管理服务设施和组织基层文化服务项目的专业队伍；要拓宽视野，把社会工作者、志愿者作为人才队伍建设的有机组成部分，切实做好人才配置工作，以适应公共数字文化建设工作的需要。

各地文化厅（局）、财政厅（局）要按照本意见的精神，结合当地实际，加强调查研究，认真贯彻落实，及时总结经验，不断完善提高，积极探索新时代公共文化服务新方式，进一步加强公共数字文化建设，为文化发展注入新的活力，繁荣和传播社会主义先进文化，推动社会主义文化大发展大繁荣。

文化部　财政部
二〇一一年十一月十五日

(二)第二批国家公共文化服务体系示范区(项目)创建标准[①] (节选)

第二批国家公共文化服务体系示范区(项目)创建标准

示范区创建标准

东部

坚持公益性、基本性、均等性、便利性,深化改革,加快城乡文化一体化发展,突出软件建设,率先建成符合当地实际情况、覆盖城乡、结构合理、功能健全、实用高效的公共文化服务体系,推动公共文化服务持续发展的长效机制基本形成,广大群众特别是农民群众基本文化权益得到有效保障,对公共文化服务的满意度明显提高。

一、公共文化设施网络建设方面

1. 图书馆、博物馆、文化馆(站)、影剧院等公共文化设施完善,布局合理,方便群众参加活动。实现市有文化馆、图书馆、博物馆、美术馆、剧院、非遗展示馆等公共文化设施,县有图书馆、文化馆,乡镇(街道)有综合文化站,行政村(社区)建有文体活动室(文化广场)。

2. 图书馆建设。市、县两级图书馆达到部颁二级以上标准;公共图书馆人均占有藏书1册以上;市、县两级图书馆平均每册藏书年流通率1次以上;人均年增新书在0.04册次以上;人均到馆次数0.5次以上。

[①] 文化部.第二批国家公共文化服务体系示范区(项目)创建标准[EB/OL].[2013-07-23]. www.mcprc.gov.cn/preview/special/shifanyuan/tongzhi/201307/t20130723_277779.html.

3. 群众艺术馆、文化馆建设。市、县两级群众艺术馆、文化馆达到部颁二级以上标准。

4. 乡镇(街道)综合文化站建设。100%的乡镇(街道)建有单独设置的综合文化站，其设备配置、活动开展、人员配备、综合管理等达到文化部制定的《乡镇综合文化站管理办法》和国家发展改革委、文化部制定的《乡镇综合文化站建设标准》的要求。

5. 村(社区)文体活动室(文化广场)建设。100%的行政村(社区)建设面积不低于200平方米的文化活动室(中心)，每个文化活动室都建成全国文化信息资源共享工程基层服务点。

6. 公共电子阅览室(含文化信息资源共享工程支中心、基层服务点)建设。依托公共图书馆、文化馆(站)，市及所辖县建有标准配置的公共电子阅览室。100%的乡镇、街道、社区建有标准配置的公共电子阅览室。

二、公共文化服务供给方面

7. 以统筹城乡文化发展、推动基本公共文化服务均等化为目标，公共文化服务面向基层、面向农村，实现重心下移、资源下移、服务下移。农村公共文化服务总量明显增加。群众性文体活动的经常化、体系化程度明显提高。群众参与率达到本省(区、市)的先进水平，人均参加文体活动的时间每周不少于7小时。

8. 把农民工纳入城市公共文化服务体系。建立了政府主导、企业共建、社会参与的农民工文化工作机制，公益性文化事业单位形成了有特点的面向农民工的服务项目。有效整合和优化配置农民工文化资源，农民工文化活动常态化，广大农民工对公共文化服务的满意度明显提高。

9. 弱势群体和特殊人群的基本文化权益得到有效保障。公共文化设施设置方便残障人士以及老年人、少年儿童的活动区域和服务项目。市县两级图书馆配备设备和资源，开展面向盲人的服务。县级以上文化馆经常性组织针对上述特殊人群的各类文体活动和专题文化培训等。

10. 社会力量积极参与公共文化产品的生产和供给，引入竞争机制，面向市场，采取政府采购、项目补贴、定向资助、贷款贴息、税收减免等政策措施鼓励各类文化企业参与公共文化服务，通过集中配送、连锁服务等多种方式，有效解决公共文化产品供给问题，实现政府主导下的供给主体和供给方式多元化。

11. 美术馆、公共图书馆、文化馆（站）、博物馆实现免费开放，有基本公共文化服务内容目录并公示，形成2个以上品牌服务项目。图书馆每周开放时间不少于56小时。文化馆（站）、博物馆每周开放时间不少于42小时。加强科技馆、纪念馆、工人文化宫、青少年宫等公共文化设施和爱国主义教育示范基地建设并完善向社会免费开放服务，鼓励其他国有文化单位、教育机构等开展公益性文化活动，各类公共场所要为群众性文化活动提供便利。

12. 基本实现每个行政村每月看1场以上电影、每年看5场以上戏剧或文艺演出，每年组织8次以上规模较大的群众文体活动。

13. 创新公共文化服务方式。市、县图书馆以总分馆等多种形式形成服务体系，实现通借通还。市、县两级图书馆、文化馆具有数字资源提供能力和远程服务能力。市、县两级图书馆、文化馆配备一台以上流动服务车，图书馆每年下基层的流动服务次数不低于50次，文化馆每年组织流动演出12场以上，流动展览10场以上。

14. 全国文化信息资源共享工程建设。县县有支中心、乡乡有基层服务点，实现"村村通"；100%的基层群众可以通过多种方式使用文化信息资源及享受数字图书馆、数字文化馆、数字博物馆、数字美术馆等的服务资源，实现扩大覆盖、消除盲点、提高标准、完善服务、改进管理的目标。

15. 依托全国文化信息资源共享工程和数字图书馆推广工程，市一级建设3个以上地方特色数字资源库。市级图书馆可用数字资源不低于30 TB，县级图书馆可用数字资源不低于4 TB。建立网上图书馆、网上博物馆、网上文化馆。

三、公共文化服务组织支撑方面

16. 建立党委统一领导、党政齐抓共管、相关部门分工负责、社会力量积极参与的工作体制和工作格局，政府有公共文化服务体系建设相关规划和政策。以农村和基层为重点，制定统筹城乡文化发展的相关规划、政策、措施。

17. 建立政府与公共文化服务机构的专家咨询制度、公共文化服务机构运营的公众参与制度。把公共文化服务内容纳入干部培训计划和当地党校、行政学院、干部学院教学体系。

18. 切实按照国务院《公共文化体育设施条例》和文化部、国土资源部、建设部编制的《公共图书馆建设用地指标》、《公共图书馆建设标准》、《文化馆建设用地指标》、《文化馆建设标准》、《乡镇综合文化站建设标准》、《城市社区体育设施建设用地指标》等标准，根据服务人口等制定公共文化设施建设规划，每千人占有公共文化设施面积达到本省(自治区、直辖市)的先进水平。无偿划拨公共图书馆、文化馆(站)、博物馆、体育馆(场)等公益性文化设施建设用地，公共文化设施门类齐全、布局合理、服务便捷。

19. 以示范区建设为平台，统筹规划和建设基层公共文化设施，坚持项目建设和运行管理并重，将分散在不同部门的公共文化服务资源和项目有效整合，实现基层公共文化服务资源的共建共享。

20. 加快推进公益性文化事业单位改革，建立健全法人治理结构，健全决策、执行和监督机制，提高运行效率，确保公益目标实现，建立权责清晰、分类科学、机制灵活、监管有力的事业单位管理制度。

21. 制定并落实吸引社会力量参与公共文化服务体系建设的有关政策，民营文艺团体、民间文艺社团和农民自办文化初具规模。

四、资金、人才和技术保障措施落实

22. 把公共文化产品和服务项目、公益性文化活动纳入公共财政经常性支出预算。公共财政对公共文化投入的增长幅度高于财政经常性支出增长幅度，公共文化支出占财政支出的比例稳步提高。设立农村文化建设专项资金。人均文化事业费（按常住人口计算）高于本省平均水平。

23. 乡镇（街道）综合文化站的人员编制3名以上，行政村和社区有至少1名财政补贴的文化管理员（文化指导员）。城市社区设有公共文化服务岗位。

24. 市级文化单位业务人员占职工总数不低于70％，县级文化事业单位业务人员占职工总数不低于80％。

25. 加强业余文化骨干、文化志愿者队伍建设，每社区、村业余文艺团队不少于3支。

26. 县级文化单位在职员工参加脱产培训时间每年不少于15天，乡镇街道、村、社区基层文化专兼职人员参加集中培训时间每年不少于5天。县、乡、村、社区基层文化专兼职人员参加全国基层文化队伍远程网络培训时间每年不少于100课时。

27. 利用现代信息技术建立公共文化服务平台和公共文化服务技术支撑系统。

五、公共文化服务评估方面

28. 建立并实施公共文化服务绩效评估制度。把公共文化服务体系建设成效纳入科学发展考核评价体系，纳入各级党委政府和领导干部的考核体系。建立起政府、文化和财政部门、公共文化服务机构、重大文化项目工作考核机制。

29. 实行文化工作目标管理责任制,将服务农村、服务基层情况和群众满意度作为重要考核指标。

六、其他方面

30. 创新公共文化服务体系建设体制机制,创新公共文化服务方式和手段,并已取得显著成绩,在全省乃至全国产生较大影响,具有典型示范作用和推广价值。

31. 结合具体实践,参与文化部国家公共文化服务体系制度设计课题研究工作,针对公共文化服务体系建设中有一定普遍性的突出矛盾和问题展开研究,在研究和实践的基础上,形成制度建设成果,通过专家委员会验收。

32. 涉及广播电视、新闻出版、体育等部门的工作内容,按照部门要求达到相应标准。

33. 涉及教育、工会、共青团、妇联、科协等部门的工作内容,达到中央关于公共文化服务体系建设的相关政策要求。

(三)中央补助地方农村文化建设专项资金管理暂行办法[1]

中央补助地方农村文化建设专项资金管理暂行办法

第一章 总则

第一条 为了规范和加强中央补助地方农村文化建设专项资金(以下简称专项资金)管理,提高资金使用效益,根据国家有关规定,制定本办法。

---

[1] 财政部. 财政部关于印发《中央补助地方农村文化建设专项资金管理暂行办法》的通知[EB/OL]. [2013-04-10]. http://www.mof.gov.cn/zhengwuxinxi/caizhengwengao/wg2013/wg201304/201308/t20130809_976255.html.

第二条　专项资金由中央财政设立，用于支持农村公共文化事业发展，保障基层农村群众基本文化权益。

第三条　专项资金管理和使用坚持中央补助、分级负责、合理安排、专款专用的原则。

第四条　专项资金实行定额补助和因素分配相结合的分配方法。

第五条　专项资金管理和使用应当接受财政、审计等部门的监督检查。

第二章　支出范围与标准

第六条　专项资金包括补助资金和奖励资金，其中：

（一）补助资金主要用于补助行政村文化设施维护和开展文化体育活动等支出，包括：

1. 全国文化信息资源共享工程村级基层服务点运行维护和开展宣传培训等支出；

2. 农家书屋出版物补充及更新支出；

3. 农村电影公益放映场次补贴支出；

4. 行政村组织开展各类文化体育活动支出。

（二）奖励资金主要用于鼓励地方开展农村特色文化体育活动、加强农村基层文化体育人才队伍建设、丰富农民群众文化体育生活等。

第七条　行政村文化设施维护和开展文化体育活动等支出基本补助标准为每个行政村每年10000元，其中：

1. 全国文化信息资源共享工程村级基层服务点每村每年2000元；

2. 农家书屋出版物补充及更新每村每年2000元；

3. 农村电影公益放映活动按照每村每年12场，每场平均200元的补助标准，每年2400元；

4. 农村文化活动每村每年 2400 元;

5. 农村体育活动每村每年 1200 元。

第八条 中央财政对东部地区、中部地区、西部地区分别按照基本补助标准的 20%、50%、80% 安排补助资金,其余部分由地方统筹安排。

地方可以根据实际情况提高补助标准,所需经费由地方自行负担。

对党中央、国务院文件规定的比照享受中部政策的东部地区,中央财政按照基本补助标准 50% 的比例安排补助资金;比照享受西部政策的东中部地区,中央财政按照基本补助标准 80% 的比例安排补助资金。

第九条 奖励资金实行因素分配法,根据各省(自治区、直辖市、计划单列市、兵团,以下简称省)区域内农村基本情况、财政文化投入水平、农村文化体育活动开展情况等因素进行分配,具体因素和权重如下:

(一)自然因素(权重 20%):

1. 农村人口(10%);

2. 行政村数量(10%)。

(二)投入因素(权重 30%):

1. 公共财政文化体育与传媒支出水平(15%),指某省公共财政文化体育与传媒支出占该省公共财政支出的比例;

2. 公共财政文化体育与传媒支出增长率(15%),指某省公共财政文化体育与传媒支出比上年增长比例。

(三)工作因素(权重 30%):

1. 全国文化信息资源共享工程村级基层服务点年均服务人次(6%);

2. 行政村年均电影公益放映场次(6%);

3. 农家书屋出版物年均补充及更新数量(6%);

4. 行政村年均组织开展文化活动、举办文化类培训班及讲座次数(6%);

5. 行政村年均组织开展体育活动次数(6%)。

(四)管理因素(权重20%):

考核各省农村获得国家级奖励情况(荣誉称号如全国文明村、文化示范村等)、村级公共文化设施运行管理机制是否科学合理、农村文化建设各项财政资金管理制度是否健全、监督措施是否到位、上报材料是否及时、数据是否准确、是否存在违规问题等。

第三章 申报与审批

第十条 省级财政部门应当会同同级文化、广电、体育、新闻出版等相关主管部门(以下简称相关主管部门)及时做好有关数据收集整理工作,填写上年度《×××省(区、市)农村文化事业建设情况表》(详见附表),连同专项资金申请报告于每年4月30日前以财政厅(局)文件形式报财政部。

第十一条 财政部会同中央相关主管部门,根据统计年鉴、财政决算、部门统计数据等,对省级财政部门上报数据进行审核。

第十二条 财政部根据专项资金年度预算规模及相关数据审核情况,按照本办法规定的补助标准和分配因素核定专项资金预算并下达省级财政部门,同时抄送中央相关主管部门。

第十三条 财政部按照当年补助资金总额的一定比例,于每年9月30日前提前下达下一年度部分补助资金预算。

第四章 管理与使用

第十四条 省级财政部门收到中央财政专项资金预算后,应当及时商同级相关主管部门,制定专项资金分配使用方案,并于60日内将专项资金预算按照规定程序下达到县级财政部门。

其中:

（一）专项资金中的补助资金，应当按照基本补助标准及各县行政村数量，下达到县级财政部门。

（二）专项资金中的奖励资金，由省级财政部门商省级相关主管部门根据本地农村文化建设情况统筹安排，不得用于抵顶基本补助标准中应由地方财政负担的资金。

（三）需要省级或者市级相关部门集中采购的，应当按照政府采购有关规定办理。

第十五条　县级财政部门应当会同相关主管部门完善专项资金管理和使用有关规定，按照"村级申报、乡镇初审、县级审核拨付"的方法，确保专项资金落到实处。

第十六条　专项资金的分配和使用应当符合本办法规定，做到分配合理、使用规范，不得用于村办公场所建设、村委会办公经费等超出规定范围的其他支出，不得平衡预算、截留和挪用。

第十七条　专项资金支付按照财政国库集中支付管理制度规定执行。

第十八条　省级财政部门在每年报送专项资金申请报告时应当同时将上一年度专项资金分配和使用情况报财政部。逾期未报送的，财政部将适当核减其当年奖励资金。

第五章　监督检查

第十九条　各级财政部门应当会同同级相关主管部门建立健全专项资金监督检查和绩效评价机制。财政部将会同相关主管部门对专项资金管理使用情况进行检查，检查结果作为以后年度分配专项资金的重要参考依据。

第二十条　对于违反本办法规定截留、挪用专项资金或者报送虚假材料骗取专项资金等行为，依照《财政违法行为处罚处分条例》等规定追究责任。

第六章 附 则

第二十一条 本办法自印发之日起施行。《财政部关于印发〈农村文化以奖代补专项资金管理暂行办法〉的通知》(财教〔2008〕104号)、《财政部广电总局关于印发〈农村电影公益放映场次补贴专项资金管理办法〉的通知》(财教〔2008〕135号)同时废止。

【本章小结】

本章介绍了国家重大文化惠民工程的发展历程。实施重大文化惠民工程是我国建设公共文化服务体系的重要举措，是有中国特色的公共文化服务体系建设的实现方式，带动了事业的跨越式发展，取得了举世瞩目的成就。本章还重点阐释了广播电视"村村通"工程、文化共享工程、数字图书馆推广工程、公共电子阅览室建设计划、"农家书屋"工程、国家公共文化服务体系示范区（项目）创建等"十二五"期间持续实施的重大文化惠民工程的基本内容、主要政策和发展目标。

【思考题】

1. 实施重大文化惠民工程的意义和作用是什么？
2. 全国文化信息资源共享工程、数字图书馆推广工程、公共电子阅览室建设计划三大公共数字文化工程的关系是什么？
3. "农家书屋"工程与农村公共图书馆体系如何协调发展？
4. 思考示范区创建（项目）对公共文化服务体系建设的促进作用。

第五章　公共文化设施建设

【目标与任务】

了解建立公共文化设施建设标准的意义，了解三种不同类型标准的功能与作用。掌握《公共图书馆建设用地指标》《文化馆建设用地指标》《公共图书馆建设标准》《文化馆建设标准》《乡镇综合文化站建设标准》的内容与特点。了解公共图书馆、文化馆（站）、博物馆等设施的相关建筑设计规范。

一、公共文化设施建设标准的类型

公共文化设施，包括文化馆、博物馆、图书馆、美术馆、科技馆、纪念馆、工人文化馆、青少年宫、爱国主义教育示范基地等，是公共文化产品与服务供给的"承载体"，是面向人民群众提供公共文化资源与服务的重要阵地，是公共文化服务体系建设中的"硬件"。为公共文化设施建设确立规范标准，旨在保障公共文化服务的可持续发展，是促进公共文化服务均等化的重要途径。

目前，我国有关公共文化设施建设标准的规范主要有三类：一是国务院行政法规，如《公共文化体育设施条例》；二是国务院行政部门发布的标准规范，主要是公共文化设施"建设用地指标"和"建设标准"两大系列；三是以国家标准或行业标准形式发布的设施建设技术标准规范。

国务院 2003 年颁布的《公共文化体育设施条例》，是截至目前我国有关公共文化设施建设最高层级的行政法规。《公共文化体育设施条例》明确规定公共文化设施的数量、种类、规模及布局，应当根据国民经济和社会发展水平、人口结构、环境条件及文化体育事业发展的需要，统筹兼顾，优化配置，符合国家关于城乡公共文化设施用地定额指标的规定；由各级人民政府举办的公共文化设施的建设、维修、管理资金，应当列入本级人民政府基本建设投资计划和财政预算；公共文化设施的建设选址，应当符合人口集中、交通便利的原则；公共文化设施的建筑物设计，应当符合实用、安全、科学、美观等要求，并采取无障碍措施，方便残疾人使用。

公共文化设施的"建设用地指标"和"建设标准"以国务院部门规章的形式出现，主要用于规范政府对公共文化设施建设项目的立项与投资审批，起到保障与规范作用。这类标准规范虽然冠名为"标准"或"指标"，但它们既不是工程技术标准，也不是项目施工标准，没有纳入国家标准化范畴，不是强制执行的技术或质量标准，属于政府规范性文件。

公共文化设施"建设用地指标"，主要用于合理确定公共文化设施的建设项目用地面积，以及在城市规划中预留公共文化设施的建设用地。一般而言，用地指标既规范单体公共文化设施的建设用地，也规范一个地区公共文化设施服务网络的规划用地。通俗地说，建一个公共文化设施需要多少土地，一个地区需要建多少个公共文化设施并预留多少建设用地，用地指标会给出指导标准。

公共文化设施"建设标准"，主要指用于规范公共文化设施建设项目的规模分级和项目构成，给出公共文化设施总建筑面积和分项面积控制指标，提出公共文化设施建设选址、总体布局的原则要求，明确公共文化设施建设项目实施过程中的基本标准。

作为国家标准或行业标准的建筑设计标准规范，是以强制性或推荐性标准形式出现的公共文化设施建设的工程技术标准、项目施工标准,这类标准纳入了国家标准化质量体系的范畴。

二、公共文化设施建设用地指标

所谓建设用地指标,根据《关于印发〈工程项目建设用地指标编制工作暂行办法〉的通知》,是指"在平均先进的生产工艺、规划设计、技术经济水平和通常的场地条件下,一个建设项目(或单项工程)的主体工程和配套工程所需占用的额定土地面积"。建设用地指标的规划,应遵循2008年1月1日起施行的《中华人民共和国城乡规划法》。结合《公共文化体育设施条例》的规定,公共文化设施的建设预留地,由县级以上地方人民政府土地行政主管部门、城乡规划行政主管部门按照国家有关用地定额指标,纳入土地利用总体规划和城乡规划,并依照法定程序审批。公共文化设施建设用地指标,既要考虑单项设施建设用地规模的需要,也要通盘规划,预留整个地区的公共文化设施建设用地。

建设用地指标是编制和审批设计任务书(或可行性研究报告)、确定项目建设用地规模的依据,是编制初步设计文件、核定和审批建设项目用地面积的尺度。目前,由国务院有关部门制定实施的公共文化设施的建设用地指标,主要有《公共图书馆建设用地指标》《文化馆建设用地指标》。另外,《博物馆建设用地指标》已经完成初稿。

《公共图书馆建设用地指标》《文化馆建设用地指标》,主编部门均是文化部,批准部门是住房和城乡建设部、国土资源部和文化部。前者自2008年6月1日起正式施行,后者自2008年10月1日施行。这两项建设用地指标,是公共图书馆、文化馆用地选址和总平面规划设计时确定所需用地面积的全国统一标准,是编制和审批公共图书馆、文化馆项目建议书或可行性研究报告时确定建设用地规模的依据,也是编制城市规划时确定公共图书馆、文化馆发展用地的依据，适用于县级以上（含县级）人民政府投资新建、改建或扩建的公共图书馆、文化馆工程，其他级别的公共图书馆、文化馆（站）可参照执行。

从内容来看，《公共图书馆建设用地指标》《文化馆建设用地指标》贯彻了公共文化服务"以人为本""普遍均等，惠及全民"的原则，主要表现在以下几方面：

第一，提出了公共图书馆、文化馆的网点布局原则和服务半径指标，这是最大的亮点。长期以来，我国事实上形成了"一级政府建设和管理一个公共图书馆、一个文化馆"的现状。这一现状与目前致力于构建的覆盖全社会的普遍均等的公共文化服务体系不相适应。因为服务体系的一个重要指标是"全覆盖"，即所有人都能就近获得图书馆服务，而一级政府管理的一个城市如果只有一所图书馆、文化馆，无论如何也不能形成全覆盖的、普遍均等的服务体系。

第二，突破了以往单纯依据行政级别确定公共图书馆、文化馆建设规模的做法，建立了主要依据服务人口确定建设规模的原则。根据公共文化服务体系全覆盖的普遍服务原则以及我国城乡人口变迁的现实，服务人口也没有采用以往惯用的"户籍人口"，而是采用"常住人口"，包括城镇户籍人口（非农人口及农业人口）和居住半年以上的暂住人口。需要特别指出的是，服务人口指相应服务范围内的规划总人口，而不是现实人口。

第三，提出了公共图书馆、文化馆的选址要求。考虑到服务对象的交通出行习惯和要求，两文件明确提出公共图书馆、文化馆应设置于城市中人口集中、交通便利、环境良好的地区。考虑到大城市及特大城市的实际交通状况，交通便利的原则具体化为"公交便利"。

第四，进一步明确了节约、集约用地和保护文化设施用地的建设要求。公共图书馆、文化馆的改建、扩建项目，应充分利用原有场地和设施，减少新增用地；因条件所限无法扩建，确需异地新建的，原馆的使用性质应保留。

三、公共文化设施建设标准

我国公共文化设施建设目前还存在着许多亟待解决的问题，包括：设施建设的随意性和地区差异的问题；公共文化设施被挤占、挪用或长期缺失的问题；建筑功能不完善、内容单一、缺少活动场所的问题；公共文化设施成为"形象工程"，忽视了内在的功能需求，导致低效使用土地与建筑的问题；建设年代较早的公共文化设施功能落后、规模不足的问题等。为了进一步规范和指导公共文化设施建设，达到合理与节约投资的目的，国务院有关部门编制了相关的建设标准。

目前，公共文化设施建设标准的编制工作，已经制定完成并开始实施的有《公共图书馆建设标准》《文化馆建设标准》《乡镇综合文化站建设标准》《档案馆建设标准》《科学技术馆建设标准》。《博物馆建设标准》的编制工作已经启动，《剧场建设标准》的编制工作也正在酝酿中。

《公共图书馆建设标准》(2008 年 11 月 1 日起施行)、《文化馆建设标准》(2010 年 12 月 1 日起施行)、《乡镇综合文化站建设标准》(2012 年 5 月 1 日起施行)的主编部门是文化部，批准部门是住房和城乡建设部、发展和改革委员会。这三项标准是公共图书馆和文化馆(站)建设项目科学决策和合理确定项目建设水平的全国统一标准；是审批、核准公共图书馆和文化馆(站)建设项目的依据；是有关部门审查公共图书馆和文化馆(站)建设项目初步设计和监督检查工程项目建设全过程的尺度。三项标准确定了公共图书馆、文化馆(站)建设项目的规模分级和项目构成，给出了总建筑面积和分项面积控制指标，提出了建设选址、总体布局的原则要求，明确了建设项目实施过程中的基本要求。贯彻实施《公共图书馆建设标准》《文化馆建设标准》《乡镇综合文化站建设标准》，是为人民群众提供规范、优质公共文化服务的基本前提，也是公共图书馆、文化馆（站）设施建设和发展的重要依据。

《公共图书馆建设标准》《文化馆建设标准》《乡镇综合文化站建设标准》的主要特点表现在以下几方面：

第一，突破了按行政层级建设的惯例，明确提出公共图书馆、文化馆（站）建筑面积规模主要依据服务人口数量确定。按照这一原则，今后公共图书馆、文化馆（站）的规模大小，不再完全取决于行政级别，而取决于服务人口数量，以形成便利、均等、普惠的公共文化设施体系。

第二，形成了比较系统的基于公共图书馆、文化馆（站）建设现实水平且具有一定前瞻性的控制指标体系。以服务人口为主要依据确定公共图书馆、文化馆（站）的建设规模，需要通过一系列具体的控制指标来实现。如《公共图书馆建设标准》第一次明确提出了未来5～10年我国公共图书馆建设规模控制的主要指标：人均拥有公共图书馆藏书0.6～1.5册，千人拥有公共图书馆坐席0.3～2个，千人拥有公共图书馆建筑面积6～23平方米，同时还提出了公共图书馆每平方米藏书量、单个阅览坐席占用面积、使用面积系数等基本测算指标。

第三，规定了用房设置，以适应现代公共文化服务基本理念的要求。如《公共图书馆建设标准》将公共图书馆的用房项目分为8大类41项，提出了各类用房的面积比例，以及各类用房在不同规模的公共图书馆设置与否的指导意见，对公共图书馆的总体布局、外观造型、室内装修、环保节能、防灾防火、建筑设备等提出了原则要求。《文化馆建设标准》《乡镇综合文化站建设标准》也详细规定了不同类型文化馆(站)的建筑用房设置要求和使用面积控制指标。

第四，特别重视公共图书馆、文化馆(站)的环境建设。为改变以往公共图书馆、文化馆(站)建设重房屋建筑、轻环境建设的倾向，明确提出了一系列有关环境建设的要求。如明确规定了选址时，应将方便使用、安全环保放在首位，选择在人口集聚、位置适中、交通便捷、环境及地质条件良好的地方，以便为更多的市民提供便捷的服务，提高公共文化设施的使用效率；明确规定了建设内容包括房屋建筑、场地、建筑设备和技术设备等。

四、公共文化设施的建筑设计规范

公共图书馆、文化馆、博物馆等公共文化设施的建筑设计，除了总体上应遵循现行有效的国家建筑设计规范标准，如《民用建筑设计通则》《建筑工程抗震设防分类标准》《建筑结构可靠度设计统一标准》《城市道路和建筑物无障碍设计规范》《建筑设计防火规范》《高层民用建筑设计防火规范》《建筑内部装修设计防火规范》《公共建筑节能设计标准》《民用建筑热工设计规范》《建筑采光设计标准》《建筑照明设计标准》等之外，还必须遵循公共文化设施特定的建筑设计标准要求，如文化馆须遵循《文化馆建筑设计规范》，公共图书馆须遵循《图书馆建筑设计规范》《公共图书馆建筑防火安全技术标准》，博物馆须遵循《博物馆建筑设计规范》《文物系统博物馆安全防范工程设计规范》《博物馆照明设计规范》等。这类规范都属于纳入国家或行业标准系列的强制性标准规范。

《民用建筑设计通则》由建设部主编和批准，于 2005 年 7 月 1 日起施行。该标准适用于新建、改建和扩建的民用建筑设计，作为各类民用建筑设计必须共同遵守的通用规则，旨在使民用建筑符合适用、经济、安全、卫生和环境等基本要求。

《建筑工程抗震设防分类标准》由住房和城乡建设部、国家质量监督检验检疫总局联合发布，于2008年7月30日起施行。该标准根据2004年的《建筑工程抗震设防分类标准》修订而成。在修订过程中，调查总结了汶川大地震的经验教训，提高了博物馆、文化馆、图书馆、医院、体育场馆、影剧院、商场、交通枢纽等人员密集的公共服务设施的抗震能力。它适用于抗震设防区建筑工程的抗震设防分类。新建、改建、扩建的建筑工程，其抗震设防类别不应低于本标准的规定。

《建筑结构可靠度设计统一标准》由建设部和国家质量监督检验检疫总局联合发布，于2002年3月1日起施行。该标准旨在统一各类材料的建筑结构可靠度设计的基本原则和方法，使设计符合技术先进、经济合理、安全适用、确保质量的要求。该标准适用于建筑结构、组成结构的构件及地基基础的设计。

《城市道路和建筑物无障碍设计规范》由建设部、民政部、中国残疾人联合会批准为行业标准，于2001年8月1日起施行。该规范旨在建设城市的无障碍环境，提高人民社会生活质量，确保行动不便者能方便、安全地使用城市道路和建筑物，是道路和建筑设计必须遵守的共同规则。它适用于全国城市各类新建、扩建和改建的城市道路、房屋建筑和居住小区，以及有残疾人生活与工作场所的无障碍设计。供人们行走和使用的道路交通与建筑物的相应设施应符合乘轮椅者、拄盲杖者及使用助行器者的通行与使用要求。根据无障碍环境建设的用途和目的，无障碍设计应综合考虑其所获得的经济效益、社会效益和环境效益。

《建筑设计防火规范》由建设部和国家质量监督检验检疫总局于2006年7月12日联合发布，2006年12月1日起施行。该规范旨在防止和减少建筑火灾危害，保护人身和财产安全。它适用于"建筑高度小于等于24.0米的公共建筑""建筑高度大于24.0米的单层公共建筑""地下、半地下建筑(包括建筑附属的地下室、半地下室)"等的新建、扩建和改建。它是一项综合性的防火技术标准,政策性和技术性强,涉及面广,多为强制性条文,必须严格执行。

《高层民用建筑设计防火规范》的主编部门为公安部,批准部门为建设部,于1995年11月1日起施行,1999年、2001年、2005年分别进行了修订,适用于"建筑高度超过24米的公共建筑",包括新建、扩建和改建的高层建筑及其裙房,旨在防止和减少高层建筑火灾的危害,保护人身和财产的安全。高层建筑的防火设计必须遵循"预防为主,防消结合"的消防工作方针,针对高层建筑发生火灾的特点,立足自防自救,采用可靠的防火措施,做到安全适用、技术先进、经济合理。

《建筑内部装修设计防火规范》由建设部批准,自1995年10月1日起施行,1999年做了局部修订。该规范旨在保障建筑内部装修的消防安全,贯彻"预防为主,防消结合"的消防工作方针,防止和减少建筑物火灾的危害。它适用于民用建筑和工业厂房的内部装修设计;不适用于古建筑和木结构建筑的内部装修设计。建筑内部装修设计应妥善处理装修效果和使用安全的矛盾,积极采用不燃性材料和难燃性材料,尽量避免采用在燃烧时产生大量浓烟或有毒气体的材料,做到安全适用,技术先进,经济合理。该规范规定的建筑内部装修设计,在民用建筑中包括顶棚、墙面、地面、隔断的装修,以及固定家具、窗帘、帷幕、床罩、家具包布、固定饰物等;在工业厂房中包括顶棚、墙面、地面和隔断的装修。

《公共建筑节能设计标准》由建设部和国家质量监督检验检疫总局于2005年4月4日联合发布,2005年7月1日起施行。该标准旨在贯彻国家有关法律、法规和方针政策,改善公共建筑的室内环境,提高能源利用效率。它适用于新建、改建和扩建的公共建筑节能设计。按该标准进行的建筑节能设计，在保证相同的室内环境参数条件下，与未采取节能措施前相比，全年采暖、通风、空气调节和照明的总能耗应减少50%。

《民用建筑热工设计规范》由建设部批准，自1993年10月1日起施行。该规范旨在使民用建筑热工设计与地区气候相适应，保证室内基本的热环境要求，符合国家节约能源的方针，提高投资效益。它适用于新建、扩建和改建的民用建筑热工设计。

《建筑采光设计标准》由建设部和国家质量监督检验检疫总局联合发布，于2001年11月1日起施行。该标准旨在建筑采光设计中，贯彻国家的技术经济政策，充分利用天然光，创造良好光环境和节约能源。它适用于利用天然采光的居住、公共和工业建筑的新建工程，也适用于改建和扩建工程的采光设计。采光设计应做到技术先进、经济合理，有利于生产、工作、学习、生活和保护视力。

《建筑照明设计标准》由建设部负责主编和批准，于2004年12月1日起施行。该标准旨在建筑照明设计中贯彻国家的法律、法规和技术经济政策，符合建筑功能，有利于生产、工作、学习、生活和身心健康，做到技术先进、经济合理、使用安全、维护管理方便，实施绿色照明。它适用于新建、改建和扩建的居住、公共和工业建筑的照明设计。

《文化馆建筑设计规范》由建设部和文化部审查批准，自1988年6月1日起试行。该规范旨在保证文化馆建筑设计质量，使文化馆建筑符合安全、卫生和使用功能等方面的基本要求。适用于新建、扩建、改建的文化馆建筑设计。群众艺术馆、文化站等可参照执行。文化馆的建筑设计应根据当地经济发展水平、文化需求和民族文化传统等因素，在满足当前适用需要的基础上，适当考虑留有发展余地。

《图书馆建筑设计规范》由建设部、文化部和教育部批准，为强制性行业标准，自 1999 年 10 月 1 日起施行。该规范旨在适应图书馆事业的发展，使图书馆建筑设计符合使用功能、安全、卫生等方面的基本要求。它适用于公共图书馆、高等学校图书馆、科学研究图书馆及各类专门图书馆等的新建、改建和扩建工程的建筑设计。图书馆建筑必须满足文献资料信息的采集、加工、利用和安全防护等功能要求，并为读者、工作人员创造良好的环境和工作条件。图书馆建筑设计应结合图书馆的性质、特点及发展趋势，采用先进的管理方式，适应现代化服务的要求，并力求造型美观，与环境协调。

《公共图书馆建筑防火安全技术标准》由文化部提出并归口为文化行业标准，于 1996 年 7 月 1 日起施行。该标准适用于各类综合性公共图书馆的新建、改建和扩建工程及其附属设备和专用设备的防火安全技术。学校图书馆、科研及各种专业图书馆（室）、其他各类型图书馆（室）可参照本标准的条文执行。

《博物馆建筑设计规范》由建设部、文化部审查批准为行业标准，自 1991 年 8 月 1 日起施行。该规范旨在适应博物馆建设的需要，保证博物馆建筑设计符合适用、安全、卫生等基本要求。它适用于社会历史类和自然历史类博物馆的新建和扩建设计。改建设计及其他类别博物馆设计可参照执行。博物馆建筑必须符合城镇文化建筑的规划布局要求，并反映所在地区建筑艺术、科学技术和文化发展的先进水平。博物馆建筑设计必须与完整的工艺设计相配合，满足藏品的收藏保管、科学研究和陈列展览等基本功能，并应设置配套的观众服务设施。对古建筑的改建设计必须符合各项文物法规，保持原有建筑风貌，并应满足防火、防盗等安全要求。藏品库房以新建为宜。

《文物系统博物馆安全防范工程设计规范》由公安部提出，国家技术监督局批准，于1997年5月1日起施行。它规定了文物系统博物馆安全防范工程的设计要求，是设计文物系统博物馆安全防范工程的技术依据。它适用于文物系统博物馆及重点文物保护单位、文物商店、考古研究所和其他收集文物标本的场所。工艺美术馆、档案馆等可参照使用。

《博物馆照明设计规范》由国家质量监督检验检疫总局和国家标准化管理委员会发布，于2009年12月1日起施行。它规定了博物馆照明的设计原则、照明数量和质量指标，适用于新建、改建、扩建或利用古建筑及旧建筑的博物馆照明设计。

《镇（乡）村文化中心建筑设计规范》由住房和城乡建设部批准为行业标准，于2008年10月1日起施行。该标准旨在满足广大镇（乡）村居民开展文化活动的基本要求，提高镇（乡）村文化中心建筑设计的质量。适用于新建、改建、扩建的县级人民政府驻地以外的镇和乡、村文化中心建筑设计。镇（乡）村文化中心建筑设计，应符合下列要求：(1)应贯彻环境保护、安全卫生、节约用地、节约能源、节约用水、节约材料的有关规定；(2)应以人为本，适合不同人群，特别是儿童、老年人、残疾人文化活动的特点和要求；(3)应符合当地经济和社会发展水平；(4)应体现因地制宜、就地取材、地域风格、民族特色；(5)应在满足近期使用的同时，兼顾今后改造的可能。

《剧场建筑设计规范》由建设部和文化部批准为行业标准，自2001年7月1日起施行。该规范旨在保证剧场建筑设计满足使用功能、安全、卫生及舞台工艺等方面的基本要求。它适用于剧场建筑的新建、改建和扩建设计；不适用于观众厅面积不超过200平方米或观众容量不足300座的剧场建筑。剧场建筑根据使用性质及观演条件可分为歌舞、话剧、戏曲三类。剧场为多功能时，其技术规定应按其主要使用性质确定，其他用途应适当兼顾。

《电影院建筑设计规范》由建设部和广播电影电视部批准，自1988年12月1日起试行，2008年进行了修订。该规范旨在保证电影院建筑设计满足安全、卫生及使用功能等方面的基本要求。它适用于新建、扩建、改建的，以放映35毫米的变形法、遮幅法宽银幕及普通银幕（包括立体声）三种影片为主的电影院建筑设计。其他兼放电影且有固定放映设备的公共集会、文娱演出建筑可参照有关条款执行。

五、重要政策法规选编

（一）公共文化体育设施条例[①]

公共文化体育设施条例

第一章　总则

第一条　为了促进公共文化体育设施的建设，加强对公共文化体育设施的管理和保护，充分发挥公共文化体育设施的功能，繁荣文化体育事业，满足人民群众开展文化体育活动的基本需求，制定本条例。

第二条　本条例所称公共文化体育设施，是指由各级人民政府举办或者社会力量举办的，向公众开放用于开展文化体育活动的公益性的图书馆、博物馆、纪念馆、美术馆、文化馆（站）、体育场（馆）、青少年宫、工人文化宫等的建筑物、场地和设备。

本条例所称公共文化体育设施管理单位，是指负责公共文化体育设施的维护，为公众开展文化体育活动提供服务的社会公共

[①] 国务院.公共文化体育设施条例[EB/OL].[2003-06-26].http://www.gov.cn/zwgk/2005-05/23/content_157.htm.

文化体育机构。

第三条 公共文化体育设施管理单位必须坚持为人民服务、为社会主义服务的方向，充分利用公共文化体育设施，传播有益于提高民族素质、有益于经济发展和社会进步的科学技术和文化知识，开展文明、健康的文化体育活动。

任何单位和个人不得利用公共文化体育设施从事危害公共利益的活动。

第四条 国家有计划地建设公共文化体育设施。对少数民族地区、边远贫困地区和农村地区的公共文化体育设施的建设予以扶持。

第五条 各级人民政府举办的公共文化体育设施的建设、维修、管理资金，应当列入本级人民政府基本建设投资计划和财政预算。

第六条 国家鼓励企业、事业单位、社会团体和个人等社会力量举办公共文化体育设施。

国家鼓励通过自愿捐赠等方式建立公共文化体育设施社会基金，并鼓励依法向人民政府、社会公益性机构或者公共文化体育设施管理单位捐赠财产。捐赠人可以按照税法的有关规定享受优惠。

国家鼓励机关、学校等单位内部的文化体育设施向公众开放。

第七条 国务院文化行政主管部门、体育行政主管部门依据国务院规定的职责负责全国的公共文化体育设施的监督管理。

县级以上地方人民政府文化行政主管部门、体育行政主管部门依据本级人民政府规定的职责，负责本行政区域内的公共文化体育设施的监督管理。

第八条 对在公共文化体育设施的建设、管理和保护工作中做出突出贡献的单位和个人，由县级以上地方人民政府或者有关部门给予奖励。

第二章 规划和建设

第九条 国务院发展和改革行政主管部门应当会同国务院文化行政主管部门、体育行政主管部门，将全国公共文化体育设施的建设纳入国民经济和社会发展计划。

县级以上地方人民政府应当将本行政区域内的公共文化体育设施的建设纳入当地国民经济和社会发展计划。

第十条 公共文化体育设施的数量、种类、规模以及布局，应当根据国民经济和社会发展水平、人口结构、环境条件以及文化体育事业发展的需要，统筹兼顾，优化配置，并符合国家关于城乡公共文化体育设施用地定额指标的规定。

公共文化体育设施用地定额指标，由国务院土地行政主管部门、建设行政主管部门分别会同国务院文化行政主管部门、体育行政主管部门制定。

第十一条 公共文化体育设施的建设选址，应当符合人口集中、交通便利的原则。

第十二条 公共文化体育设施的设计，应当符合实用、安全、科学、美观等要求，并采取无障碍措施，方便残疾人使用。具体设计规范由国务院建设行政主管部门会同国务院文化行政主管部门、体育行政主管部门制定。

第十三条 建设公共文化体育设施使用国有土地的，经依法批准可以以划拨方式取得。

第十四条 公共文化体育设施的建设预留地，由县级以上地方人民政府土地行政主管部门、城乡规划行政主管部门按照国家有关用地定额指标，纳入土地利用总体规划和城乡规划，并依照法定程序审批。任何单位或者个人不得侵占公共文化体育设施建设预留地或者改变其用途。

因特殊情况需要调整公共文化体育设施建设预留地的，应当依法调整城乡规划，并依照前款规定重新确定建设预留地。重新确定的公共文化体育设施建设预留地不得少于原有面积。

第十五条 新建、改建、扩建居民住宅区，应当按照国家有关规定规划和建设相应的文化体育设施。

居民住宅区配套建设的文化体育设施，应当与居民住宅区的主体工程同时设计、同时施工、同时投入使用。任何单位或者个人不得擅自改变文化体育设施的建设项目和功能，不得缩小其建设规模和降低其用地指标。

第三章 使用和服务

第十六条 公共文化体育设施管理单位应当完善服务条件，建立、健全服务规范，开展与公共文化体育设施功能、特点相适应的服务，保障公共文化体育设施用于开展文明、健康的文化体育活动。

第十七条 公共文化体育设施应当根据其功能、特点向公众开放，开放时间应当与当地公众的工作时间、学习时间适当错开。

公共文化体育设施的开放时间，不得少于省、自治区、直辖市规定的最低时限。国家法定节假日和学校寒暑假期间，应当适当延长开放时间。

学校寒暑假期间，公共文化体育设施管理单位应当增设适合学生特点的文化体育活动。

第十八条 公共文化体育设施管理单位应当向公众公示其服务内容和开放时间。公共文化体育设施因维修等原因需要暂时停止开放的，应当提前7日向公众公示。

第十九条 公共文化体育设施管理单位应当在醒目位置标明设施的使用方法和注意事项。

第二十条 公共文化体育设施管理单位提供服务可以适当收取费用，收费项目和标准应当经县级以上人民政府有关部门批准。

第二十一条　需要收取费用的公共文化体育设施管理单位，应当根据设施的功能、特点对学生、老年人、残疾人等免费或者优惠开放，具体办法由省、自治区、直辖市制定。

第二十二条　公共文化设施管理单位可以将设施出租用于举办文物展览、美术展览、艺术培训等文化活动。

公共体育设施管理单位不得将设施的主体部分用于非体育活动。但是，因举办公益性活动或者大型文化活动等特殊情况临时出租的除外。临时出租时间一般不得超过10日；租用期满，租用者应当恢复原状，不得影响该设施的功能、用途。

第二十三条　公众在使用公共文化体育设施时，应当遵守公共秩序，爱护公共文化体育设施。任何单位或者个人不得损坏公共文化体育设施。

第四章　管理和保护

第二十四条　公共文化体育设施管理单位应当将公共文化体育设施的名称、地址、服务项目等内容报所在地县级人民政府文化行政主管部门、体育行政主管部门备案。

县级人民政府文化行政主管部门、体育行政主管部门应当向公众公布公共文化体育设施名录。

第二十五条　公共文化体育设施管理单位应当建立、健全安全管理制度，依法配备安全保护设施、人员，保证公共文化体育设施的完好，确保公众安全。

公共体育设施内设置的专业性强、技术要求高的体育项目，应当符合国家规定的安全服务技术要求。

第二十六条　公共文化体育设施管理单位的各项收入，应当用于公共文化体育设施的维护、管理和事业发展，不得挪作他用。

文化行政主管部门、体育行政主管部门、财政部门和其他有关部门，应当依法加强对公共文化体育设施管理单位收支的监督管理。

第二十七条　因城乡建设确需拆除公共文化体育设施或者改变其功能、用途的，有关地方人民政府在作出决定前，应当组织专家论证，并征得上一级人民政府文化行政主管部门、体育行政主管部门同意，报上一级人民政府批准。

涉及大型公共文化体育设施的，上一级人民政府在批准前，应当举行听证会，听取公众意见。

经批准拆除公共文化体育设施或者改变其功能、用途的，应当依照国家有关法律、行政法规的规定择地重建。重新建设的公共文化体育设施，应当符合规划要求，一般不得小于原有规模。迁建工作应当坚持先建设后拆除或者建设拆除同时进行的原则。迁建所需费用由造成迁建的单位承担。

第五章　法律责任

第二十八条　文化、体育、城乡规划、建设、土地等有关行政主管部门及其工作人员，不依法履行职责或者发现违法行为不予依法查处的，对负有责任的主管人员和其他直接责任人员，依法给予行政处分；构成犯罪的，依法追究刑事责任。

第二十九条　侵占公共文化体育设施建设预留地或者改变其用途的，由土地行政主管部门、城乡规划行政主管部门依据各自职责责令限期改正；逾期不改正的，由作出决定的机关依法申请人民法院强制执行。

第三十条　公共文化体育设施管理单位有下列行为之一的，由文化行政主管部门、体育行政主管部门依据各自职责责令限期改正；造成严重后果的，对负有责任的主管人员和其他直接责任人员，依法给予行政处分：

（一）未按照规定的最低时限对公众开放的；

（二）未公示其服务项目、开放时间等事项的；

（三）未在醒目位置标明设施的使用方法或者注意事项的；

（四）未建立、健全公共文化体育设施的安全管理制度的；

（五）未将公共文化体育设施的名称、地址、服务项目等内容报文化行政主管部门、体育行政主管部门备案的。

第三十一条　公共文化体育设施管理单位，有下列行为之一的，由文化行政主管部门、体育行政主管部门依据各自职责责令限期改正，没收违法所得，违法所得 5000 元以上的，并处违法所得 2 倍以上 5 倍以下的罚款；没有违法所得或者违法所得 5000 元以下的，可以处 1 万元以下的罚款；对负有责任的主管人员和其他直接责任人员，依法给予行政处分：

（一）开展与公共文化体育设施功能、用途不相适应的服务活动的；

（二）违反本条例规定出租公共文化体育设施的。

第三十二条　公共文化体育设施管理单位及其工作人员违反本条例规定，挪用公共文化体育设施管理单位的各项收入或者有条件维护而不履行维护义务的，由文化行政主管部门、体育行政主管部门依据各自职责责令限期改正；对负有责任的主管人员和其他直接责任人员，依法给予行政处分；构成犯罪的，依法追究刑事责任。

第六章　附则

第三十三条　国家机关、学校等单位内部的文化体育设施向公众开放的，由国务院文化行政主管部门、体育行政主管部门会同有关部门依据本条例的原则另行制定管理办法。

第三十四条　本条例自 2003 年 8 月 1 日起施行。

(二)公共图书馆建设用地指标[①]

公共图书馆建设用地指标

第一章 总则

第一条 为贯彻落实"十分珍惜、合理利用土地和切实保护耕地"基本国策和《公共文化体育设施条例》，适应我国文化事业发展，满足人民群众日益增长的文化生活需要，促进公共图书馆建设和节约集约用地，制定本指标。

第二条 本指标是编制和审批公共图书馆项目可行性研究报告，确定其建设用地规模的依据；是编制项目建议书和初步设计文件，核定和审批建设项目用地面积的尺度；也是城市规划确定公共图书馆发展用地的依据。

第三条 本指标适用于公共图书馆的新建、改建和扩建工程，以及公共图书馆的规划布局。规模较小的县、街道、社区或村镇，公共图书馆建设可参照本指标执行。

第四条 公共图书馆项目建设用地，必须贯彻执行国家有关建设和土地管理法律、法规，积极采用先进技术，按照专业化协作和社会化服务的原则，统筹兼顾，精心规划、设计，切实做到科学合理、节约用地。

第五条 公共图书馆项目建设用地，除执行本指标规定外，尚应符合国家现行有关标准和规范的规定。

第二章 节约和合理用地的基本规定

第六条 公共图书馆的建设，应综合考虑所在城镇服务人口

---

① 中华人民共和国文化部．公共图书馆建设用地指标[M]．北京：中国计划出版社，2008：1—6．

规模、社会经济发展状况以及自然环境条件等特点，合理确定用地规模和服务半径。

第七条 公共图书馆建设，应纳入城市公共文化设施统一规划，合理布局、配套建设。

第八条 公共图书馆的布局，应符合城市规划和土地利用总体规划，尽可能结合城市广场、公共绿地等公共活动空间综合布置。

第九条 公共图书馆的总平面布置，在满足服务功能和公共安全的前提下，应充分利用地上、地下空间。

第十条 公共图书馆的改建、扩建项目，应充分利用原有场地和设施，减少新增用地；因条件所限无法扩建，确需异地新建的，原馆的使用性质应保留。

第十一条 用地十分紧张的城市或山地城市，公共图书馆的用地面积应适当减少。

第三章 基本术语

第十二条 公共图书馆：指由各级人民政府投资兴办向社会公众开放的图书馆，是具有文献信息资源的收集、整理、存储、传播、研究和服务等功能的公益性文化与社会教育设施。

第十三条 服务半径：指读者到达公共图书馆的最远直线距离。

第十四条 服务人口：指公共图书馆向社会开放，提供文献信息资料借阅、大众文化传播等日常公益性服务的人口数量，即公共图书馆服务范围内的人口总数。

第十五条 公共图书馆体系：由若干不同规模公共图书馆构成的，能够提供实用、便捷、高效服务的公共图书馆服务网络。

第四章 建设用地指标
第一节 分类与用地构成

第十六条 公共图书馆根据服务人口数量分为大型馆、中型馆和小型馆。

大型馆：指服务人口 150 万（含）、建筑面积 20000 m^2 以上的公共图书馆，其主要功能为文献信息资料借阅等日常公益性服务以及文献收藏、研究、业务指导和培训、文化推广等。

中型馆：指服务人口 20 万～150 万、建筑面积 4500～20000 m^2 的公共图书馆，其主要功能为文献信息资料借阅、大众文化传播等日常公益性服务。

小型馆：指服务人口 5 万～20 万（含）、建筑面积 1200～4500 m^2 的公共图书馆，其主要功能为文献信息资料借阅、大众文化传播等日常公益性服务。

第十七条 公共图书馆建设用地主要包括公共图书馆建筑用地、集散场地、绿化用地及停车场地。

第二节 设置与选址原则

第十八条 公共图书馆的设置原则应符合表1的要求，逐步发展成为公共图书馆体系。

大型馆覆盖的 6.5 km 服务半径内不应再设置中型馆；大、中型馆覆盖的 2.5 km 服务半径内不应再设置小型馆。

表1 公共图书馆的设置原则

服务人口 （万人）	设置原则	服务半径 （km）
≥150	大型馆：设置 1～2 处，但不得超过 2 处； 服务人口达到 400 万时，宜分 2 处设置	≤9.0
	中型馆：每 50 万人口设置 1 处	≤6.5
	小型馆：每 20 万人口设置 1 处	≤2.5

续表

服务人口（万人）	设置原则	服务半径（km）
20～150	中型馆：设置1处	≤6.5
	小型馆：每20万人口设置1处	≤2.5
5～20	小型馆：设置1处	≤2.5

第十九条　公共图书馆的选址：应在人口集中、公交便利、环境良好、相对安静的地区，同时满足各类公共图书馆合理服务半径的要求。

第三节　建设用地控制指标

第二十条　小型馆建设用地控制指标应符合表2的规定。

表2　小型馆建设用地控制指标

服务人口（万人）	藏书量〔万册（件）〕	建筑面积（m²）	容积率	建筑密度（%）	用地面积（m²）
5	5	1200	≥0.8	25～40	1200～1500
10	10	2300	≥0.9	25～40	2000～2500
15	15	3400	≥0.9	25～40	3000～4000
20	20	4500	≥0.9	25～40	4000～5000

注：①表中服务人口指小型馆所在城镇或服务片区内的规划总人口。
　　②表中用地面积为单个小型馆建设用地面积。

第二十一条　中型馆建设用地控制指标应符合表3的规定。

表3　中型馆建设用地控制指标

服务人口（万人）	藏书量〔万册（件）〕	建筑面积（m²）	容积率	建筑密度（%）	用地面积（m²）
30	30	5500	≥1.0	25～40	4500～5500
40	35	6500	≥1.0	25～40	5500～6500
50	45	7500	≥1.0	25～40	6500～7500

续表

服务人口（万人）	藏书量〔万册(件)〕	建筑面积（m²）	容积率	建筑密度（%）	用地面积（m²）
60	55	8500	≥1.1	25~40	7000~8000
70	60	9500	≥1.1	25~40	8000~9000
80	70	11000	≥1.1	25~40	8500~10000
90	80	12500	≥1.2	25~40	9000~10500
100	90	13500	≥1.2	25~40	9500~11000
120	100	16000	≥1.2	25~40	10000~13000

注：①表中服务人口指中型馆所在城镇或服务片区的规划总人口。

②表中用地面积为单个中型馆建设用地面积。

第二十二条 大型馆建设用地控制指标应符合表4的规定。

表4 大型馆建设用地控制指标

服务人口（万人）	藏书量〔万册(件)〕	建筑面积（m²）	容积率	建筑密度（%）	用地面积（m²）
150	130	20000	≥1.2	30~40	11000~17000
200	180	27000	≥1.2	30~40	14000~22000
300	270	40000	≥1.3	30~40	20000~30000
400	360	53000	≥1.4	30~40	27000~38000
500	500	70000	≥1.5	30~40	35000~47000
800	800	104000	≥1.5	30~40	46000~69000
1000	1000	120000	≥1.5	30~40	52000~80000

注：①表中服务人口指大型馆所在城市的规划总人口。

②表中用地面积是指大型馆建设用地(包括分2处建设)的总面积。

③大型馆总藏书超过1000万册的，可按照每增加100万册藏书，增补建设用地5000 m²进行控制。

第二十三条 公共图书馆停车场地包括自行车停车和机动车

停车。

自行车停车宜达到每百平方米建筑面积配建2个车位的标准。

小型馆原则上不设置机动车停车场。大、中型馆的机动车停车，应以利用地下空间为主；确需设置地面停车场的，其用地不得超过建设用地总面积的8%。

(三)文化馆建设用地指标[①]

文化馆建设用地指标

第一章 总则

第一条 为适应我国公益性文化事业发展的要求，贯彻落实"十分珍惜、合理利用土地和切实保护耕地"基本国策和《公共文化体育设施条例》，满足人民群众日益增长的文化生活需要，促进文化馆建设项目节约集约用地，制定本指标。

第二条 本指标是编制和审批文化馆项目建议书或可行性研究报告，确定建设用地规模的依据；是编制初步设计文件，核定和审批建设项目用地面积的依据；也是编制城乡规划确定文化馆发展用地的依据。

第三条 本指标适用于文化馆的新建、改建和扩建工程，以及文化馆的规划布局。乡(镇)、街道综合文化站参照执行。

第四条 文化馆项目建设用地，必须贯彻执行国家有关建设和土地管理法律、法规，按照专业化协作和社会化服务的原则，统筹兼顾，精心规划、设计，切实做到科学合理、节约用地。

---

① 中华人民共和国文化部. 文化馆建设用地指标[M]. 北京：中国计划出版社，2008：1－4.

第五条 文化馆建设用地，除符合本指标规定外，还应符合国家现行有关标准和规范的规定。

第二章 节约和合理用地的基本规定

第六条 文化馆的建设，应综合考虑所在城镇的行政建制及其服务人口规模、社会经济发展状况、自然环境条件、地方文化特色以及建设管理方式等特点，合理确定用地规模和服务半径。

第七条 文化馆的建设，应纳入城乡公共文化设施统一规划，合理布局、配套建设。

第八条 文化馆的布局，应符合城乡规划和土地利用总体规划，并本着服务市民、方便群众活动的原则合理分布。

第九条 文化馆的选址，应在城镇人口集中、交通便利（大城市和特大城市应满足公交便利）、环境优美、适宜开展群众活动的地区；宜结合城镇广场、公园绿地等公共活动空间综合布置，避免或减少对医院、学校、幼儿园、住宅区等需要安静环境的建筑的影响。

第十条 文化馆的总平面布置，在满足服务功能和公共安全的前提下，应充分利用地上、地下空间。

第十一条 文化馆的改建、扩建项目，应充分利用原有场地和设施，减少新增用地；因条件所限无法扩建确需异地新建的，应保留原馆址公益性文化设施的使用性质不变。

第三章 建设用地指标

第一节 分级分类与设置原则

第十二条 文化馆按其行政管理级别分为省（自治区、直辖市）级文化馆、市（地、州、盟）级文化馆和县（旗、市、区）级文化馆3个等级。

省、自治区、直辖市应设置省级文化馆，市（地、州、盟）应设置市级文化馆，县（旗、市、区）应设置县级文化馆。

第十三条 文化馆按其建设规模分为大型馆、中型馆和小型馆 3 种类型。

建筑面积达到或超过 6000 m² 的为大型馆；

建筑面积达到或超过 4000 m² 但不足 6000 m² 的为中型馆；

建筑面积达到或超过 2000 m² 但不足 4000 m² 的为小型馆。

第十四条 文化馆的设置原则应满足表 1 的规定。

服务人口不足 5 万人的地区，不设置独立的文化馆建设用地，鼓励文化馆与其他相关文化设施联合建设。

表 1 文化馆的设置原则

类型	设置原则	城镇人口或服务人口（万人）	服务范围或服务半径
大型馆	省会、自治区首府、直辖市和大城市	≥50	市区
中型馆	中等城市	20~50	市区
	市辖区	≥30	3.0~4.0 km
小型馆	小城市、县城	5~20	市区或镇区
	市辖区或独立组团	5~30	1.5~2.0 km

注：大型馆覆盖的 4.0 km 服务半径内不再设置中型馆；大、中型馆覆盖的 2.0 km 服务半径内不再设置小型馆。

第二节 建设用地控制指标

第十五条 文化馆建设用地主要包括文化馆建筑用地、室外活动场地、绿化用地、道路和停车场用地。

第十六条 各类文化馆的建设用地面积控制指标应符合表 2 的规定。

表2　文化馆建设用地控制指标

类型	建筑面积（m²）	容积率	建筑密度（%）	建设用地总面积（m²）	建设用地中的室外活动场地（m²）
大型馆	≥6000	≥1.3	25～40	4500～6500	1200～2000
中型馆	4000～6000	≥1.2	25～40	3500～5000	900～1500
小型馆	2000～4000	≥1.0	25～40	2000～4000	600～1000

第十七条　文化馆停车场地包括自行车停车和机动车停车。

自行车停车应按每百平方米建筑面积2个车位配置。

机动车停车应充分利用地下空间及社会停车设施，地面停车场地面积控制在建设用地总面积的8%以内。

(四)公共图书馆建设标准[①]

公共图书馆建设标准

第一章　总则

第一条　为促进公共图书馆事业的发展，加强和规范公共图书馆基础设施建设，提高建设项目的决策水平，加速公共图书馆建设的标准化、规范化和现代化的进程，以实现和保障人民群众利用图书馆的权利，满足人民群众基本的知识、信息和文化需求，依据法律、法规及国家现行政策，制定本标准。

第二条　本标准是公共图书馆建设项目科学决策和合理确定项目建设、投资水平的全国性统一标准；是审批核准公共图书馆

[①] 中华人民共和国住房和城乡建设部，中华人民共和国国家发展和改革委员会.公共图书馆建设标准[EB/OL]．[2008-08-28]．http://www.mohurd.gov.cn/zcfg/jsbwj_0/jsbwjbzde/200902/t20090226_186362.html.

建设项目的依据；是有关部门审查公共图书馆建设项目初步设计和检查工程建设全过程的尺度。

第三条　本标准适用于县级以上行政区域内新建、改建和扩建的公共图书馆。街道、乡镇、新建居民区公共图书馆的建设参照本标准执行。

第四条　公共图书馆建设属于公共文化服务基础设施建设，应纳入当地经济和社会发展总体规划，纳入城市建设规划。

第五条　公共图书馆建设应贯彻执行国家发展文化事业和加强公共建筑工程建设管理的方针政策，以人为本，科学规划，规模适当，功能优先，经济适用，环保节约，以大型图书馆为骨干，以中小型图书馆为基础，立足于构建覆盖全社会的普遍均等、惠及全民的公共图书馆服务网络。

第六条　公共图书馆应按照统筹兼顾，量力而行，逐步改善的原则进行建设。

第七条　公共图书馆建设项目宜一次规划建成。投资确有困难的可分期实施，并留有发展余地。

第八条　公共图书馆的改建或扩建项目，应充分利用原有场地和设施。

第九条　公共图书馆建设除执行本标准外，还应符合国家其他有关强制性标准、规定的要求。

第二章　规模分级、项目构成与选址

第十条　新建、改建和扩建的公共图书馆规模，应以服务人口数量和相应的人均藏书量、千人阅览座位指标为基本依据，兼顾服务功能、文献资源数量与品种和当地经济发展水平确定。

服务人口是指公共图书馆服务范围内的常住人口。

第十一条　公共图书馆分为大型馆、中型馆、小型馆，其建设规模与服务人口数量对应指标见表1。

表1 公共图书馆建设规模与服务人口数量对应指标

规 模	服务人口（万）
大型	150以上
中型	20~150
小型	20及以下

第十二条 公共图书馆的建设内容包括房屋建筑、场地、建筑设备和图书馆技术设备。

第十三条 公共图书馆的房屋建筑包括藏书、借阅、咨询服务、公共活动与辅助服务、业务、行政办公、技术设备、后勤保障八类用房。

各级公共图书馆用房项目设置见附录。

第十四条 公共图书馆的场地包括人员集散场地、道路、停车场、绿化用地等。

第十五条 公共图书馆的建筑设备包括给水排水、通风空调、强弱电及网络布线等。

第十六条 公共图书馆的技术设备包括电子计算机、网络设备和相关外围设备，视听及音像控制设备，文献数字化加工与复制设备，图书防盗设备，文献消毒设备，流动图书车，缩微制品摄制、冲洗及阅读设备，视障和老龄阅读设备，装裱及文献修复设备，自助借还设备，书架、阅览桌椅、目录柜、出纳柜台等家具设备，其他设备等12类。

各级公共图书馆应根据功能及规模合理配置图书馆技术设备。

第十七条 公共图书馆选址的要求是：

一、宜位于人口集中、交通便利、环境相对安静、符合安全和卫生及环保标准的区域。

二、应符合当地建设的总体规划及公共文化事业专项规划，布局合理。

三、应具备良好的工程地质及水文地质条件。

四、市政配套设施条件良好。

第十八条 公共图书馆的建设用地应符合《公共图书馆建设用地指标》的规定,绿地率宜为30%～35%。

第十九条 大、中型公共图书馆应独立建设。小型公共图书馆宜与文化馆等其他文化设施合建。公共图书馆与其他文化设施合建时,必须满足其使用功能和环境要求,并自成一区,单独设置出入口。

第三章 总建筑面积和分项面积

第二十条 公共图书馆总建筑面积以及相应的总藏书量、总阅览座位数量,按表2的控制指标执行。

表2 公共图书馆总建筑面积以及相应的总藏书量、总阅览座位数量控制指标

规模	服务人口（万）	建筑面积 千人面积指标（m²/千人）	建筑面积控制指标（m²）	藏书量 人均藏书（册、件/人）	藏书量 总藏量（万册、件）	阅览座位 千人阅览座位（座/千人）	阅览座位 总阅览座位（座）
大型	400～1000	9.5～6	38000～60000	0.8～0.6	320～600	0.6～0.3	2400～3000
大型	150～400	13.3～9.5	20000～38000	0.9～0.8	135～320	0.8～0.6	1200～2400
中型	100～150	13.5～13.3	13500～20000	0.9	90～135	0.9～0.8	900～1200
中型	50～100	15～13.5	7500～13500	0.9	45～90	0.9	450～900
中型	20～50	22.5～15	4500～7500	1.2～0.9	24～45	1.2～0.9	240～450

续表

规模	服务人口（万）	建筑面积 千人面积指标 (m²/千人)	建筑面积 建筑面积控制指标 (m²)	藏书量 人均藏书（册、件/人）	藏书量 总藏量（万册、件）	阅览座位 千人阅览座位（座/千人）	阅览座位 总阅览座位（座）
小型	10～20	23～22.5	2300～4500	1.2	12～24	1.3～1.2	130～240
小型	3～10	27～23	800～2300	1.5～1.2	4.5～12	2.0～1.3	60～13

注：1. 服务人口1000万以上的，参照1000万服务人口的人均藏书量、千人阅览座位数指标执行。服务人口3万以下的，不建设独立的公共图书馆，应与文化馆等文化设施合并建设，其用于图书馆部分的面积，参照3万服务人口的人均藏书量、千人阅览座位指标执行。

2. 表中服务人口处于两个数值区间的，采用直线内插法确定其建筑面积、藏书量和阅览座位指标。

3. 建筑面积指标所包含的项目见附录。

第二十一条　在确定公共图书馆建筑面积时，首先应依据服务人口数量和表2确定相应的藏书量、阅览座位和建筑面积指标，再综合考虑服务功能、文献资源的数量与品种和当地经济发展水平因素，在一定的幅度内加以调整。

一、根据服务功能调整，是指省、地两级具有中心图书馆功能的公共图书馆增加满足功能需要的用房面积。主要包括增加配送中心、辅导、协调和信息处理、中心机房（主机房、服务器）、计算机网络管理与维护等用房的面积。

二、根据文献资源的数量与品种调整总建筑面积的方法是：

1. 根据藏书量调整建筑面积＝（设计藏书量－藏书量指标）÷每平方米藏书量标准÷使用面积系数

2. 根据阅览座位数量调整建筑面积＝（设计藏书量－藏书量指

标)÷1000册/座位×每个阅览坐席所占面积指标÷使用面积系数

三、根据当地经济发展水平调整总建筑面积,主要采取调整人均藏书量指标以及相应的千人阅览座位指标的方法。调整后的人均藏书量不应低于0.6册(5万人口以下的,人均藏书量不应少于1册)。

四、总建筑面积调整幅度应控制在±20%以内。

第二十二条　少年儿童图书馆的建筑面积指标包括在各级公共图书馆总建筑面积指标之内,可以独立建设,也可以合并建设。

独立建设的少年儿童图书馆,其建筑面积应依据服务的少年儿童人口数量按表2的规定执行;合并建设的公共图书馆,专门用于少年儿童的藏书与借阅区面积之和应控制在藏书和借阅区总面积的10%~20%。

第二十三条　公共图书馆各类用房使用面积比例参照表3确定,其总使用面积系数宜控制在0.7。

表3　公共图书馆各类用房使用面积比例表

序号	用房类别	比例(%) 大型	中型	小型
1	藏书区	30~35	55~60	55
2	借阅区	30		
3	咨询服务区	3~2	5~3	5
4	公共活动与辅助服务区	13~10	15~13	15
5	业务区	9	10~9	10
6	行政办公区	5	5	5
7	技术设备区	4~3	4	4
8	后勤保障区	6	6	6

第四章　总体布局与建设要求

第二十四条　公共图书馆建筑设计应适应现代图书馆服务方

式的变化，满足图书馆开架与闭架管理相结合、纸质图书与数字资源利用相结合、提供文献资源与提供文化活动相结合的服务模式需求，根据其规模和功能合理设计。在外观造型、室内装修和环境设计上，注意体现文化建筑的氛围特点，讲究实用效果。

第二十五条　公共图书馆总平面布置必须分区明确，布局合理，流线通畅，朝向和通风良好。少儿阅览区应与成人阅览区分开，并宜设置单独的出入口，有条件的，可设室外少年儿童活动场地。老龄阅览室和视障阅览室应设在一层。后勤保障用房应尽量集中布置。

公共图书馆馆区范围内的室外道路、围栏、照明、绿化、消防设施、管线沟井等室外工程应统一规划建设。

第二十六条　公共图书馆的交通流线组织应畅通便捷，主要出入口人、书、车要分流，标识清晰，科学组织读者、图书和工作人员交通流线。藏书库、采编用房及书刊出入口的书流通道宜与读者人流通道分开布置。要设计应对突发事件的安全疏散路线。

第二十七条　公共图书馆的无障碍设计应符合《城市道路和建筑物无障碍设计规范》JGJ 50—2001 的规定。

第二十八条　公共图书馆应配建公共停车场所，并宜充分利用社会停车设施和地下空间。可根据实际需要按《公共图书馆建设用地指标》或当地规划部门的规定确定机动车及自行车车位数量。地下车库面不在图书馆总建筑面积之内。

第二十九条　公共图书馆建筑应以多层为主，当用地紧张且城市规划许可时，可采用高层建筑，但向公众开放的公共空间不宜超过 6 层。

第三十条　公共图书馆的藏书、借阅、咨询服务、公共活动与辅助服务等基本用房，应具有空间使用的灵活性和可调整性，宜采用框架（框剪）结构体系或其他大空间结构形式。

第三十一条　公共图书馆建筑结构抗震要求一般按标准设防

类建筑设防。但公共图书馆的视听室和报告厅、大型公共图书馆的阅览室、保存有国家珍贵及重要文献的特藏书库，应按重点设防类建筑设防。

第三十二条 公共图书馆的室内环境设计、建筑热工设计和暖通空调设计，应符合《公共建筑节能设计标准》GB 50189—2005的规定，改善室内环境，提高能源利用效率。建筑构配件、装修材料和建筑设备必须选择安全、节能、环保、不损害健康的产品。

第三十三条 公共图书馆各部分的允许噪声级按《图书馆建筑设计规范》JGJ 38—99 的分区规定执行。阅览室、研究室等"静区"，应有较安静的环境，避免噪声特别是交通噪声的干扰。确实无法避免时，应从平面布置和隔声两方面采取措施。电梯井道及产生噪声的设备机房应采取吸声、隔声及减振措施，借阅区宜采用软质材料地面、吸声顶棚、吸声墙面等有助于减低噪声的措施。

第三十四条 公共图书馆的主要阅览室特别是少儿和老龄阅览室应有良好的日照，并应充分利用自然通风和天然采光。

第三十五条 公共图书馆的文献资料防护应包括围护结构保温、隔热、温度和湿度要求、防潮、防尘、防有害气体、防阳光直射和紫外线照射、防磁、防静电、防虫、防鼠、消毒和安全防范等。

公共图书馆要有严格可靠的防水、防潮措施，书库、特藏书库和非书资料库、阅览室的防护设计应符合《图书馆建筑设计规范》JGJ 38—99 的规定，设置必要的通风、空调、除湿设备，有条件的宜设空气调节和净化设施。

第三十六条 公共图书馆的建筑防火应遵守国家现行的建筑设计防火规范和有关技术标准。根据《图书馆建筑设计规范》JGJ 38—99 的规定确定耐火等级、防火防烟分区，针对图书馆的特点设计建筑构造、配置消防设施，设置安全疏散出口。

第三十七条 阅览室在四层及以上的公共图书馆应设为读者

服务的电梯，四层以下的大中型公共图书馆也可设电梯。书库在二层及以上的公共图书馆应设提升设备。

第五章 建筑设备

第三十八条 公共图书馆应设室内外给水、排水系统和消防给水系统，以及相应的设施和设备。给排水管道不得穿过书库及藏阅合一的阅览室。

第三十九条 公共图书馆室内温度、湿度设计参数、通风换气次数、送风气流速度等应符合《图书馆建筑设计规范》JGJ 38—99 的规定。需要空气调节的大、中型公共图书馆，宜按照现行国家标准，设置集中空调系统。供热热源优先采用城市集中供热。

第四十条 公共图书馆的电气系统，应按其规模确定用电负荷等级。计算机中心、消防系统以及防盗监控系统，应按规定设置可靠的备用电源。

公共图书馆人工照明标准，应符合《建筑照明设计标准》GB 50034—2004 的规定。除正常的人工照明外还应设应急照明和值班照明。阅览区照明宜分区控制。

第四十一条 公共图书馆应按需要设电话系统、电视接收与卫星接收系统，在适当位置设公用电话。大中型公共图书馆应设与消防安保合用的广播系统。

第四十二条 公共图书馆应按网络化的要求，建设由主干网、局域网、信息点组成的网络系统。信息点的布局根据阅览座位、业务工作的需要确定。有条件的公共图书馆可设置局域无线网络系统。大型公共图书馆的网络系统应与办公自动化、楼宇自动化一并考虑，根据实际需要选择适当型级的综合布线系统。

第四十三条 公共图书馆应设置安全防盗装置。大、中型公共图书馆的主要入口处、储藏珍贵文献资料的书库和阅览室、重要设备室、网络管理中心等均应设置门禁及电视监控系统。

附录 公共图书馆用房项目设置表

项目构成		大型	中型	小型	内容	备注
藏书区	基本书库	●	◎	○	保存本库、辅助书库等	包括工作人员工作、休息使用面积。开架书库还包括出纳台和读者活动区。使用面积：闭架书库 280～350 册/m²；开架书库 250～280 册/m²；阅览室藏书区 250 册/m²
	阅览室藏书区	●	●	●		
	特藏书库	●	●	◎	古籍善本库、地方文献库、视听资料库、微缩文献库、外文书库，以及保存书画、唱片、木版、地图等文献库	
借阅区	一般阅览室	●	●	●	报刊阅览室、图书借阅室等	包括工作人员工作、休息使用面积，出纳台和读者活动区。阅览座位使用面积：1.8～2.3 m²/座
	老龄阅览室	◎	◎	◎		
	少年儿童阅览室	●	●	●	少年儿童的期刊阅览室、图书借阅室、玩具阅览室等	

续表

项目构成		大型	中型	小型	内容	备注
借阅区	特藏阅览室	●	●	◎	古籍阅览室、外文阅览室、工具书阅览室、舆图阅览室、地方文献阅览室、微缩文献阅览室、参考书阅览室、研究阅览室等	阅览座位使用面积：3.5～5 m²/座
	视障阅览室	●	●	◎		阅览座位使用面积：4 m²/座
	多媒体阅览室	●	●	●	电子阅览室、视听文献阅览	阅览座位使用面积：4 m²/座。总面积要满足"全国文化信息资源共享工程"终端设置和开展服务的需要
咨询服务区	办证、检索	●	●	●		
	总出纳台	●	●	◎		
	咨询	●	●	◎	专门设置的咨询服务台、咨询服务机构、咨询服务专用的计算机位等	小型馆不少于18 m²

续表

项目构成		大型	中型	小型	内容	备注
公共活动与辅助服务区	寄存、饮水处	●	●	●		
	读者休息处	●	●	◎		
	陈列展览	●	●	○		大型馆：400~800 m²；中型馆：150~400 m²
	报告厅	●	●	○		大型馆：300~500 席位；应与借阅区隔离、单独设置。中型馆：100~300 席位。使用面积不少于 0.8 m²/座
	综合活动室	◎	◎	●		小型馆不设单独报告厅、陈列展览室、培训室，只设 50~300 m² 的综合活动室，用于陈列展览、讲座、读者活动、培训等。大、中型馆可另设综合活动室
	培训室	●	●	◎	用于读者培训的教室或场地	大型馆 3~5 个；中型馆 1~3 个
	交流接待	●	●	○		
	读者服务（复印等）	●	●	●		

续表

项目构成		大型	中型	小型	内容	备注
业务区	采编、加工	●	●	●		
	配送中心	◎	◎	●	为街道、乡镇图书馆统一采编、配送图书用房	
	辅导、协调	●	●	●	用于指导、协调下级馆业务	
	典藏、研究、美工	●	●	○		
	信息处理（含数字资源）	●	●	○		
行政办公区	行政办公室	●	●	●		参照《党政机关办公用房建设标准》（国家发展计划委员会计投资〔1999〕2250号）执行
	会议室	●	●	●		
技术设备区	中心机房（主机房、服务器）	●	●	●		包括"全国文化信息资源共享工程"设备使用面积，以及工作人员工作、休息使用面积
	计算机网络管理和维护用房	●	●	◎		
	文献消毒	●	●	●		
	卫星接收	●	●	◎		
	音像控制	●	◎	○		
	微缩、装裱整修	◎	◎	○		

续表

项目构成		大型	中型	小型	内容	备注
后勤保障区	变配电室	●	●	◎		包括操作人员工作、休息使用面积
	电话机房	●	●	◎		
	水池/水箱/水泵房	●	●	◎		
	通风/空调机房	●	●	◎		
	锅炉房/换热站	●	●	◎		
	维修、各种库房	●	●	◎		
	监控室	●	●	◎		
	餐厅	◎	◎	◎		

注：●—应设；◎—可设；○—不设。

1. 以上用房有关设计要求，按《图书馆建筑设计规范》JGJ 38—99 的规定执行。

2. 小型图书馆的可设项目原则适用于 2300 m^2 以上的小型图书馆。

本建设标准用词和用语说明

1. 为便于在执行本建设标准条文时区别对待，对要求严格程度不同的用词说明如下：

1）表示很严格，非这样做不可的用词：

正面词采用"必须"，反面词采用"严禁"。

2）表示严格，在正常情况均应这样做的用词：

正面词采用"应"，反面词采用"不应"或"不得"。

3）表示允许稍有选择，在条件许可时首先应这样做的用词：

正面词采用"宜"，反面词采用"不宜"；

表示有选择，在一定条件下可以这样做的，采用"可"。

2. 本建设标准中指明应按其他有关标准、规范执行的写法为"应符合……的规定"或"应按……执行"。

附件
公共图书馆建设标准
条文说明

第一章 总则

第一条 本条阐述标准的编制目的。

公共图书馆是各级政府举办的面向社会公众开放的公益性文化与社会教育设施。在现代社会，公共图书馆是实现和保障公众基本文化权益、满足公众知识和信息基本需求的机构之一，是社会公平保障体系的重要组成部分，是覆盖全社会的比较完备的公共文化服务体系的重要组成部分。公共图书馆典型的社会公益属性，决定了设置并维持其正常运营，是各级政府的责任。

面对我国目前公共图书馆基础设施比较落后、城乡发展水平差距较大的现实，各级政府要加强领导，保证对公共图书馆基础设施建设有必要的、适当的投入，保证公共图书馆的建筑、设施、设备与经济社会发展水平相适应，让公共图书馆成为体现社会全面文明进步的窗口之一，成为实现公众分享社会发展成果的载体之一。

第二条 本条说明标准的主要作用。

本标准是服务于公共图书馆建设项目科学决策和科学管理的标准，为各级政府的项目决策和综合评价提供基础指标。标准的直接使用者，是各级政府的决策部门和检查监督部门，相关使用者包括业主、建筑设计者、设计咨询单位、建设项目可行性报告编制单位等。

第三条　本条规定标准的适用范围。

本标准规范相对独立的单项公共图书馆建设工程项目。按我国现行体制，县（含）以上公共图书馆为独立建制的公共图书馆，因此本标准的适用范围是县以上行政区域内公共图书馆的新建、改建和扩建。

县以下的街道、乡镇公共图书馆（室），一般设在同级综合文化站内，属非独立建制的公共图书馆，其新建、改建、扩建工程列入当地综合文化站建设项目。其中的公共图书馆部分，各地可结合实际情况，参照本标准执行。

新建居民区文化设施配套建设项目应包含公共图书馆（室）。这类公共图书馆（室）应根据新建居民区计划入住的人口数量，结合各自的情况和特点，参照本标准执行。

第四条　本条明确公共图书馆的社会属性。

我国宪法规定，"国家发展为人民服务、为社会主义服务的……图书馆、博物馆、文化馆和其他文化事业"，这是公共图书馆事业社会公益属性的宪法依据，也是各级政府承担发展图书馆事业、设置并保障图书馆运行责任与义务的宪法依据。按照国家政策，包括公共图书馆在内的基层文化单位属于公益性事业单位，发展公益性文化事业，以增加投入为起点，通过转换机制，实现增强活力、改善服务的目标。公共图书馆事业的社会公益属性，决定了公共图书馆的建设必须纳入当地国民经济和社会发展总体规划，纳入城市建设规划，纳入政府投资计划。

第五条、第六条　这两条规定了公共图书馆建设应遵循的方针和原则。

按照国家关于发展文化事业和加强公共建筑工程管理的规定，满足公共图书馆服务的功能需求，经济适用，是公共图书馆建设最优先考虑的原则。公共图书馆建筑应该体现社会文明进步的水平，同时要坚持环保节约、量力而行、逐步改善的原则，统筹考虑建设和运营成本。公共图书馆的建设标准不能随意降低，同时，要加强对公共图书馆事业发展的统筹规划，遵循图书馆事业发展的规律，避免贪大求洋、攀比浪费的现象，努力提高科学决策水平和投资效益。

根据我国目前公共图书馆事业发展的现状，各级政府应重点加强中小型图书馆建设。通过构建以中小型图书馆为基础的服务网络，落实公共图书馆服务"普遍均等"、"惠及全民"的原则。中小型图书馆特别是小型图书馆应以图书流通为主，以"藏阅合一"为主要形式，全部开架借阅，除特殊馆藏资源（如地方文献）外，一般不设基本书库。在县（市）区域内，要发挥中小型图书馆的整体效能，积极推进以统一采购、统一编目、统一配送为特征的"总馆—分馆制"模式，推进街道、乡镇图书馆建设，实现最大程度的共建共享。

第七条 本条规定公共图书馆建设项目的实施原则。

"一次规划建成"，是公共图书馆建设应遵循的基本原则。考虑到各地经济社会发展的不平衡，在公共财政暂时力不能及的情况下，公共图书馆建设项目也可以一次规划、分期实施。分期建设的公共图书馆在建设用地、建筑物衔接、功能布局等方面，必须按一次规划的设计给予完全预留或充分考虑。

第八条 本条规定公共图书馆的改、扩建原则。

公共图书馆是一种对地理位置、人口密度、周边环境、交通条件要求较高的公共设施。一般的说，各地在大规模开发建设之前落成的公共图书馆，大都坐落在中心区域，有优越的地理位置、便捷的交通条件、密集的利用人群。公共图书馆的改建或扩建，原则上不应牺牲这些条件，应充分利用原有场地和设施进行改建或扩建。

近年来，各地城市建设突飞猛进，城市规模迅速扩大。按照城市建设总体规划在原址改建或扩建确有困难的，原则上不应将旧馆改作他用而另建新馆，而应采用改造旧馆和建设新馆相结合的模式，以提高图书馆服务的覆盖半径。单一的大规模的公共图书馆的服务效能，远不及小而分散的公共图书馆群。政府规划、建设公共图书馆的最终目标，是形成覆盖全社会的比较完备的公共图书馆服务网络。

第九条　本条说明本标准与现行有效的其他有关标准、规范和规定的关系。

公共图书馆建设所涉及的相关标准、规范和规定很多。公共图书馆建设在执行本标准的同时，还需要执行国家和地方现行有效的其他有关标准、规范和规定。

第二章　规模分级、项目构成与选址

第十条　本条提出了确定公共图书馆建设规模的依据。

根据公共图书馆为全体人民提供普遍均等服务的原则，充分考虑我国公共图书馆建设的实际和发展趋势，并参考国际通行做法，本标准以服务人口和相应的人均藏书量、千人阅览座位指标作为确定公共图书馆建设规模的基本依据。

服务人口的计算方法是：

省（自治区、直辖市）、副省级市、地（市、地区、盟、州）公共图书馆，以其所在城市市辖区（或城镇）的常住人口数（户籍人口和居住半年以上的暂住人口）为服务人口数。

县（市）公共图书馆，以其所在县城关镇、所在镇的常住人口为服务人口数。

本标准服务人口计算方法的理由是：

省（自治区、直辖市）、副省级市、地（市、地区、盟、州）公共图书馆，其直接提供服务的主要对象是所在城市的市辖区（或城镇)的常住人口。为所辖区域其他人口提供服务的任务，主要是通过间接形式实现的。调查中发现，有些省、地公共图书馆也在市辖区(或城镇)外建立了分馆或服务点，但数量很少，属于示范性的。因此，省(自治区、直辖市)、副省级市、地(市、地区、盟、州)公共图书馆，应以其所在城市的市辖区(或城镇)的常住人口数为服务人口数。

县(市、区、自治县、旗)公共图书馆是我国最基层的独立建制的公共图书馆。根据《国家"十一五"时期文化发展规划纲要》的要求，县级公共图书馆承担着"丰富藏书量，形成统一采购、统一编目的图书配送体系"，为本辖区包括农村人口在内的全部人口提供直接服务的任务。县级公共图书馆通常采用三种方式为本辖区的全部人口提供直接服务：一是附近居民直接到图书馆享受服务；二是采取集体外借的方式直接提供服务；三是采取送书下乡的方式直接提供服务。因此，县级公共图书馆建设规模在以其所在城关镇(或镇)的人口数量为依据的同时，还要考虑其为全县人口提供服务所需要的藏书量、阅览座位数量和建筑面积，本标准采取提高以城关镇人口为基数的人均藏书量指标(提高30%～10%)和千人阅览座位数指标(提高20%～10%)的方法加以调整。

藏、阅、借是图书馆的主要功能，藏书区和借阅区是图书馆的主要功能区，藏书区和借阅区的面积基本上决定了图书馆的总建筑面积。人均藏书量是指在一个行政区域内各级公共图书馆藏书总和的人均数。千人阅览座位指标是指在一个行政区域内各级公共图书馆座位数总和的千人平均数。与服务人口相应的人均藏书量、千人阅览座位指标是确定公共图书馆总藏书量和总阅览座位数量的基本依据，从而也是确定公共图书馆建设规模的基本依据。

完全以服务人口和相应的人均藏书量、千人阅览座位指标作为确定公共图书馆规模的依据，也会带来一些问题。如无法体现不同的服务功能对馆舍建筑的不同需求，无法体现由于历史积淀不同、存量资源不同、运行保障情况不同而导致的对馆舍建筑的不同需求。因此，本标准在以服务人口数量和相应的人均藏书量、千人阅览座位指标为基本依据的基础上，引入服务功能、文献资源的数量与品种、当地经济发展水平三个兼顾因素对公共图书馆的建设规模加以调整。

服务功能。公共图书馆的服务功能包括基本服务功能和中心图书馆功能。为本地区的公众提供文献资源借阅与咨询服务，组织读者活动，是所有公共图书馆的基本服务功能。中心图书馆功能，是指公共图书馆在承担基本服务功能之外，同时承担本地区公共图书馆服务网络组织协调、图书馆资源采购整序配送体系建设、资源共享及服务援助实施、业务指导、人员培训等功能。中心图书馆完成这些功能，需要有相应的馆舍面积支撑。

文献资源的数量与品种。文献资源的数量包括有利用价值的资源存量和未来10年左右应该增加的数量。资源的数量与品种直接影响到藏书区和借阅区所需要的面积。根据服务人口和相应的人均藏书量、千人阅览座位指标确定的总藏书量和总阅览座位数量，与实际情况和现实需要往往出现差异。因此，在以服务人口和相应的人均藏书量、千人阅览座位指标为基本依据确定建设规模的同时，还要兼顾文献资源的数量与品种因素，从实际出发，按照其实际可能达到的藏书量和相应的阅览座位数量，调整其建设规模。

当地经济发展水平。按照公共服务"普遍均等"、"惠及全民"的原则，经济发展水平并不是影响公共图书馆建设规模的重要因素。但是，从我国目前的实际情况看，经济发展水平对公共图书馆建设规模和持续发展的影响仍相当明显，主要体现在现有的藏书量和购书费上。对于经济欠发达地区,现阶段如果只根据服务人口和相应的人均藏书量、千人阅览座位指标来确定公共图书馆的建设规模,可能导致的问题不仅仅是建设资金困难,还包括因现有实际藏书量少、建成后购书费不足,总藏书量长期达不到建设规模水平,图书馆的作用难以完整实现。因此,在逐步缩小地区间公共服务差距的过程中,现阶段确定公共图书馆的建设规模,也应适当考虑当地经济发展水平的因素。

第十一条 本条是关于公共图书馆建设规模分级的规定。

本标准根据公共图书馆的性质及其建设的基本原则,本着公共图书馆建设标准分级应与公共图书馆建筑设计、公共图书馆设置和管理体制相对应的原则,采用按服务人口将公共图书馆划分为大型馆、中型馆、小型馆三级的分级方式。这种方式与现行的公共图书馆设置和管理体制基本对应。本标准的大型馆适用于大多数省级和副省级馆,中型馆适用于大多数地级馆,小型馆则基本适用于县级馆。

第十二条~第十六条 明确了公共图书馆建设的内容与项目构成。

为确保公共图书馆服务功能的充分发挥和正常运转,必须使房屋建筑、场地、建筑设备和图书馆技术设备相互配套。

场地建设是公共图书馆建设的重要内容,优美的环境,通畅的道路,必要的停车场和人员的集散场地,对于保障安全、方便读者十分重要。

公共图书馆基本用房八个项目分区是根据其服务功能、工作需要并考虑了公共图书馆服务形式的发展要求而确定的。

公共图书馆的功能不同,对建设用房的需求也就不同。本标准在附录中给出了"公共图书馆用房项目设置表",明确了各级公共图书馆建设用房应设的项目、可设的项目和建议不设的项目,可供参照。总的原则是,各级公共图书馆应当根据自身具有的功能、承担的任务、形成的特点来调整用房项目构成,既要保证服务功能的发挥,又要避免不必要的浪费。

条文第十五条列出了几类主要的公共图书馆建筑设备,建筑设备的细目和配备的具体要求,在第五章做了规定。

图书馆技术设备是公共图书馆建设的重要内容。条文第十六条列出的12类图书馆专用设备,其中1～6、11类为公共图书馆应当配备的设备,是保障公共图书馆功能发挥的必要条件;7～10、12类是公共图书馆根据情况选择性配备的设备。

第十七条、第十八条 提出了公共图书馆的选址和建设用地要求。

公共图书馆是人们随时利用的公共文化设施,实用、便捷是高效的前提。在确定公共图书馆的基址时应把方便利用、建成后能真正发挥效益作为第一要素考虑。为方便利用,真正发挥效益,公共图书馆宜将基址选择在人群聚集、位置适中、交通方便的区域。偏于一隅,短时间内形不成人流聚集,最终因利用不便而导致少人问津,是公共图书馆建设最大的浪费。人口集中、交通便利的区域,往往是寸土寸金之地。当建设用地和建设规模形成尖锐矛盾时,应以总规模控制下的小而分散化解单体大规模建筑的用地矛盾。

公共图书馆的选址要体现以人为本的原则,应符合当地建设的总体规划及公共文化事业专项规划,以形成实用、便捷、高效的公共图书馆服务网络为目标。在同一城市内,各规模等级公共图书馆之间的距离应符合各自服务半径的要求。

"工程地质及水文地质条件"是综合性因素,应参照有关公共设施建设的要求执行。公共图书馆基址选择的地质条件,特别强调"地势高爽",包括两层含义:一是地势要高,防洪水、雨水滞留；二是日照通风要好，避免把基址选在水边、低洼、潮湿处，这在南方地区是比较重要的考虑因素。

市政配套设施条件良好也是公共图书馆选址的重要要求。

《公共图书馆建设用地指标》对大、中、小型公共图书馆的容积率、建筑密度、用地面积已经作了具体的规定，应遵照执行，本标准的控制指标与其是一致的。

公共图书馆是人流集散的公共场所，又是高雅文化场所，应充分重视其绿地的建设，为读者提供交往和休闲的场所。根据《图书馆建筑设计规范》JGJ 38—99 绿地率不宜小于 30％，以及建设部《城市绿化规划建设指标的规定》（建城〔1993〕784 号）公共文化设施绿地率不低于 35％的规定，本标准规定公共图书馆绿地率宜为 30％～35％。

第十九条 本条提出了公共图书馆独立建造的要求。

首先，公共图书馆是学习、研究的场所，需要相对安静的环境，这是它与其他公共文化设施功能不同之处，宜独立建造。同时，公共图书馆又是人群聚集的场所，这又是与其他公共文化设施相同之处。大、中型公共图书馆，人、车流量较大，从安全和减少人、车流量的角度看，也不应与同样人、车流量较大的文化设施合建在一起。小型公共图书馆人车流量相对较少，从节省用地和建设资金、设施综合利用的角度，宜与其他公共文化设施合建。与其他公共文化设施合建时，为保障读者安静的读书环境，内部应全面分隔、自成一区，并应有单独的出入口，以免相互干扰。

第三章 总建筑面积和分项面积

第二十条 本条规定了各规模等级公共图书馆建筑面积控制指标及相应的藏书量、阅览座位数量控制指标。

条文表 2 中的具体控制指标以及形成控制指标的相关指标，

是在广泛调研了我国有代表性的各级公共图书馆的馆舍现状,统计、分析了大量数据,参考了文化部《全国公共图书馆评估标准(2003)》和地方标准,分析研究了国际图联和国外主要国家不同发展阶段的相关指标,并进行具体计算后确定的。

条文表2中的建筑面积、藏书量、阅览座位数量指标的计算方法是:依据服务人口和人均藏书量指标(0.6~1.5册/人)、千人拥有阅览座位数指标(0.3~2.0座/千人),计算公共图书馆的藏书量和阅览座位数量;依据藏书量和每平方米藏书量标准(大型馆350~300册/m^2,中型馆280册/m^2,小型馆250册/m^2),计算藏书区使用面积;依据阅览座位数量和每个阅览座位所占面积指标(3 m^2/座),计算借阅区使用面积;依据藏书区、借阅区使用面积及其所占比例(55%~65%)、使用面积系数(0.7),计算公共图书馆的建筑面积。

截至2005年,全国人均拥有公共图书馆藏书0.3册。不同地区差异很大,人均0.1~3.4册。文化部《文化建设"十一五"规划》提出的目标是:到2010年,全国人均拥有公共图书馆藏书0.6册。现行的全国精神文明建设先进区县标准中规定的人均拥有公共图书馆藏书数量是1.3册。截至2005年,全国公共图书馆拥有阅览座位总数48万个,平均每千人0.3座。不同地区、不同规模的公共图书馆之间差距较大,最高达到每千人2座。根据国家的文化发展规划,考虑到不同地区公共图书馆藏书总量的现状及未来发展,本标准确定人均拥有公共图书馆藏书指标为0.6~1.5册;千人拥有公共图书馆阅览座位数指标为0.3~2.0座。

表2的"注"对其使用方法作了说明。一是说明了表2没有包括的服务人口在1000万以上的公共图书馆建筑面积的确定原则,即参照1000万服务人口的人均藏书量指标(0.6册、件)、千人阅览座位数指标(0.3座)计算其藏书量和阅览座位数量,并以此计

算其建筑面积；服务人口3万以下的，不建设独立的公共图书馆，与文化馆等文化设施合并建设时，其用于图书馆部分藏书区和借阅区的使用面积，参照3万服务人口的人均藏书量(1.5册、件)、千人阅览座位指标(2.0座)执行，并以此计算其建筑面积，但最小的图书馆，藏书量不少于1.5万册、件，阅览座位不低于20席，面积不低于300 m^2。

二是说明了表中服务人口处于两个数值区间的取值方法，即采用直线内插法确定其建筑面积、藏书量和阅览座位指标。三是说明了建筑面积指标所包含的项目，凡本标准附录没有包含的项目，其建筑面积不包括在表2的建筑面积指标之内。

第二十一条 本条规定了根据服务功能、文献资源的数量与品种和当地经济发展水平因素调整公共图书馆建筑面积的具体方法。

服务人口是确定公共图书馆建筑面积的基本依据，所以，首先应依据服务人口数量和表2确定相应的藏书量、阅览座位和建筑面积指标，然后再根据其他因素进行调整。

一、根据服务功能调整，是指对省、地两级具有中心图书馆功能的公共图书馆面积的调整。需要调整的是增加满足功能需要的用房面积，主要包括配送中心、辅导、协调和信息处理、中心机房(主机房、服务器)、计算机网络管理与维护等用房的面积。由于各省、地公共图书馆所覆盖的区域不同、下一级公共图书馆的数量不同，应根据本行政区域地(或县)级公共图书馆的数量和计算机网络用户数量来确定其增加面积。需要增加的功能用房项目和面积，参照本标准附录"公共图书馆用房项目设置表"确定。

二、根据文献资源的数量与品种调整建筑面积的方法是：以设计藏书量(资源存量和未来10年左右增加的数量之和)，对照条文表2中规定的藏书量指标，以其差额作为计算的基数，计算应增加或减少的藏书面积。由于文献资源的数量和品种影响到阅览室设置和阅览座位数量,应根据藏书量调整阅览座位数量,每增加或减少 1000 册图书,相应增加或减少一个阅览座位;再根据实际应设的阅览座位数量对照条文表 2 中规定的阅览座位指标,以其差额作为计算的基数,计算应增加或减少的借阅区面积。

三、根据当地经济发展水平调整建筑面积,主要采取调整人均藏书量指标以及相应的千人阅览座位指标的方法。根据文化部《文化建设"十一五"规划》提出的"十一五"末人均公共图书馆藏书达到 0.6 册的要求,考虑到今后 10 年的发展,调整后的人均藏书量不应低于 0.6 册(5 万人口以下的,人均藏书量不应少于 1 册)。

四、公共图书馆的藏书量不能过少,也不能无限增加,同一城市各规模等级公共图书馆的总藏书量一般应控制在人均 1.5~2 册(件)以内,阅览座位总数一般应控制在千人 2 座以内,功能用房的设置更不应超出公共图书馆的功能范围,因此,总的调整幅度应控制在 ±20% 以内。

第二十二条 本条规定了少年儿童图书馆建设的原则。

少年儿童图书馆是公共图书馆的重要组成部分,为少年儿童服务是公共图书馆的重要任务。早在 1981 年,国务院办公厅转发文化部等单位《关于全国少年儿童图书馆工作座谈会的情况报告的通知》中,就提出了少年儿童图书馆(室)建设的基本要求:"在中等以上的城市和大城市的区,逐步建立专门的少年儿童图书馆","凡新建公共图书馆,都必须考虑少年儿童阅读设施的安排"。根据这一要求,本标准规定可以建设独立的少年儿童图书馆,也可以在公共图书馆内设单独的少年儿童藏书区和借阅区。

少年儿童图书馆的建筑面积,包括在按服务人口确定的公共图书馆总建筑面积指标之内。符合建设大、中型公共图书馆的地区,可以分别建设独立的公共图书馆和专门的少年儿童图书馆,也可以二者合并建设。符合建设小型公共图书馆的地区，二者应合并建设，不宜建设独立的少年儿童图书馆。独立建设的少年儿童图书馆，其建设规模、项目构成、总建筑面积和分项面积等指标，执行本标准的有关规定。

根据统计分析，全国省、地、县馆少年儿童阅览座位数分别为阅览座位总数的15％、23％、32％，这与实地调查的结果相吻合。根据上述情况，本标准规定：合并建设的，为少年儿童服务的藏书区、借阅区面积应控制在公共图书馆藏书区和借阅区总面积的10％～20％。

第二十三条　本条规定了公共图书馆各类用房使用面积与总建筑面积的比例关系。

各类用房的比例关系，是以公共图书馆的建设规模、功能需求为基本参数，广泛参考了《图书馆建筑设计规范》JGJ 38—99、《全国公共图书馆评估标准（2003年）》、国际图联的相关标准，并对实地调研和统计资料中的数据进行了分析测算后确定的。

根据统计分析，我国各级公共图书馆书库和阅览室面积之和占总建筑面积的比例平均为47.4％，其中省、地、县级馆的平均比例分别为54.7％、46.6％、47.1％。另据2006年10月对全国74所公共图书馆的调查，藏书区和借阅区面积占总面积的比例，大型馆平均为53％，中型馆平均为50％，小型馆平均为45％。两项分析，结果基本一致。藏书区和借阅区是公共图书馆实现功能的最主要的区域，按照公共建筑功能优先的原则，应体现把尽可能大的面积用于直接服务读者的导向，因此，本标准在现实基础上适当提高了藏书区和借阅区使用面积占总使用面积的比例，确定为55％～65％。中小型公共图书馆实行藏阅合一，不作区分。

公共活动与辅助服务区、咨询服务区也是直接服务读者的区域。调查中发现，近年来公共图书馆的讲座、图书陈列展览、读者活动十分活跃，成为发挥公共图书馆功能效益的重要形式。从调查数据分析，各级公共图书馆的公共活动与辅助服务区平均已占到全部使用面积的 21%，但各馆之间内容不一。本标准在附录中规范了公共服务和辅助服务区的项目内容和标准，根据项目内容和标准的测算，规定其使用面积比例为 10%～16%。咨询服务是公共图书馆正在兴起和发展的一项高层次服务项目，是现代图书馆的方向。调查中发现，公共图书馆咨询服务的内容和方法不断丰富，并设置了专门用于上述咨询服务项目的人员、用房或区域，咨询服务用房的比例大致为 2%～5%。

根据调查统计，目前公共图书馆技术设备区占总面积的比例为 1%～6%，各馆之间差异较大。随着公共图书馆计算机网络建设的发展，全国文化信息资源共享工程的全面实施，对公共图书馆计算机中心机房等技术设备用房提出了更高的要求，从实际需要和今后的发展考虑，本标准将技术设备区的比例定为 3%～4%。

实地调研结果显示，不同的图书馆，用房面积比例存在一定的差异，因而，在不突破总面积控制指标的前提下，各项用房比例关系可以根据实际情况进行适当调整。但调整以后，藏书区、借阅区、咨询服务区、公共活动与辅助服务区四部分使用面积之和占总使用面积的比例，大型公共图书馆应不低于 70%，中小型公共图书馆不应低于 75%。

第四章　总体布局与建设要求

第二十四条　本条是对公共图书馆设计原则的要求。

与传统图书馆相比，现代图书馆在服务模式上发生了重要变化，主要表现在普遍采用尽可能多的开架借阅，资源管理开架与闭架相结合；资源载体纸质、数字、多媒体并存，提供和利用方式发生了变化；围绕文献信息资源提供多样化的活动，成为图书馆服务的重要内容。公共图书馆建筑在设计时应充分考虑这些变化，强调空间使用的灵活性，空间环境的复合性，满足服务模式变化对图书馆建筑的要求，使图书馆建筑为现代图书馆服务方式的全面实施提供保证。

公共图书馆是集中体现当地文化积淀和文化精神的建筑，其外观造型、室内装修和环境设计，在满足功能优先、适用为本原则的前提下，应充分反映当地的文化传统和特点，创造富有独特风格的图书馆建筑形象。

第二十五条　本条是对公共图书馆总体布局的要求。

对公共图书馆功能进行合理分区，是图书馆总平面布置的基本原则。图书馆的功能布局是否合理，直接影响着图书馆的使用效率。在总平面布置上，功能相同的空间宜集中而不宜分散，严格区分内部工作管理区域和读者活动区域，应强调以读者为中心，与图书馆的管理方式和服务手段相适应，从紧凑合理、便于联系、方便调整、动静分区等方面来进行规划、设计。

良好的朝向和通风，对读者阅读、工作人员工作和图书保存都有重要意义，也符合节约型社会的要求，在总平面布置上应予充分注意，对于中、小型图书馆尤为重要。

根据少儿读者活泼好动的特点，少儿阅览区应与成人阅览区分开，设置独立出入口，还应在馆外设置开展少儿活动的相关场地。

室外工程是公共图书馆建设的组成部分，应统一规划建设。

第二十六条　本条是对公共图书馆三条流线组织的要求。

合理组织读者流、书刊信息流和工作人员流，使三条流线便捷畅通，互不干扰。人、书分流是图书馆建设的基本要求。

一、书流。藏书库与采编用房是图书馆书刊大量进出的地方，需设置可供运送书刊的通道。为了不影响借阅区的安静、卫生和安全环境，应设独立的出入口，并能根据书刊的流向进行合理的路线组织，既能满足书刊进出、分配的要求，也应保障安全。

二、人流。首先是读者活动人流，其次是图书馆工作人员及来访者。公共图书馆的读者人流量大，且持续时间稍长。开馆与闭馆时是人流集中的高峰期，门厅是公共图书馆的主要交通枢纽，具有接纳、分配人流的作用，所以门厅内的人流路线要简捷、通畅。人流多的大型图书馆，出口数量应不少于两个。公共图书馆读者人流的另一个特点是呈正反向移动，故设计中应避免人流交叉。员工进馆后应能方便而直接到达工作区，尽量不与读者人流交叉。来访者或联系工作的人员数量少，但进馆后的流线应能方便地直接到达办公区域，不宜通过借阅与藏书区。

图书馆的标识系统有公共信息标识和读者引导标识。在馆区的院内及馆内空间、出入口处、通道处、家具设备等合适的位置上，应装设必要的标识标牌，使读者能够迅速准确地了解图书馆的空间布局、内部功能、服务设施和活动安排。公共信息标识所用图形符号应采用国际通用标准符号和图形，读者引导标识应做到简明直观、形式美观。

公共图书馆内人员聚集，应设计出简捷、通畅的应对突发事件时人流疏散的通道。

第二十七条 本条是对公共图书馆无障碍设计的规定。

公共图书馆是社会文明的窗口。为体现全社会对残疾人、老年人等特殊人群的关怀，公共图书馆应建成无障碍建筑。无障碍设计按《图书馆建筑设计规范》JGJ 38—99 第 4.1.9 条执行，无障碍设计范围遵从《城市道路和建筑物无障碍设计规范》JGJ 50—2001 第 5.1.3 条的规定。

第二十八条 本条是对公共图书馆设置机动车和自行车停车位的规定。

随着社会的发展，各地特别是经济发达地区汽车保有量节节攀高，图书馆公务用车、馆员和读者自行驾车数量增长很快，特别是大中型公共图书馆，人、车流量较大，停车场成为读者利用图书馆的一个重要条件。因此，除了充分利用周边建筑的停车场（库）以外，公共图书馆自身还应根据具体情况设置足够的停车位。

公共图书馆停车位数量（包括周边可利用的停车位和本馆区内设置的停车位），在《公共图书馆建设用地指标》中已有规定，各地规划部门对公共建筑的车位也有要求，建设中可按当地规划部门的有关规定及其他实际情况确定。本着节约土地的原则，可以建停车库，以减少停车场的单独占地面积。地下停车库的建筑面积不包括在建筑面积控制指标之内。

第二十九条 本条提出公共图书馆建筑的高度取向。

公共图书馆各部门之间、不同功能的用房之间联系比较密切，且人流量大，建筑采用水平联系较垂直联系有更多的优越性。另外，多层建筑比高层建筑造价低。所以，公共图书馆建筑特别是其向公众开放的公共空间一般不宜采用高层。但是高层建筑在节约用地方面又有积极意义，因此在用地紧张且城市总体规划许可的情况下也允许建高层。

第三十条 本条提出公共图书馆的空间布置要求。

随着文化事业及公共图书馆事业的发展，图书馆的功能在不断深化、扩展，图书馆设备特别是电子信息设备也在不断更新，公共图书馆建筑必须能满足这一趋势。藏书和阅览用房的重新组合、分隔和改造，在图书馆内经常发生，公共活动用房如展览厅、培训教室等也在经常变化，采用框架、框架剪力墙结构体系和其他大空间结构形式有利于内部房间的灵活分隔和今后的发展改造。行政办公用房、业务用房相对稳定，则不强调采用框架结构。《图书馆建筑设计规范》JGJ 38—99 第 4.1.3 条规定"图书馆各空间柱网尺寸、层高、荷载设计应有较大的适应性和使用的灵活性。藏阅空间合一者，宜采取统一柱网尺寸、统一层高和统一荷载"，这是以结构体系采用框架或框架剪力墙体系为依托，肯定了空间布置应该具有灵活性和可调整性。

第三十一条　本条规定了公共图书馆建筑的抗震级别。

按《建筑工程抗震设防分类标准》GB 50223—2008 的规定，大多数公共图书馆属于一般性公共建筑，可按抗震规范中的标准设防类建筑设防——按本地区的设防烈度采取抗震措施。根据公共图书馆人员密集且疏散有一定难度，地震破坏造成的人员伤亡和社会影响很大的情况，参照该规范第 6.0.4 条关于"文化娱乐建筑中，大型的电影院、剧场、礼堂、图书馆的视听室和报告厅……抗震设防类别应划为重点设防类"的规定，本标准将公共图书馆的视听室和报告厅、大型公共图书馆的阅览室纳入重点设防类建筑。

此外，《建筑工程抗震设防分类标准》GB 50223—2008 将大型博物馆、存放有国家一级文物的博物馆、特级和甲级档案馆的抗震设防类别划为重点设防类，据此类推，凡保存有国家重要文献的公共图书馆的特藏书库，应按重点设防类建筑进行抗震设防。

当公共图书馆建筑各区段的重要性有显著不同时，可按区段划分抗震设防类别。下部区段的类别不应低于上部区段。

第三十二条　本条是对公共图书馆节能与环保设计的要求。

室内环境、建筑热工和暖通空调设计是公共建筑节能设计的三个主要方面。

公共图书馆建筑作为社会文明的标志，必须体现建设资源节约型、环境友好型社会的理念。建设部已经颁布的《公共建筑节能设计标准》GB 50189—2005 及其他有关环境保护的规范和规定必须遵守，节能产品必须优先采用。关心公众的健康是"以人为本"的重要体现，因此要求采用"不损害健康的产品"。公共图书馆建设应成为在建筑的全生命周期实现高效率地利用资源，低限度地影响环境，以达到人与建筑、环境和谐共存的典范。

第三十三条　本条是对公共图书馆建筑允许噪声级的要求。

保持阅览环境安静是图书馆建筑设计应重视的内容之一。影响图书馆安静的因素主要有交通噪声、生活噪声、工厂生产及施工噪声等。馆内噪声级分区及允许噪声级标准应根据《图书馆建筑设计规范》JGJ 38—99 第 4.1.7 条执行。周围环境噪声，根据《城市区域环境噪声标准》GB 3096—93 的规定，昼间为 55 dB，夜间为 45 dB。

当公共图书馆由于各种原因无法达到环境噪声的限制标准时，在总平面设计、单体平面设计和技术构造上还有调整的可能。如将"静区"房间放在离噪声源较远的地方，采用双层玻璃窗等隔声效果好的建筑构配件，以及绿化等。相对于将公共图书馆建在环境安静但远离读者群的偏僻地区而言，靠近读者、方便利用是更值得关注的问题。

结合室内装修做一些吸声减噪措施，可从实用、维护、造价等多方面综合考虑，酌情选用。

第三十四条　本条是对公共图书馆建筑日照、通风与采光条件的要求。

公共图书馆应坚持以自然通风和自然采光为主，充分利用自然资源，节约能源。一般应优先考虑阅览室朝南向布置。日照强烈的地区还应采取适当的遮阳措施，并针对不同季节主导风向、气温对建筑空间加以处理，使自然通风得以良好组织。阅览室的天然采光标准，见《图书馆建筑设计规范》JGJ 38—99 第 4.1.6 条和《建筑采光设计标准》GB/T 50033—2001 第 3.2.4 条的规定。

少儿阅览室的日照，与幼儿园及中小学建筑设计规范中对活动室、教室的日照的具体要求是一致的，如托儿所、幼儿园的生活用房要满足冬至日底层满窗日照不少于 3 h，中小学南向教室要求冬至日底层满窗日照不少于2h。在以人为本的理念和身心健康越来越引起人们重视的情况下，对少儿阅览室的日照条件提出原则性的要求是必要的。基于定量分析，建议少儿阅览室的日照宜满足冬至日底层满窗日照不少于1h。

第三十五条　本条是对公共图书馆文献资料防护方面的要求。

对书刊和非书资料的防护内容很多，而防水、防潮是公共图书馆建设的基本要求。根据目前公共图书馆藏阅合一和灵活多变的发展趋势，本条对整个图书馆工程提出了严格可靠的防水、防潮要求。

对各类文献资料要设必要的防护措施，《图书馆建筑设计规范》JGJ 38—99第5章对此有详尽的规定。对温、湿度都有要求的房间，设置空气调节装置并考虑空气净化均是必需的，不同部位有不同的防护要求。另外，大型、高级别的公共图书馆设有珍善本书库及较完善的技术设备用房，设置空气调节及净化装置也是符合业务要求的。

第三十六条　本条是对公共图书馆建筑防火的要求。

建筑防火规范的要求是强制性的，同时公共图书馆也有一些特定环境和使用功能，所以既应遵守国家现行的《建筑设计防火规范》GB 50016—2006、《高层民用建筑设计防火规范》GB 50045—95、《建筑内部装修设计防火规范》GB 50222—95等建筑设计防火规范，又要遵照《图书馆建筑设计规范》中的具体规定。此外，文化部1996年2月6日颁布、同年7月1日实施的《公共图书馆建筑防火安全技术标准》WH 0502—96，在引用上述国家现行标准的基础上，针对图书馆的具体情况作了细致的诠释，对公共图书馆建筑工程的防火安全有重要的指导意义。

第三十七条　本条是对公共图书馆设置电梯和提升设备的规定。

《图书馆建筑设计规范》JGJ 38—99第4.1.4条规定了阅览室

在四层及以上应设电梯，本标准列明这一标准，是肯定在公共图书馆设计及投资中应该有这一项，但这是最低标准。随着经济的发展，公共图书馆应体现出对年老体弱者、残疾人更多的人文关怀，因此有条件的地区四层以下的大中型公共图书馆也可设电梯。至于自动扶梯，从人流情况看一般并非必需(0.6 m宽的自动扶梯每小时载客量约5000人，0.8 m宽的自动扶梯每小时载客量约8000人，1.00 m宽的自动扶梯每小时载客量约10000人)，因此，一般不需要设置。针对书籍的提升设备，如专用书梯、客货两用梯等，则属于减轻劳动强度和提高工作效率的需要，也是人性化设计的体现。

第五章 建筑设备

第三十八条 本条是对公共图书馆建筑给排水系统的要求。

公共图书馆的室内外给排水系统应按《图书馆建筑设计规范》JGJ 38—99的要求设计。按照现代图书馆服务方式，藏阅合一的阅览室越来越多，这类阅览室和书库的要求应该是一样的，因此，本标准特别强调了给排水管道不得穿过书库及藏阅合一的阅览室。

第三十九条 本条是对公共图书馆暖通空调系统的要求。

公共图书馆的暖通系统、空调系统应按《图书馆建筑设计规范》JGJ 38—99的要求设计。设置集中空调系统，是因为其便于运行管理、噪声较小，空调效果也最好。大、中型公共图书馆需要空调的房间面积大、要求高，并且这些公共图书馆一般都有特藏书库、数字资源处理等对空调要求较高的房间，故宜设集中空调。城市集中供热有利于节能和环境保护，应优先采用。如市政无此条件，还要自建锅炉房等设施，应对燃气、重油、煤、电等各种可获得的能源作比较，择优选用。

第四十条 本条是对公共图书馆电气系统的要求。

《图书馆建筑设计规范》JGJ 38—99第7.3.1条规定，"藏书量超过100万册的图书馆,其用电负荷等级不应低于二级;其他图书馆,用电负荷等级不应低于三级",该项规定为最低标准。根据目前公共图书馆的发展趋势,对供电质量及可靠性的要求越来越高,特别是随着信息化、数字化的发展,图书管理网络化的推进,供电系统稍有闪失就会带来巨大损失。因此,本条对特定部位特别指明应设可靠的备用电源。

公共图书馆的照明标准,见《建筑照明设计标准》GB 50034—2004 表 5.2.1。该标准的照度标准值比《图书馆建筑设计规范》JGJ 38—99 中的数值要高,体现在该标准均为单一的确定值,而《图书馆建筑设计规范》JGJ 38—99 中均有一个下浮的幅度。

第四十一条 本条是对公共图书馆电话、电视与广播系统的要求。

随着通信技术的发展,图书馆内使用电话的门数日益增多,公共图书馆应根据不同规模,配设不同的内线和外线电话系统。电视与卫星接收系统已经成为数字时代接收和传递信息的重要工具,公共图书馆建设应配设相应的设备和机房面积。广播系统既为公共图书馆日常服务所需(如闭馆提示、背景音乐等),更是应对紧急情况之必备。《建筑设计防火规范》GB 50016—2006 就要求藏书超过 100 万册的图书馆,设火灾自动报警系统,能发出事故广播和安全疏散指令。

第四十二条 本条是对公共图书馆建筑网络系统的要求。

公共图书馆网络系统建设,是公共图书馆现代化建设的基础,是实现图书馆之间资源共享的基础。所有的公共图书馆都应具备提供数字资源、网络服务的能力。

公共图书馆网络系统建设,应包括互联网接口、局域网、综合布线、网络设备和网络信息点等,具体的数量要根据建筑面积、使用性质、公共图书馆特点、功能定位、馆藏资源的情况和投资数量来确定。设置局域无线网络系统，能减少信息点数量、使用灵活，但要注意为无线网接入的有线网络接口的带宽及无线网络设备的传输标准。

  本条所给出的指标，是根据目前的技术条件和环境要求提出的参考性指标，参照了《图书馆建筑设计规范》JGJ 38—99 第4.6.7条和第4.6.8条、文化部《全国公共图书馆评估标准》(2003年)中的相关规定，并考虑了目前公共图书馆网络建设的实际情况而提出。网络技术发展很快，许多指标随着技术的发展将会发生变化。附表1和附表2的指标仅供参考。

附表1 公共图书馆网络传输速率(网络接口带宽)标准

规模	互联网接口	局域网主干	局域网分支
大型	100 M 以上	千兆或万兆	百兆或千兆
中型	100 M 以上	千兆	百兆
小型	100 M 以上	千兆	百兆

附表2 公共图书馆信息点设置标准

区域	数量
行政办公区	10 m² 2个
业务区	10 m² 2个以上
阅览区	阅览座位的30%左右
电子阅览区	阅览座位的105%
研究室	10 m² 2个
书库	50 m² 1个
办证、检索、复印和休息区	10 m² 1个

  第四十三条 本条是对公共图书馆设置安全防护措施的规定。作为公共活动场所，公共图书馆应有可靠的安全防护措施，

如设置图书防盗系统等。大、中型公共图书馆应在本条列出的重点防范部位和要害部门设置视频安防监控系统，根据防火规范的要求设置火灾报警系统、消防联动系统等。有条件的公共图书馆可以全面实施布防，增设入侵报警系统、门禁系统、巡更系统以保证各种馆藏文献、网络设备和人员的安全，维护图书馆的正常运行。实现楼宇自动化管理的公共图书馆还应对建筑内各类机电设备实行监测控制，并与其他安全防护系统合并设置，以达到安全、节约、可靠、集中管理的目的。

(五)文化馆建设标准[①]

文化馆建设标准

第一章 总则

第一条 为适应我国公益性文化事业发展的需要，加强和规范文化馆(含群众艺术馆)的建设，依据《公共文化体育设施条例》及相关法律、法规，制定本建设标准。

第二条 本建设标准是文化馆建设项目科学决策和合理确定项目建设水平的全国统一标准，是审批核准文化馆建设项目的依据，是有关部门审查文化馆建设项目初步设计和监督检查工程项目建设全过程的尺度。

第三条 本建设标准适用于县级以上(含县级)人民政府投资新建、改建或扩建的文化馆工程，其他文化馆(站)可参照执行。

第四条 文化馆属于社会公益性文化设施，其建设应纳入当地国民经济和社会发展规划、城市规划或镇规划、城镇建设相关

---

① 中华人民共和国文化部. 文化馆建设标准[M]. 北京：中国计划出版社，2010：1-10.

专项规划，纳入政府投资计划。

第五条　文化馆建设应符合国家及所在城镇文化事业发展规划的要求，以人为本、功能优先、因地制宜、合理布局、经济适用、节能环保。

第六条　文化馆建设应立足现实、兼顾发展，统一规划，配套建设，投资确有困难的，可一次规划设计、分期建设。

第七条　文化馆建筑可独立建设，也可与其他相关文化设施联合建设，规模较小的文化馆应与其他文化设施联合建设。文化馆的改、扩建项目应充分利用原有场地和设施。

第八条　文化馆建设必须贯彻执行国家有关法律、法规，按照专业化协作和社会化服务的原则，统筹兼顾，优化配置，科学设计。

第九条　文化馆建设除执行本标准外，还应符合国家现行的相关标准、规范和定额指标的规定。

第二章　建设规模与项目组成

第十条　文化馆建筑根据其建筑面积规模划分为大型馆、中型馆和小型馆3种类型。

大型馆指建筑面积大于等于6000 m^2 的文化馆；

中型馆指建筑面积大于等于4000 m^2 且小于6000 m^2 的文化馆；

小型馆指建筑面积大于等于800 m^2 且小于4000 m^2 的文化馆。

第十一条　文化馆建筑项目包括：房屋建筑、室外场地及建筑设备。

第十二条　文化馆房屋建筑包括：群众活动用房、业务用房、管理用房和辅助用房。

一、群众活动用房包括：演艺活动、交流展示、辅导培训、图书阅览、游艺娱乐等用房。

二、业务用房包括：文艺创作、研究整理、其他专业工作用房。

三、管理用房包括：行政管理、会议接待等用房。

四、辅助用房包括：储存库房、建筑设备、后勤服务等用房。

第十三条　文化馆室外场地包括：开展群众文化艺术与信息交流活动的室外活动场地、美化环境的绿地、休憩场地、道路及停车场地等。

第十四条　文化馆建筑设备包括：给水排水系统及设备、电气系统及设备、暖通与空调系统及设备、网络与通信系统及设备、舞台演出及展览设备等。

第三章　选址、用地与总体布局

第十五条　文化馆的选址应符合所在地的城市规划、镇规划或相关专项规划，选择在城镇文化中心或人口集中、交通便利（大城市和特大城市应为公交便利）的地区；同时满足工程地质及水文地质条件，符合安全、卫生和环保标准，便于开展群众性文化活动；宜结合城镇广场、公园绿地等公共活动空间综合布置，避免或减少对医院、学校、幼儿园、住宅等需要安静环境的建筑的影响。

第十六条　文化馆的建设用地面积、建筑密度、室外活动场地面积、停车场地面积等控制指标应符合《文化馆建设用地指标》的相关规定（表1）。绿地率应符合当地城市规划、镇规划的相关控制要求。

表1　文化馆建设用地控制指标

类型	建筑用地总面积（m²）	室外活动场地面积（m²）	建筑密度（%）	停车场地控制
大型馆	4500～6500	1200～2000	25～40	机动车：控制在建设用地总面积的8%以内；自行车：按每百平方米建筑面积2个车位配置
中型馆	3500～5000	900～1500	25～40	
小型馆	2000～4000	600～1000	25～40	

注：建筑面积不足2000 m²的小型馆，应与其他相关公共文化设施联合建设，不设置独立的建设用地。

第十七条　文化馆建筑的总平面布局应达到功能组织合理、动静分区明确、空间构成紧凑、日照通风良好、结合自然环境，有效组织建筑的室内外空间，节约集约用地。

第十八条　文化馆建筑的出入口应不少于2个；紧邻城镇交通干道的出入口应留出集散缓冲空间，并符合当地城镇规划和建设的相关要求。联合建设的文化馆应相对独立，并设有专用出入口。

第十九条　文化馆的大型排演厅、观演厅、展览厅、多功能厅等人流量大、聚散集中的用房宜设在建筑首层，并应设置直接对外的安全出口或合理组织应急疏散通道。

第四章　面积指标

第二十条　文化馆建筑面积规模依据服务人口数量确定并符合表2的要求。

表2　文化馆建筑面积指标

类型	服务人口（万人）	建筑面积（m²）	适用范围
大型馆	≥250	≥8000	大城市
	50~250	6000~8000	
中型馆	20~50	4000~6000	中等城市
	≥30		市辖区
小型馆	5~20	2000~4000	小城市
	5~30		市辖区或独立组团
	<5	800~2000	城关镇

注：省、市、县文化馆服务人口以其所在城镇常住人口进行核算，其他文化馆服务人口以其服务范围内的常住人口进行核算；处于两个数值区间的，采用直线内插法确定建筑面积；小于2000 m²的文化馆应与其他相关文化设施联合建设。

第二十一条　文化馆建筑各类用房的项目设置应兼顾当地城镇经济社会发展水平、社会需求以及各馆的特色综合确定，可参照本建设标准附录执行。

第二十二条　文化馆建筑应以群众活动功能为主，各类功能用房的使用面积比例可参照表3执行。文化馆建筑的使用面积系数宜为65%。

表3　文化馆各类功能用房使用面积比例(%)

序号	分项内容	大型馆	中型馆	小型馆
1	群众活动用房	77～79	77～79	76～78
2	业务用房	6	8	10
3	管理用房	7	7	8
4	辅助用房	8～10	6～8	4～6
5	总使用面积	100	100	100

第五章　建筑与室内外环境

第二十三条　文化馆建筑造型、室内外环境设计应体现公共文化设施的属性，具有地方风格和文化特色。

第二十四条　文化馆室内外的无障碍设计，应符合《城市道路和建筑物无障碍设计规范》JGJ 50的规定，非单层建筑应设无障碍电梯。

第二十五条　文化馆室外活动场地可结合绿地统筹设计，并应留有开展露天群众文化活动或信息宣传活动、设置临时舞台或相应设备的条件。

第二十六条　文化馆建筑应以多层为主，用地紧张且城市规划许可时可适当提高层数。

第二十七条　文化馆建筑应根据使用功能的要求以及经济的合理性确定各类用房的空间体量，选择适宜的柱网、层高与结构形式。多功能厅、展览厅、阅览室、舞蹈（综合）排练室、儿童活动室、大教室等群众活动用房应兼顾空间组织的灵活性。

第二十八条 文化馆建筑抗震设防分类应符合《建筑工程抗震设防分类标准》GB 50223 的规定，按标准设防类建筑设防；文化馆的大型排演厅、观演厅、多功能厅、展览厅应按重点设防类建筑设防。文化馆建筑结构安全等级应符合《建筑结构可靠度设计统一标准》GB 50068 的规定，安全等级应为二级；其大型排演厅、观演厅、多功能厅、展览厅安全等级应为一级。

第二十九条 文化馆建筑消防设计应符合《建筑设计防火规范》GB 50016 和《高层民用建筑设计防火规范》GB 50045 的规定，耐火等级不应低于二级；装修材料的使用应符合《建筑内部装修设计防火规范》GB 50222 的规定。

第三十条 文化馆建筑应符合《文化馆建筑设计规范》JGJ 41 允许噪声级的相关规定；大型排演厅、观演厅的噪声控制可参照《剧场建筑设计规范》JGJ 57 和《电影院建筑设计规范》JGJ 58 执行。文化馆建筑内部各项活动功能差异性较大，平面布局除考虑动静分区外还应采取必要的隔声措施。

第三十一条 文化馆大型排演厅的观众厅、舞台、后台及声学设计等应符合《剧场建筑设计规范》的有关要求。文化馆的观演厅可参照《剧场建筑设计规范》及《电影院建筑设计规范》有关观众厅、舞台、后台以及声学要求、放映机房要求等综合设计。

第三十二条 文化馆建筑应充分利用自然通风和采光，采光设计可参照《建筑采光设计标准》GB/T 50033 执行。老年活动室和儿童活动室应有良好的建筑朝向和日照、通风条件。

第三十三条 文化馆建筑的节能设计、室内环境设计、热工设计和暖通空调设计，应符合《公共建筑节能设计标准》GB

50189 以及《民用建筑热工设计规范》GB 50176 的相关规定。建筑构配件、装修材料和建筑设备必须选择安全、节能、环保的产品。

第三十四条 文化馆建筑的室内外装修应考虑使用功能与当地经济社会发展状况、气候条件、景观环境、地方及民族特色等，因地制宜，力求适用、经济、美观。

第六章 建筑设备

第三十五条 文化馆建筑五层以上（含五层）设有群众活动用房的应设置电梯。

第三十六条 文化馆应设有给水、排水系统及消防给水系统，以及相应的设施和设备。

第三十七条 文化馆应设有相应的采暖、空调系统并达到国家有关节能标准要求。采用集中采暖、空调系统的文化馆，应设置分楼层或分室内区域的室温可调控装置。

第三十八条 文化馆的电气系统，应按其规模合理确定用电负荷等级；消防系统、安防系统应设置备用电源，保证用电安全。文化馆建筑的人工照明标准，应符合《建筑照明设计标准》GB 50034 的要求；文化馆室外活动场地应配有相应的室外活动照明系统。

第三十九条 文化馆应根据需要配置电话、电视与卫星接收系统等设备。大型文化馆应设置与消防、安防合用的广播系统，可在适当位置设公用电话。

第四十条 文化馆应根据实际需求选择与当地网络化发展相适应的网络服务系统以及网络和计算机设备，综合布线。

附录　文化馆建筑用房项目设置表

功能	项目构成	主要内容	大型馆	中型馆	小型馆	使用面积控制要求
群众活动用房	演艺活动	大型排演厅（400～600座）	●	○	○	800～1200 m²
		观演厅（150～300座）	◎	●	◎	400～800 m²
		多功能厅（小型排演、报告）	●	●	●	300～500 m²
	交流展示	展览厅（陈列厅）	●	●	●	展览厅≥65 m²/间，250～500 m²为宜
		宣传廊	●	●	●	
	辅导培训	大教室（80人/班为宜）	●	◎	◎	≥1.4 m²/人，120 m²/间为宜
		小教室（40人/班为宜）	●	●	●	≥1.4 m²/人，60 m²/间为宜
		计算机与网络教室	●	●	●	70～100 m²为宜
		多媒体视听教室	●	◎	◎	100～180 m²/间为宜
		舞蹈（综合）排练室	●	●	●	≥6 m²/人，200～400 m²/间为宜
		独立学习室（音乐、书法、美术、曲艺等，≤30人/班）	●	●	●	美术、书法≥2.8 m²/人，其他≥2.0 m²/人，60 m²/间为宜
	图书阅览	阅览室	●	●	◎	100～150 m²为宜
		资料档案室、书报储存室	●	●	●	25～50 m²为宜
	游艺娱乐	综合活动室	◎	◎	◎	30 m²/间为宜
		儿童活动室	●	●	○	100～120 m²/间为宜
		老人活动室	●	●	●	60～90 m²/间为宜
		特色文化活动室	◎	◎	◎	100～150 m²/间为宜

续表

功能	项目构成	主要内容	大型馆	中型馆	小型馆	使用面积控制要求
业务用房	文艺创作	文艺创作室	●	●	●	一般工作室 24 m²/间为宜；琴房≥6 m²/间；美术、书法工作室≥24 m²/间为宜；其他有特殊要求的专业工作室可根据实际需要确定使用面积
	研究整理	非物质文化遗产工作室、文化艺术档案室	●	●	●	
	其他专业工作	音像、摄影、音乐、戏曲、舞蹈、美术、书法等工作室	●	●	●	
		刊物编辑、出版工作室	◎	◎	◎	
		网络文化服务、机房	●	●	◎	
管理用房	行政管理	办公室	●	●	●	应符合《党政机关办公用房建设标准》的要求
	会议接待	会议、接待室	●	●	◎	60～90 m² 为宜
辅助用房	储存库房	道具库房、储藏间等	●	●	●	室内停车面积平均 40 m²/辆为宜；值班室面积不宜小于 6 m²；其他用房按使用功能要求及建设规模配建需求确定使用面积
	建筑设备	水池/水箱/水泵房、变配电室等	●	●	●	
		维修室、锅炉房/换热站、空调机房、监控室等	●	●	◎	
	后勤服务	值班等	●	●	◎	
		车库等	●	◎	○	

注：表中●、◎、○分别为应设、可设和不设用房项目；文化馆建筑群众活动用房项目构成主要内容的设置数量差异较大，各馆可根据实际需求及本馆特长合理确定；小型馆的应设项目原则上适用于 2000 m² 以上的文化馆。

(六)乡镇综合文化站建设标准[①]

乡镇综合文化站建设标准

第一章 总则

第一条 为加强和规范乡镇综合文化站的设施建设,提高乡镇综合文化站建设项目的决策科学性和管理水平,满足农民群众基本文化需求,促进社会主义新农村建设,依据有关法律、法规及国家现行政策,制定本建设标准。

第二条 本标准是乡镇综合文化站建设项目科学决策、合理确定项目建设和投资水平的全国性统一标准,是编制、评估和审批乡镇综合文化站建设项目建议书和可行性研究报告的重要依据,也是有关部门审查乡镇综合文化站建设项目初步设计和对整个建设过程监督检查的尺度。

第三条 本标准适用于政府在乡镇一级行政单位新建、改建和扩建的乡镇综合文化站。街道综合文化站和其他文化站的建设可参照本建设标准执行。

第四条 乡镇综合文化站的建设应纳入当地经济和社会发展的总体规划,纳入新农村建设规划和城镇建设相关专项规划。

第五条 乡镇综合文化站的建设应贯彻执行国家关于加强农村文化建设、加强公共文化服务体系建设以及加强公共建筑工程建设管理的方针政策,坚持以人为本,科学规划,努力构建规模适当、安全可靠、功能优先、经济适用、环保节能,覆盖广大农村区域的普遍均等、惠及全民的乡镇综合文化站服务设施。

第六条 乡镇综合文化站项目建设应遵循统一规划、统筹建

---

① 中华人民共和国文化部. 乡镇综合文化站建设标准[M]. 北京:中国计划出版社,2012:1-9.

设，突出重点、分步实施的建设原则。改建或扩建项目，应充分利用原有场地和设施。

第七条　乡镇综合文化站的建设，除执行本建设标准外，尚应符合国家现行有关标准、规范和定额指标的规定。

第二章　建设规模、项目构成与选址

第八条　乡镇综合文化站建设根据其建筑面积规模划分为大型站、中型站和小型站三种类型。

大型站是指建筑面积大于或等于 800 m² 的乡镇综合文化站；

中型站是指建筑面积大于或等于 500 m² 且小于 800 m² 的乡镇综合文化站；

小型站是指建筑面积大于或等于 300 m² 且小于 500 m² 的乡镇综合文化站。

第九条　乡镇综合文化站的建设内容包括房屋建筑、室外场地和建筑设备。

第十条　乡镇综合文化站的房屋建筑包括：文化体育活动用房，书刊阅览用房，教育培训用房，网络信息服务用房，管理与辅助用房。

一、文化体育活动用房：包括多功能活动厅、排练室、展览室、体育健身室、美术室等；

二、书刊阅览用房：包括书刊阅览室、少年儿童图书阅览室、电子阅览室等；

三、教育培训用房：包括教室、视听室等；

四、网络信息服务用房：包括广播电视服务室、文化信息资源共享工程服务室、微机室等；

五、管理和辅助用房：包括管理室、设备间、库房等。

乡镇综合文化站建筑用房项目内容设置应根据其建设规模及主要功能合理确定，并应符合本建设标准附录一的要求。

第十一条　乡镇综合文化站室外场地主要包括：室外活动场地（含开展群众文化体育活动的篮球场、演出和文艺活动场地，以及宣传橱窗等)、绿化休憩场地、道路及停车场地等。

第十二条 乡镇综合文化站建筑设备包括：卫生设备、电气设备、通信设备、信息设施设备、暖通空调设备、消防与安全设备等，应根据其建设规模、环境要求和功能需求合理配置。

第十三条 乡镇综合文化站选址应符合下列要求：

一、应选择乡、镇中心或交通便利、人口集中的地域，便于群众聚集活动，且易于疏散；

二、应符合所在城镇的镇(乡)总体规划；

三、工程地质及水文地质条件良好，符合安全、卫生和环保标准等要求。

四、宜结合乡镇广场、公园绿地等公共活动空间综合布置，避免或减少对医院、学校、幼儿园、住宅等需要安静环境建筑的影响。

第十四条 乡镇综合文化站可与其他文化、社会教育、社会服务设施合并建设，但不得与乡、镇政府办公楼合并建设。

在与其他文化、社会教育、社会服务设施合并建设时，文化站功能用房应相对集中，便于开展活动，避免相互干扰。在与乡、镇政府办公楼使用同一场地进行建设时，应独立成区，并设有专用出入口。

第三章 建筑面积指标

第十五条 乡镇综合文化站建筑面积规模应以服务人口数量为主要依据，兼顾经济社会发展水平、社会需求、功能设计综合确定，并符合表1的控制要求。

表1 乡镇综合文化站建筑面积控制指标

类型	服务人口(万人)	建筑面积(m²)
大型站	5~10	800~1500
中型站	3~5	500~800

续表

类型	服务人口(万人)	建筑面积(m^2)
小型站	1~3	300~500
	1以下	300

注：1. 表中服务人口处于两个数值区间的，采用直线内插法确定其建筑面积指标。
    2. 表中服务人口是指乡镇辖区的常住人口。
    3. 服务人口在10万以上的，参照国家现行标准《文化馆建设标准》建标136—2010中服务人口5万以上的市辖区文化馆建筑面积指标研究。
    4. 建筑面积指标所包含的项目应符合附录一的规定。

第十六条 乡镇综合文化站建筑各类功能用房使用面积比例应参照表2确定，其总使用面积系数宜控制在0.7。

表2 乡镇综合文化站各类用房使用面积比例表

序号	用房类别	比例(%)		
		大型站	中型站	小型站
1	文化体育活动用房	50~60	40~50	35~40
2	书刊阅览用房	15~12	17~15	18~17
3	教育培训用房	15~12	17~15	18~17
4	网络信息用房	12~9	16~12	18~16
5	管理和辅助用房	8~7	10~8	11~10

第十七条 乡镇综合文化站宜为一至三层建筑，并应设有不少于600 m^2 的室外活动场地。

室外活动场地面积应保障基本文化、体育活动需要，留有设置临时舞台的相应空间和设施条件，并配建不少于15 m^2 的宣传橱窗。

结合乡镇广场、公园绿地等公共活动空间综合布置的乡镇综合文化站，可适当减少室外活动场地面积或不再另设室外活动场地。

第十八条　乡镇综合文化站的建设用地面积应能保障其房屋建筑和室外活动场地的需要，绿化率和停车场面积应符合当地主管部门的相关控制指标要求。乡镇综合文化站建筑的容积率、建筑密度和室外活动场地面积参照表3确定。

表3　乡镇综合文化站建设用地控制指标

类型	室外活动场地面积（m²）	容积率	建筑密度（%）	绿化、道路、停车场面积
大型站	600～1200	0.7～1.0	25～40	根据当地主管部门有关控制指标要求和实际情况确定
中型站	600～1000	0.5～0.7	25～40	
小型站	600～800	0.3～0.5	25～40	

第四章　建筑标准与建筑设备

第十九条　乡镇综合文化站外观建筑造型、室内外环境设计应体现公共文化设施的特点，宜具有地方风格和民族特色。室内外装修应因地制宜，力求经济、适用、美观。

第二十条　乡镇综合文化站的平面布局应达到功能组织合理，做到动区、静区分开，空间构成紧凑，结合自然环境，日照通风良好，有效组织建筑与场地的室内外空间，节约（集约）用地。

第二十一条　乡镇综合文化站应符合无障碍设计的要求。

乡镇综合文化站的内部空间应保证通行便利、出入口通畅。老年、少儿、残疾人活动区域应尽量放在首层或便于安全疏散的位置。多功能活动厅、排练室、展览室净高不低于3.6 m。

第二十二条　乡镇综合文化站的文化体育活动用房应保障功能的综合性和使用的灵活性，文化体育活动用房、书刊阅览用房、教育培训用房的结构形式应满足使用功能的大空间要求和空间组织的灵活性需求，不应设置固定的座椅和舞台等设施。不得设置固定座椅的大型会议室。

第二十三条 乡镇综合文化站建筑的体形、外墙、屋顶及门窗的节能设计应符合现行国家标准《公共建筑节能设计标准》GB 50189 的规定。建筑构配件、装修材料和建筑设备必须选择安全、节能、环保的产品。

第二十四条 乡镇综合文化站的建筑结构抗震要求，应根据当地所属的抗震设防分区，按照标准设防类建筑设防。

第二十五条 乡镇综合文化站的房屋建筑，应符合国家建筑设计防火规范的要求，其耐火等级不应低于二级；其装修材料应符合建筑内部装修设计防火规范的规定。

第二十六条 乡镇综合文化站的供暖，应根据不同气候分区及当地具体条件区别对待。

严寒及寒冷地区，应按照国家有关规定设置采暖设施，并应优先采用集中供暖。供暖方式均应符合安全、卫生要求。

在夏热地区，应注意房间朝向，做好通风及遮阳设计。网络信息服务用房等处需设置空气调节。

第二十七条 大、中型乡镇综合文化站及有条件的小型乡镇综合文化站应设置室内外给水、排水系统，设水冲厕所、饮水处以及其他盥洗设备。

第二十八条 乡镇综合文化站的电气系统，应按其规模合理确定用电负荷等级，保证用电安全。建筑的人工照明标准，应符合现行国家标准《建筑照明设计标准》GB 50034 的要求；室外活动场地应配有电闸箱和相应的室外活动照明系统。乡镇综合文化站应配置电话，并根据需要配置电视与卫星接收等设备。

第二十九条 乡镇综合文化站应根据实际需求选择与当地网络化发展相适应的网络服务系统以及网络和计算机设备，综合布线。

附录一 乡镇综合文化站建设用房项目设置

项目构成		大型	中型	小型
文化体育活动用房	多功能活动厅	●	●	●
	排练室	◎	◎	○
	展览室	●	◎	○
	体育健身室（乒乓球、台球、健身、棋牌等）	●	●	◎
	美术室	◎	◎	○
书刊阅览用房	书刊阅览室	●	●	●
	少年儿童图书阅览室	◎	◎	◎
	电子阅览室	●	◎	◎
教育培训用房	教室	●	●	●
	视听室	●	●	●
网络信息服务用房	文化信息资源共享工程服务室	●	●	●
	微机室	◎	◎	◎
	广播电视服务室	◎	◎	◎
管理和辅助用房	管理室	●	●	●
	设备间	◎	◎	◎
	库房	●	●	◎

注：●应设；◎可设；○不设。

附录二 乡镇综合文化站专用设备、器材配备表

乡镇综合文化站的专用设备、器材包括：演出设备和乐器、演出服装，美术创作及展览设备，书报刊阅览设备，教育培训、视听及电教设备，摄影及摄像设备，文化信息资源共享工程设备，综合文化车，体育健身器材，其他设备等九类。其具体内容如下表。

乡镇综合文化站专用设备、器材配置表

序号	项　　目	细　　目
1	演出设备和乐器、演出服装	灯光、音响、流动舞台、乐器、服装、道具等
2	美术创作及展览设备	书画桌、展品挂件、展板、灯光等
3	书报刊阅览设备	书架、书柜、阅览桌椅及相关设备等
4	教育培训、视听及电教设备	课桌、椅、影碟机、电视、电脑、投影仪等
5	摄影及摄像设备	照相机、摄像机、刻录机等
6	文化信息资源共享工程设备	PC服务器、投影仪、计算机和相关设备、卫星信号接收器等
7	综合文化车	送戏、送书下乡等流动文化服务综合用车
8	体育健身器材	乒乓球桌、台球桌、室内外健身器材、球类等
9	其他设备	舞龙、舞狮、民间工艺品制作等特色文化活动设备

【本章小结】

本章阐释了建立公共文化设施标准规范的意义，以及设施建设标准化与服务均等化的关系。《公共文化体育设施条例》是当前规范公共文化设施建设最高层级的行政法规。公共图书馆和文化馆的"建设用地指标"，以及公共图书馆、文化馆、乡镇综合文化站的"建设标准"，是现行有效的公共文化设施建设标准规范，本章介绍了其基本内容，总结分析了其主要特点。本章最后介绍了纳入国家或行业标准体系的公共文化设施建筑设计规范。

【思考题】

1. 建立公共文化设施规范标准的意义，怎样理解以设施建设的标准化促进服务的均等化？

2. 公共文化设施规范标准的主要类型。

3. 《公共图书馆建设用地指标》《文化馆建设用地指标》的功能与主要特点。

4. 《公共图书馆建设标准》《文化馆建设标准》《乡镇综合文化站建设标准》的功能与主要特点。

第六章 公共文化服务机构运营管理

【目标与任务】

了解公共图书馆、文化馆(站)、博物馆等公共文化服务机构运营管理政策法规的发展变化，掌握新近出台的各类重要业务规范的内容和特点。正确认识和遵循公共文化服务机构的服务理念和职业道德，熟悉公共文化服务机构运营过程中的知识产权保护法规和安全卫生管理规范。

一、公共图书馆运营管理规范

公共图书馆为个人和社会群体的终生学习、独立决策和文化发展提供了基本的条件。公共图书馆是开展教育、传播文化和提供信息的有力工具，也是丰富人民大众的精神生活的重要工具。

(一)政策法规演变历程

新中国成立后，国家相关部门多次制定和修订发展图书馆事业的专门政策，对促进我国图书馆事业发展发挥了重要作用。如1955年文化部发布的《关于加强和改进图书馆工作的指示》，1957年国务院第57次会议批准通过《全国图书协调方案》等。改革开放以来，涉及或专门为公共图书馆制定的各种法规、章程、文件主要有：1978年第五届全国人大第一次会议通过的《政府工作报告》，强调"发展各类型的图书馆，组成为科学研究和大众服务的图书馆网"；1978年，国家文物事业管理局发布《省、市、自治区图书馆工作暂行条例(试行草案)》；1980年，中共中央书记处第23次会议通过《图书馆工作汇报提纲》；1981年，国务院办公厅转发文化部、教育部、共青团中央《关于全国少年儿童图书馆工作座谈会的情况报告》；1982年，文化部制定《省（自治区、市）图书馆工作条例》；1987年，中共中央宣传部、文化部、国家教委、中国科学院联合发布《关于改进和加强图书馆工作的报告》等。

1982年文化部制定、颁布的《省（自治区、市）图书馆工作条例》，是改革开放后指导省级图书馆工作的规范性文件。它规定了省级图书馆的性质、方针和任务；指出省级图书馆是国家举办的综合性公共图书馆，是社会主义科学、教育、文化事业的重要组成部分，是向社会公众提供图书阅读和知识咨询服务的学术性机构，也是全省的藏书、图书目录、协作和协调及业务研究、交流的中心。省级图书馆坚持为人民服务、为社会主义服务的方向，贯彻"百花齐放、百家争鸣、古为今用、外为中用"的方针，主要工作任务有6项，其中心是利用书刊资料为社会主义的物质文明建设和精神文明建设服务。

进入21世纪以后，随着图书馆事业的迅速发展，原有的政策、章程、条例、办法等已不能适应时代需求。2001年年初，文化部启动了《图书馆法》立法工作，取得了初步成果，后因各种原因于2004年6月停顿。2004年，中宣部印发《关于制定我国文化立法十年规划（2004—2013）的建议》，《图书馆法》列入前5年的立法规划。2006年9月，《国家"十一五"时期文化发展规划纲要》发布，"抓紧研究制定图书馆法"列为"十一五"文化立法的任务之一，文化部再次启动《图书馆法》的立法工作。2008年10月，十一届全国人大常委会立法规划发布，《图书馆法》列为"第二类项目（研究起草、条件成熟时安排审议的法律草案）"。由于不同类型的图书馆之间存在诸多差异，难以协调一致，为了加快立法工作，遂决定先行制定《公共图书馆法》。经过3年的努力，2011年年底，《公共图书馆法》草案通过了文化部审查，上报国务院法制办。

2013年10月，第十二届全国人大常委会立法规划发布，《公共图书馆法》被列为第一类项目，即计划本届人大任期内提交审议的立法项目。

除了图书馆专门立法之外，在我国制订或重新修订的部分法律、法规中，也有适于图书馆活动的条款或规定。经过2001年和2010年两次修订的《中华人民共和国著作权法》，以及2006年7月1日起施行的《信息网络传播权保护条例》，为公共图书馆履行自身使命，在不征得权利人许可、免费使用、通过信息网络传播受著作权保护的作品等方面，提供了必要的豁免权和便利条件。经过2002年和2007年两次修订的《中华人民共和国文物保护法》旨在加强对文物的保护，要求图书馆等相关机构加强对"历史上各时代重要的文献资料以及具有历史、艺术、科学价值的手稿和图书资料等"的收藏、保护与利用。2002年制定的《中华人民共和国科学技术普及法》要求图书馆履行社会教育职能，开展科普教育活动，发挥科普教育作用。2003年施行的《公共文化体育设施条例》，是公共图书馆上位类的行政法规，为各级政府举办公共图书馆、列入本级政府基本建设投资计划和财政预算，确定了法律依据。2008年5月1日起施行的《中华人民共和国政府信息公开条例》，明确将各级公共图书馆列为法定的政府信息查阅场所，并规定各级政府应为公共图书馆开展政府信息服务配备相应的设施、设备，行政机关应当及时向各级公共图书馆提供主动公开的政府信息，从而为推动公共图书馆事业发展提供了一个有效切入点，为各级公共图书馆开展政府信息服务提供了基本保障。2011年制定的《中华人民共和国非物质文化遗产法》要求图书馆利用自身特色和优势，开展非物质文化遗产的整理、研究、学术交流和非物质文化遗产代表性项目的宣传、展示等工作。

图书馆立法的"地方先行"，是中国图书馆事业法治建设的鲜明特点。到目前为止，我国共有 4 部地方性图书馆专门法规出台，分别是《深圳经济特区公共图书馆条例（试行）》（1997 年）、《内蒙古自治区公共图书馆管理条例》（2000 年）、《湖北省公共图书馆条例》（2001 年）、《北京市图书馆条例》（2002 年）。有 4 部省级地方性图书馆政府规章出台，分别是《上海市公共图书馆管理办法》（2010 年最新修订）、《河南省公共图书馆管理办法》（2002 年）、《浙江省公共图书馆管理办法》（2003 年）、《山东省公共图书馆管理办法》（2009 年）。还有一些地方文化行政部门发布的部门规章，如江西省文化厅《江西省公共图书馆服务标准（试行）》（2008 年）、上海市文化广播影视管理局《上海市公共图书馆行业服务标准（试行）》（2010 年）、新疆维吾尔自治区文化厅《新疆维吾尔自治区公共图书馆服务标准（试行）》（2010 年）等。这些地方性法规、规章对各地的图书馆事业发展起到了促进作用。

（二）公共图书馆的主要业务规范

公共图书馆的各项业务工作，包括文献采访、分类编目、数字图书馆建设等都有相应的规范要求，必须遵循有关的规范与标准。

1. 文献采访工作业务规范

文献采访工作，是根据图书馆的性质、任务、读者需求、经费状况，通过搜寻、选择、采集等方式建立馆藏，并连续不断补充新出版物的过程。文献采访工作是图书馆的基础工作，其水平的高低直接影响图书馆馆藏的数量和质量，影响读者需求的满足程度和图书馆的服务效益。

公共图书馆要满足广大人民群众的娱乐和终生教育的需要，根据所在服务地区群众的需要开展文献采访工作，一般要有比较多的复本，藏书建设要照顾到普通读者的需要，兼顾各个年龄层次和各种文化水平读者的需要。

在采访工作中，应遵循相应的工作规范。中国图书馆学会资源建设与共享专业委员会曾于2006年出台了《图书馆文献采访工作规范（征求意见稿）》，对加强图书馆文献采访工作管理，规范文献采访工作操作，提高文献采访质量，起到了规范作用。内容包括制定采选方针及文献收集标准、编写文献采购经费预算方案、建立文献采访管理制度、采访信息收集、文献选择、文献订单发送、政府采购、文献验收、文献登到、非购入方式采选、采访工作管理等。为了规范文献采访工作者行为，中国图书馆学会资源建设与共享专业委员会还根据我国图书馆文献采访工作实际情况，制定了《图书馆文献采访工作者行为准则（征求意见稿）》，作为行业自律规范。

2. 分类编目工作业务规范

如果说文献采访工作是图书馆工作的"龙头"，是图书馆的"生命线"，那么，分类编目工作无疑是图书馆工作的核心。因为按照一定的分类编目规则组成的目录，是图书馆向读者展示、推荐馆藏的主要途径。图书馆的所有服务都离不开目录。目录还决定服务，包括读者咨询和信息检索的质量。如果没有完善的分类编目规则，要制定高质量的目录几乎是不可能的。

图书馆的文献分类标准，一般根据《中国图书馆分类法》执行。《中国图书馆分类法》（原称《中国图书馆图书分类法》），是新中国成立后编制出版的一部具有代表性的大型综合性分类法，是当今国内图书馆使用最广泛的分类法体系。它是以科学分类和知识分类为基础，并结合文献内容特点及其某些外表特征进行逻辑划分和系统排列的类目表，是类分文献、组织文献分类排架、编制分类检索系统的工具。目前，《中国图书馆分类法》已经出版发行第五版。① 公共图书馆在依据《中国图书馆分类法》类分文献时，一般不宜过专、过深。

中文文献的著录与编目，一般根据《中国文献编目规则》执行。1996年，《中国文献编目规则》首次出版发行，是我国第一部依据国家标准并参考国际主要编目条例，包括各类型中文文献及其编目方法，符合著录国际标准化及标目规范化要求的大型文献编目规则。它对于推动我国文献编目工作标准化，提高文献机构编目工作水平，促进国内外中文书目信息交流发挥着重要作用，已成为编目人员进行中文文献编目的主要依据和必备工具。随着网络资源和电子文献的迅速发展，信息载体对象、信息传播方式、信息组织形式都有较大发展，由此文献编目的理论与方法亦发生变化。2005年，《中国文献编目规则》第二版出版，② 解决了如何在使用机读格式的基础上对新产生的信息资源进行编目、如何适应新的元数据格式对数字资源进行编目等新问题。

西文文献的著录与编目，一般根据《西文文献著录条例》执行。1985年《西文文献著录条例》首次出版发行，主要依据《英美编目规则(AACRII)》及相关的国际标准，并结合我国西文文献编目的实际需要，试图既能满足手工记录的需要，又能照顾到自动化的实际需要。它在规范西文文献著录方面发挥了极其重要的作用，使中国西文文献的著录与国际接轨，为共享西文文献书目数据奠定了基础。随着出版物的发展，编目规则也在不断改进、优化、完善。2003年，《西文文献著录条例》修订扩大版出版发行，③ 基

---

① 国家图书馆《中国图书馆分类法》编辑委员会. 中国图书馆分类法(第五版)[M]. 北京：国家图书馆出版社，2010.
② 国家图书馆《中国文献编目规则》修订组. 中国文献编目规则(第二版)[M]. 北京：北京图书馆出版社，2005.
③ 中国图书馆学会西文文献著录条例修订组. 西文文献著录条例(修订扩大版)[M]. 北京：科学技术文献出版社，2003.

本上可以满足当前从事西文文献著录与编目的需要。

在建立书目数据库和书目数据处理时，应遵循《中国机读目录格式》。①《中国机读目录格式》采用了国际图书馆联合会的 UNIMARC 格式，同时针对中国出版物的一些特殊情况和中国机读编目的实际做了必要的扩充，于 1996 年作为文化行业标准开始实施，在我国图书馆书目数据制作工作中起了重要作用。该标准规定了专著、连续出版物、测绘资料、乐谱、声像等各类资料机读形式书目记录的字段标识符、指示符和子字段代码，以及记载在磁带、软盘、光盘等载体上的书目记录内容标识的逻辑和物理的格式，供中国国家书目机构同其他国家书目机构之间以及中国国内图书馆情报部门之间，以标准的计算机可读形式交换书目信息。

3. 数字图书馆建设业务规范

随着数字资源的日益丰富，数字图书馆建设也开始成为公共图书馆的重要业务。为了更好地推动我国数字图书馆建设，共享数字资源建设与服务成果，2007 年，由文化部牵头，中国图书馆学会召集，组织成立了"全国数字图书馆建设与服务联席会议"（以下简称"联席会议"）。多年来，联席会议定期就目前我国数字图书馆建设中的重要问题进行研讨，并商定以指南形式发布关于数字图书馆建设的重大政策和原则。截至 2011 年，联席会议已经审议通过并公布了《数字图书馆服务政策指南》《数字图书馆资源建设指南》《数字图书馆安全管理指南》《数字图书馆资源建设和服务中的知识产权保护政策指南》等指南性文件。

《数字图书馆服务政策指南》凝聚了当前我国主要的数字图书馆建设单位对数字图书馆服务政策的理念共识和相关经验，从数

---

① 国家图书馆. 新版中国机读目录格式使用手册[M]. 北京：北京图书馆出版社，2004.

字图书馆的服务对象、服务方式、服务策略、服务内容、服务承诺、服务监督与评估等各方面进行了逐一说明。

《数字图书馆资源建设指南》对科学制定资源建设规划时，需考虑的建设原则、建设方式、建设工作内容、建设策略、建设经费、建设管理六个方面进行了逐一说明。

《数字图书馆安全管理指南》对数字图书馆安全主要应关注的要素，如安全政策、过程管理、访问控制、信息资源安全、备份与容灾、环境安全、应急响应与安全公告等内容进行了说明。

《数字图书馆资源建设和服务中的知识产权保护政策指南》旨在处理好公益性服务和商业性运营的关系，知识产权保护和知识传播服务的关系，保护他人知识产权和保护自主知识产权的关系，能够做什么，不能做什么等，都一一做了详细说明。

4. 图书馆服务的规范标准

自2012年5月1日起，《公共图书馆服务规范》作为国家标准开始施行。该标准规定了图书馆服务资源、服务效能、服务宣传、服务监督与反馈等内容。它适用于县（市）级以上公共图书馆，街道、乡镇级公共图书馆以及社区、乡村和社会力量举办的各类公共图书馆基层服务点可参照执行。

《公共图书馆服务规范》率先破解了公共图书馆多年未解决的一些难题，如公共图书馆的基本服务应当免费，图书馆人、财、物的基本配置等，积极探索了创新公共文化服务体制机制的路径与载体，固化了多年来图书馆事业发展的一些成功实践和有效经验，用图书馆行业的服务规范促进图书馆行业的进一步成熟，也为《公共图书馆法》的出台创造了良好的法制氛围。

二、文化馆（站）运营管理规范

文化馆（站）是各级人民政府为保障公民基本文化权益设立的

公益性文化事业机构，是国家公共文化设施的组成部分，是我国特有的公共文化艺术活动场所。其主要职能为社会宣传教育、公益文化服务、文化艺术普及和非物质文化遗产保护等。其主要任务包括组织群众性文化艺术活动、开展文化艺术知识技能培训、组织业余文艺作品创作、辅导基层文化工作骨干和社会文艺团队、指导下一级文化馆开展基层文化工作、对民族民间文化暨非物质文化遗产研究保护、开展群众文化理论研究和对外民间文化交流等。

目前我国文化馆性质的机构称谓不统一。由省、自治区、直辖市、计划单列市（区）、地（州、盟）、市一级政府设立的，一般称为群众艺术馆或艺术馆；由县（自治县）、旗（自治旗）、市辖区一级政府设立的，一般称为文化馆；由乡（镇）人民政府、城市街道办事处设立的，称为乡镇（社区）综合文化站。

（一）文化馆的运营管理规范

早在20世纪50年代，我国就颁发了《文化馆工作条例》，就文化馆的工作范围进行了规定，明确指出收集、整理民间文化为文化馆的工作内容之一。1981年，文化部发布了《文化馆工作试行条例》，取代《文化馆工作条例》，就文化馆的性质、方针、服务对象、工作任务等方面做出了详细的规定。1992年，文化部下发了《群众艺术馆文化馆管理办法》，对文化馆的性质、职能做出了明确的界定，指出文化馆的工作内容应当包括群众文化活动组织、培训队伍建设、艺术创作和辅导，以及民间文化的收集、整理。

伴随着公共文化事业的迅速发展，原有的管理办法已经不能适应当前公共文化服务体系建设的需要。目前，文化部正在制定《文化馆管理办法》。讨论稿中把文化馆的主要职能规范为八大方面：(1)举办各类展览、讲座、培训等，普及科学文化知识，开展社会教育，提高群众文化素质，促进当地精神文明建设；(2)组织开展丰富多彩的、群众喜闻乐见的文化活动；开展流动文化服务；指导群众业余文艺团队建设，辅导和培训群众文艺骨干；(3)组织并指导群众文艺创作，开展群众文化工作理论研究；(4)收集、整理、研究非物质文化遗产，开展非物质文化遗产的普查、展示、宣传活动，指导传承人开展传习活动；(5)建成全国文化信息资源共享工程基层服务点，开展数字文化信息服务；(6)指导下一级文化馆(文化站、社区文化中心)工作，为下一级文化馆(文化站、社区文化中心)培训人员，并向下一级文化馆(文化站、社区文化中心)配送文化资源和文化服务；(7)指导本地区老年文化、老年教育、少儿文化工作；(8)开展对外民间文化交流。在服务规范方面，要求各级文化馆建立完善的内部管理制度，建立、健全服务规范，并根据其功能、特点向公众开放，在醒目位置标明服务内容、开放时间和注意事项。在开放时间方面，要求与当地群众的工作、学习时间适当错开，国家法定节假日和学校寒暑假期间应当适当延长开放时间。文化馆的开放时间每天不得少于8小时。

(二)文化站的运营管理规范

2009年，文化部制定并颁布了《乡镇综合文化站管理办法》。它在1992年颁发的《文化站管理办法》基础上，根据当前公共文化服务体系建设的新形势，对乡镇综合文化站的性质、职能、规划、建设和服务做了详细的规定，并对建立乡镇综合文化站评估制度、人员和经费保障机制提出了明确要求。

与1992年的《文化站管理办法》相比，《乡镇综合文化站管理办法》的显著特点表现在以下几方面：

第一，强调了文化站公益性文化事业的属性。它明确了文化站是"政府设立的公益性文化机构"，其基本职能是"社会服务、指导基层和协助管理农村文化市场"。

第二，突出了文化站的多功能综合性。它明确了文化站的主要职能包括"开展书报刊借阅、时政法制科普教育、文艺演出活动、数字文化信息服务、公共文化资源配送和流动服务、体育健身和青少年校外活动等"。其中,"数字文化信息服务""公共文化资源配送和流动服务"是新的职能要求,即要求文化站建立文化共享工程基层服务点,协助县级文化馆、图书馆等文化单位配送公共文化资源,组织流动文化服务,保证公共文化资源进村入户,是新形势下赋予文化站的新职能。

第三,强化了文化站在公共文化服务体系建设中的重要作用。具体体现在:举办各类展览、讲座,普及科学文化知识,传递经济信息,为群众求知致富,促进当地经济建设服务;根据当地群众的需求和设施、场地条件,组织开展丰富多彩的、群众喜闻乐见的文体活动和广播、电影放映活动;指导村文化室(文化大院、俱乐部等)和农民自办文化组织建设,辅导和培训群众文艺骨干;协助县级文化馆、图书馆等文化单位配送公共文化资源,开展流动文化服务,保证公共文化资源进村入户;在县级图书馆的指导下,开办图书室,开展群众读书读报活动,为当地群众提供图书报刊借阅服务;建成文化共享工程基层服务点,开展数字文化信息服务等。

第四,强化了政府部门在公共文化服务体系建设中的责任。在管理方面,《乡镇综合文化站管理办法》规定乡镇人民政府负责文化站日常工作的管理,县级文化行政部门负责对文化站进行监督和检查,县文化馆、图书馆等相关文化单位负责对文化站开展对口业务指导和辅导;文化站建设情况纳入创建全国和地区性文化先进单位的考核指标体系。在经费方面,它规定文化站的建设、维修、日常运转和业务活动所需经费,应列入县乡人民政府基本建设投资计划和财政预算,不得随意核减或挪用;中央、省、市级财政可对文化站的设施建设和内容建设予以经费补助。

《乡镇综合文化站管理办法》是近年来公共文化建设管理领域出台的重要部门规章之一，对于将乡镇综合文化站的管理纳入科学化、法制化轨道，促进农村精神文明建设，创建公共文化服务体系，将产生重要的作用。

另外，《文化馆服务标准》《乡镇综合文化站服务标准》《街道社区文化中心服务标准》也正在制定或修订过程中。2013年11月，文化部已将《文化馆服务标准（修改稿）》《乡镇综合文化站服务标准（修改稿）》公开征求意见，拟按国家标准审批程序提请国家标准化管理委员会审核批准。

三、博物馆运营管理规范

各级各类的博物馆、纪念馆是我国公共文化服务体系的重要组成部分，对普及广大人民群众科学文化知识、进行爱国主义和革命传统教育有着十分重要的作用。

(一)政策法规演变历程

1979年，国家文物局颁布了《省、市、自治区博物馆工作条例》，把省级博物馆定位为由国家举办的地方性综合性或专门性博物馆，是文物和标本的主要收藏机构、宣传教育机构和科学研究机构。该条例对藏品的征集保管与陈列展示、群众工作与科学研究、组织机构与队伍建设等做了规范和要求。其他馆可以参照执行。

1985年1月，文化部颁发了《革命纪念馆工作试行条例》，这是一个指导革命纪念馆实现管理科学化、工作制度化的法规性文件。该条例明确"各类革命纪念馆是为纪念近、现代革命史上重大事件或杰出人物并依托于有关革命遗址、纪念建筑而建立的纪念性博物馆"，对革命纪念馆的各项业务工作、领导体制、工作人员、经费等做了具体规定。

随着博物馆事业的迅速发展，为了进一步规范博物馆管理工作，促进博物馆事业发展，2005年12月，文化部根据《中华人民共和国文物保护法》《中华人民共和国文物保护法实施条例》《公共文化体育设施条例》《事业单位登记管理暂行条例》《民办非企业单位登记管理暂行条例》等相关法律、法规，制定并颁布了《博物馆管理办法》，2006年1月1日起施行。与以往相比，《博物馆管理办法》有许多新内容和新特点，如规范对象扩大至所有博物馆，既包括国有博物馆，也包括非国有博物馆；鼓励个人、法人和其他组织设立博物馆；鼓励博物馆发展相关文化产业，多渠道筹措资金，促进自身发展；在开放服务上，要求逐步建立减、免费开放制度，特别是对开放时间做了硬性规定，要求国有博物馆全年开放时间不少于10个月，非国有博物馆不少于8个月，并且开放时间应当与公众的工作、学习及休闲时间相协调，法定节假日和学校寒暑假期间应当适当延长开放时间。

关于博物馆的立法，早在1984年，博物馆界曾提出制定《博物馆法》的立法建议，希望以法律保障博物馆的建设和发展。2008年2月29日，国务院法制办公布了《博物馆条例（征求意见稿）》，[①] 广泛征求社会各界意见，以便做进一步修改后报请国务院常务会议审议。国务院法制办规定了征求意见的重点和范围，即我国博物馆目前发展过程中存在的主要问题，立法中如何设置相应的制度、措施予以解决；为进一步促进博物馆事业的发展，发挥博物馆的功能，规范对博物馆的管理，可以采取哪些制度和措施；为便于博物馆功能的发挥和政府对其统一规范管理，征求意见稿将"博物馆"界定为包括博物馆、纪念馆、美术馆、科技馆、陈列馆等向公众开放的非营利性社会服务机构，并规定由文物主

---

① 新华网.《博物馆条例（征求意见稿）》征求意见（全文）[EB/OL]. [2012-02-29]. http://news.xinhuanet.com/legal/2008-02/29/content_7692799.htm.

管部门对博物馆工作实施日常监督和管理。

在地方性立法中,目前仅有北京市于2000年9月公布、2001年1月开始实施的《北京市博物馆条例》。

(二)博物馆藏品管理

博物馆藏品是国家宝贵的科学、文化财富,是博物馆业务活动的物质基础,因此,在运营管理过程中,博物馆有很多业务规范和严格要求,应严格贯彻执行。

关于藏品的管理规范,1986年,国家文物局制定了《博物馆藏品管理办法》,对藏品的接收、鉴定、登账、编目和建档,藏品库房管理,藏品的提用、注销和统计,藏品的保养、修复、复制等都做了具体的要求。

由于藏品具有历史的、或艺术的、或科学的价值,藏品必须区分等级,一般分为珍贵文物和一般文物,珍贵文物又分为一、二、三级。其中,一级藏品必须重点保管。为了减少藏品定级的主观随意性,2001年,文化部颁发的《文物藏品定级标准》制定了一、二、三级文物的定级标准,并就26类藏品的一级文物定级标准进行了详细举例,提供了定级工作指南。

由于近现代实物资料数量繁多,在实际工作中难以准确把握哪些属于有价值的近现代文物,征集范畴、价值判断的随意性较大,在一定程度上影响了近现代文物保护宣传工作的健康发展。鉴于此,国家文物局2003年印发了《近现代文物征集参考范围》《近现代一级文物藏品定级标准(试行)》,对近现代文物的征集范围和重点征集对象,以及准确开展一级文物藏品的定级标准,都做出了明确规范。

为了确保藏品的安全,保证博物馆各项工作的正常开展,除了对建筑设施有相应的安全要求之外,1985年,国家文物局发布了《博物馆安全保卫工作规定》,贯彻"预防为主,确保重点"的方针，明确规定了博物馆的领导职责、保卫组织、防盗、消防、技防等要求，特别是对重点要害部位的安全防范工作。安全防范须按照国家标准《文物系统博物馆风险等级和安全防护级别的规定》执行，落实完善的安全防范系统和相应的安全防范措施。该标准规定了文物系统博物馆及其藏品、藏品部位风险等级的划分、防护级别的确定、安全防范系统技术要求和管理要求。它适用于文物系统博物馆，也适用于考古所、文物管理所、文物商店、各级文物保护单位。非文物系统博物馆可参照使用。

因制作出版物、音像制品以及其他各种需要，需要对博物馆藏品进行拍摄的活动，必须遵循《文物拍摄管理暂行办法》，履行相应的报批手续，获得《文物拍摄许可证》后方可执行。

博物馆若涉及古文化遗址、古墓葬、古建筑、石窟寺、石刻、壁画、近现代重要史迹和代表性建筑等不可移动文物，面向社会开放时，须遵循国家标准《文物保护单位开放服务规范》。该标准是为了贯彻《文物保护法》，适应当前我国旅游产业突飞猛进的发展状况，在有效保护、加强管理的前提下，充分发挥文物保护单位的社会教育作用、历史借鉴作用和科学研究作用，弘扬我国的优秀文化传统和文物价值，传播有益于社会进步的思想道德、历史和先进文化科技知识，解决文物保护与开放的矛盾而制定的。该标准规定了文物保护单位开放服务中所涉及的术语和定义、总则、开放管理机构应具备的基本条件、开放服务、安全等内容，适用于全国各级开放文物保护单位的服务。

四、公共文化服务机构的服务理念与职业道德规范

(一)服务理念

服务理念反映的是从业人员在职业活动中的核心价值观和追求的目标。从国际上看，行业组织以行业自律规范的形式向全社

会发布阐述服务理念、职业伦理的宣言性文件，是普遍的做法。在我国公共文化服务领域，已经建立并向社会公开其服务理念的，目前还只有图书馆界。

2008年，中国图书馆学会发布了《图书馆服务宣言》。该宣言遵循国际图书馆组织的几部重要宣言的基本理念，向社会公众宣示了中国图书馆人对于现代图书馆理念的认同。《图书馆服务宣言》的开篇语中写道："现代图书馆秉承对全社会开放的理念，承担实现和保障公民基本文化权利、缩小社会信息鸿沟的使命"，阐明了现代图书馆所承担的社会功能。《图书馆服务宣言》阐述了"对全社会开放""读者权利""平等服务""人文关怀"等服务原则，是现代图书馆服务核心理念的表述。此外，对图书馆服务的专业性、图书馆资源共享、推进社会阅读、与社会各界合作等有关事业发展的重要问题，也都做了阐述。

(二)职业道德规范

职业道德是所有从业人员在职业活动中应该遵循的行为准则。实践证明，建立统一的职业伦理规范，对维系统一的职业理念，建立行业职业尊严、职业声誉和社会形象，提高公共文化服务机构的社会认知程度，促进文化事业发展，都具有重要作用。目前在我国公共文化服务机构中，已经建立并实施的行业职业道德规范，有图书馆行业的《中国图书馆员职业道德准则(试行)》和文博行业的《中国文物、博物馆工作者职业道德准则》等。

《中国图书馆员职业道德准则》是以《公民道德建设实施纲要》为指导，总结我国图书馆活动的实践经验，为履行图书馆承担的社会职责而制定的行业自律规范，由中国图书馆学会在2002年制定并颁布。《中国图书馆员职业道德准则》结合图书馆员的职业特点，主要从以下几个方面对图书馆员应有的职业道德做了概括和倡导：(1)图书馆的社会责任与图书馆员职业观念的确立——"确立职业观念，履行社会职责"；(2)图书馆员履行社会职责的实现方式：提供最好的图书馆服务——"适应时代需求，勇于开拓创新""真诚服务读者，文明热情便捷"；(3)图书馆服务中的平等原则、守密原则和公德原则——"维护读者权益，保守读者秘密"；(4)图书馆员的知识产权保护观念——"尊重知识产权，促进信息传播"；(5)图书馆员的基本职业纪律——"爱护文献资源，规范职业行为"；(6)图书馆员的专业素养——"努力钻研业务，提高专业素养"；(7)图书馆员个体与集体、与社会的关系——"发扬团队精神，树立职业形象""实践馆际合作，推进资源共享""拓展社会协作，共建社会文明"。

1997年4月，国家文物局发布了《中国文物、博物馆工作人员职业道德准则》，对推进全国文物系统干部职工队伍建设、作风建设和职业道德建设起到了积极的作用。2001年，为了深入贯彻落实《中共中央关于加强和改进党的作风的决定》《公民道德建设实施纲要》精神，国家文物局对《中国文物、博物馆工作者职业道德准则》进行了修订，要求文物、博物馆工作者认真履行保护祖国历史文化遗产的神圣职责，严格遵守国家有关文物保护的法律、法规和方针政策，提高职业道德修养，自重、自省、自警、自励，为繁荣和发展社会主义文物、博物馆事业做出贡献。

五、公共文化服务机构的知识产权保护与限制

公共文化服务机构中的著作权问题有特殊性：一方面，公共文化服务机构作为政府举办的公共机构，需要模范地执行著作权法律、法规，保护作者的合法权益；另一方面，公共文化服务机构又是一个体现著作权保护与限制平衡的主要机构，各著作权法中通过合理使用和法定许可等形式对权利的限制，在公共文化服务机构中都有集中的体现。中共十七届六中全会提出了鼓励国家

投资、资助或拥有版权的文化产品无偿用于公共文化服务的要求。

公共文化服务中有大量的信息、知识方面的传播内容,特别像图书馆等公共文化服务机构,除了提供传统的文献借阅服务之外,还有大量的数字网络信息传递、借阅等新型服务,这就涉及知识产权。因此,公共文化服务机构在提供信息服务时,应遵守《中华人民共和国著作权法》要求。如图书馆、纪念馆、博物馆、美术馆等为陈列或者保存版本的需要,复制本馆收藏的作品时,可以不经著作权人许可,不向其支付报酬,但应当指明作者姓名、作品名称,并且不得侵犯著作权人依法享有的其他权利。

通过信息网络提供信息服务时,还应遵守《信息网络传播权保护条例》的具体规定。如图书馆、纪念馆、博物馆、美术馆等可以不经著作权人许可,通过信息网络向本馆馆舍内服务对象提供本馆收藏的合法出版的数字作品和依法为陈列或者保存版本的需要以数字化形式复制的作品,不向其支付报酬,但不得直接或者间接获得经济利益。

按照《中华人民共和国政府信息公开条例》要求,公共图书馆等公共文化服务机构向公众提供公开的政务信息时,不涉及知识产权问题。

知识产权的保护和限制是一对矛盾。知识产权保护的基本理念,是保护权利与促进传播并重。当前的知识产权保护制度越来越严密,在促进信息知识传播方面已经构筑了越来越多的障碍,在一定程度上妨碍了信息的自由传播。国内外有识之士和相关团体不断呼吁在公益性文化服务方面,知识产权制度应该提供宽松的环境,允许更广的合理使用范围,提供更多的法定许可情形。如国际图书馆协会联合会(以下简称"国际图联")在2000年发布了《国际图联关于在数字环境下版权问题的立场》,认为"著作权法强烈地影响了图书馆的大部分工作,它影响了图书馆能够提供给用户的服务和获取著作权作品的条件，它影响了图书馆履行信息领航员职能的方式，以及采取何种有效的存储和保存活动"。国际图联坚持，"在以公共利益为目的以及诸如教育和研究等合理使用的情况下，允许图书馆和公民可以无偿地获取和使用信息"。2002年，值国际图联成立75周年之际，国际图联公开发布了《关于图书馆和信息服务机构及信息自由的格拉斯哥宣言》，宣告："自由获取和传播信息是人类的基本权利。"中国图书馆学会是由中国各级各类图书馆及相关工作者依法登记成立的全国性、学术性群众团体。作为国际图联、中国科学技术协会的团体会员，它也是参与实施著作权保护的重要力量之一。2005年，中国图书馆学会也公开发布了《关于网络环境下著作权问题的声明》，表达了中国图书馆界在知识产权保护上的原则与立场。

六、公共文化服务机构运营安全管理规范

公共文化服务机构是面向社会免费开放和提供服务的公共场所，人员密集，安全、卫生等责任重大，在运营管理过程中要严格执行安全、卫生、节能等方面的政策法规。

在安全方面，公共文化服务机构应严格按照《中华人民共和国消防法》的要求，排查各种安全隐患，预防火灾和减少火灾危害。公共文化服务机构中的很多重点防火单位设施建筑和设备老化严重，存在着火灾隐患，尤其是博物馆、文物古建筑、美术馆、图书馆、文化馆等场所，一旦发生火灾等事故，后果不堪设想。

文化馆、图书馆、青少年宫、文化共享工程等在提供互联网服务时，应按照《互联网信息服务管理办法》《互联网文化管理暂行规定》等执行。特别是在满足未成年人网络文化需求时，应按照《关于进一步加强网吧及网络游戏管理工作的通知》等，通过安排专业人员、招募志愿者、教师与家长参与等方式建立专、兼职结

合的辅导员队伍，为未成年人提供安全、健康的上网环境。

在举办群众文化活动时，公共文化服务机构应制定并落实安全工作方案，保护公众的生命财产安全，维护社会治安秩序和公共安全。预计参与人数超过 1000 人的大型群众性活动，须按照《大型群众性活动安全管理条例》要求，在活动举办日的 20 日前向有关部门提出安全许可申请，获得批准后方能举办。

在卫生方面，《图书馆、博物馆、美术馆、展览馆卫生标准》规定了图书馆、博物馆、美术馆和展览馆的微小气候、空气质量、噪声、照度等标准值，并对卫生做了要求：配备机械通风装置（馆舍使用面积超过 300 平方米）；馆内采用湿式清扫，及时清除垃圾、污物，保持馆内整洁；馆内禁止吸烟；阅览室内不得进行印刷和复印，保持室内空气清洁等。

公共文化服务机构应当加强节能管理，按照《公共机构节能条例》的要求，采取技术上可行、经济上合理的节能措施，降低能源消耗，减少、制止能源浪费，有效、合理地利用能源，在全社会节能中起到表率作用。

七、重要政策法规选编

（一）乡镇综合文化站管理办法[1]

乡镇综合文化站管理办法

第一章 总则

第一条 为了促进乡镇综合文化站的建设，加强对乡镇综合

---

[1] 文化部社会文化司. 乡镇综合文化站管理办法[EB/OL]. [2009-09-08]. http://59.252.212.6/auto255/201001/t20100125_27409.html.

文化站的管理，充分发挥乡镇综合文化站的作用，根据《公共文化体育设施条例》和国家有关规定，制定本办法。

第二条　本办法中的乡镇综合文化站（以下简称"文化站"），是指由县级或乡镇人民政府设立的公益性文化机构，其基本职能是社会服务、指导基层和协助管理农村文化市场。

第三条　乡镇人民政府负责文化站日常工作的管理，县级文化行政部门负责对文化站进行监督和检查，县文化馆、图书馆等相关文化单位负责对文化站开展对口业务指导和辅导。

第二章　规划和建设

第四条　文化部会同有关部门组织制定全国文化站建设规划和标准，并对其实施情况进行监督检查。

第五条　文化站建设应纳入当地国民经济和社会发展计划，与当地经济社会发展水平相适应，建设规模应符合国家有关规定；应纳入当地城乡建设规划，优先安排用地指标，无偿划拨建设用地。

各级人民政府应对少数民族地区、边远贫困地区的文化站建设予以重点扶持。

第六条　文化站应位于交通便利、人口集中、便于群众参与活动的区域，一般不设在乡镇人民政府办公场所内。

文化站的选址、设计、功能安排等应征得县级文化行政部门的同意。

第七条　文化站基本功能空间应包括：多功能活动厅、书刊阅览室、培训教室、文化信息资源共享工程基层点和管理用房，以及室外活动场地、宣传栏等配套设施。

第八条　文化站应配置开展公共文化服务必需的设备、器材和图书等文化资源，并有计划地予以更新、充实。

文化站设施和设备必须按照国家有关规定办理资产登记及相

关手续，依法管理，确保国有资产安全、完整和有效使用。

第九条 因乡镇建设规划需拆除文化站或者改变其功能、用途的，应依照国家有关法律、法规的规定择地重建。乡镇人民政府在作出决定前，应广泛听取群众的意见，并征得县级文化行政部门同意，报县级人民政府批准。

第三章 职能和服务

第十条 文化站的主要职能是，开展书报刊借阅、时政法制科普教育、文艺演出活动、数字文化信息服务、公共文化资源配送和流动服务、体育健身和青少年校外活动等。

第十一条 文化站通过以下方式履行职能，开展服务：

（一）举办各类展览、讲座，普及科学文化知识，传递经济信息，为群众求知致富，促进当地经济建设服务。

（二）根据当地群众的需求和设施、场地条件，组织开展丰富多彩的、群众喜闻乐见的文体活动和广播、电影放映活动；指导村文化室（文化大院、俱乐部等）和农民自办文化组织建设，辅导和培训群众文艺骨干。

（三）协助县级文化馆、图书馆等文化单位配送公共文化资源，开展流动文化服务，保证公共文化资源进村入户。

（四）在县级图书馆的指导下，开办图书室，开展群众读书读报活动，为当地群众提供图书报刊借阅服务。

（五）建成全国文化信息资源共享工程基层服务点，开展数字文化信息服务。

（六）在县级文化行政部门的指导下，搜集、整理非物质文化遗产，开展非物质文化遗产的普查、展示、宣传活动，指导传承人开展传习活动。

（七）协助县级文化行政部门开展文物的宣传保护工作。

（八）受县级文化行政部门的委托，协助做好农村文化市场管理及监督工作。发现重大问题或事故，依法采取应急措施并及时上报。

第十二条　文化站应完善内部管理制度，建立、健全服务规范，并根据其功能、特点向公众开放，保障其设施用于开展文明、健康的文化体育活动。文化站应在醒目位置标明服务内容、开放时间和注意事项。

第四章　人员和经费

第十三条　文化站应配备专职人员进行管理，编制数额应根据所承担的职能和任务及所服务的乡镇人口规模等因素确定。

第十四条　文化站站长应具有大专以上学历或具备相当于大专以上文化程度，热爱文化事业，善于组织群众开展文化活动，具备开展文化站工作的业务能力和管理水平。文化站站长由乡镇人民政府任命或聘任，事先应征求县级文化行政部门的意见。

第十五条　文化站实行职业资格制度，文化站从业人员须通过文化行政部门或委托的有关部门组织的相应考试、考核，取得职业资格或岗位培训证书。

文化站从业人员可根据本人的学历条件、任职年限、工作业绩和业务水平等申报相应的专业技术资格。

第十六条　文化站实行聘用制和岗位目标管理责任制。在岗人员退休或被调离、辞退后，应及时配备相应人员，确保文化站正常工作不受影响。

第十七条　文化行政部门负责对文化站从业人员进行定期培训。各级文化培训机构、群艺馆、文化馆、图书馆、艺术学校、艺术院团等具体承担人员培训任务。

第十八条　文化站的建设、维修、日常运转和业务活动所需经费，应列入县乡人民政府基本建设投资计划和财政预算，不得随意核减或挪用。中央、省、市级财政可对文化站设施建设和内容建设予以经费补助。

第十九条　鼓励企业、社会团体、个人捐赠或资助文化站。依法向文化站捐赠财产的，捐赠人可按照有关法律规定享受优惠。

第五章　检查和考核

第二十条　文化行政部门负责定期对文化站设施建设、经费投入、工作开展情况等进行检查、考评。文化站建设情况应纳入创建全国和地区性文化先进单位的考核指标体系。

第二十一条　对在农村文化建设中做出突出贡献的文化站和文化站从业人员，由县级以上人民政府或有关部门给予奖励。

第六章　附则

第二十二条　本办法由文化部负责解释。

第二十三条　本办法自2009年10月1日起施行。

(二)公共图书馆服务规范[①]

公共图书馆服务规范

1　范围

本标准规定了图书馆服务资源、服务效能、服务宣传、服务监督与反馈等内容。

本标准适用于县(市)级以上公共图书馆。街道、乡镇级公共图书馆以及社区、乡村和社会力量办的各类公共图书馆基层服务点参照执行。

2　规范性引用文件

下列文件对于本文件的应用是必不可少的。凡是注日期的引

---

① 国家质量监督检验检疫总局，国家标准化管理委员会. 公共图书馆服务规范[M]. 北京：中国标准出版社，2012：1-8.

用文件，仅注日期的版本适用于本文件。凡是不注日期的引用文件，其最新版本（包括所有的修改单）适用于本文件。

GB/T 10001.1 标志用公共信息图形符号 第1部分：通用符号

GB/T 13191 信息与文献 图书馆统计（GB/T 13191—2009，ISO 2789：2006，IDT）

建标108—2008 公共图书馆建设标准

建标[2008]74号 公共图书馆建设用地指标

3 术语和定义

下列术语和定义适用于本文件。

3.1 公共图书馆 public library

由各级人民政府投资兴办、或由社会力量捐资兴办的向社会公众开放的图书馆，是具有文献信息资源收集、整理、存储、传播、研究和服务等功能的公益性公共文化与社会教育设施。

3.2 公共图书馆服务 public library service

公共图书馆通过各类资源和自身专业能力满足公众日益增长的对知识、信息及相关文化活动需求的工作。

3.3 服务资源 service resources

公共图书馆在开展服务过程中所拥有的物力、财力、人力等各种物质要素，主要包含了硬件资源、人力资源、文献资源和经费资源。

3.4 服务效能 service efficiency

公共图书馆投入的各项资源在满足读者和用户需求中体现的能力和效率。

3.5 区域服务人口数 regional service population

各级公共图书馆所在行政区域的常住人口数。

3.6 呈缴本 legal deposit copy

根据有关法律或法令规定，出版单位根据法律规定，免费向法律指定的图书馆所缴存的出版物。

3.7 文献提供 document supply

图书馆或其他文献收藏机构根据读者要求，利用互联网、电子邮件、邮递等方式为本地或异地的读者直接提供所需原本文献和复制文献的服务形式，也可称文献传递。

4 总则

4.1 公共图书馆是公共文化服务体系的重要组成部分。公共图书馆服务规划应体现出公益性、基本性、均等性和便利性。

4.2 公共图书馆服务应体现以人为本的原则，通过就近、便捷、可选择、温馨的服务，不断改进服务质量，统筹兼顾服务资源、服务效能、服务宣传、服务监督与反馈，促进服务的全面协调可持续发展。

4.3 公共图书馆服务对象包括所有公众。应当注重培养少年儿童的阅读习惯，并努力满足残疾人、老年人、进城务工者、农村和偏远地区公众等的特殊需求。

4.4 公共图书馆的服务与管理除执行本标准的有关规定外，还应符合相关的国家标准和规范。

5 服务资源

5.1 硬件资源

5.1.1 馆舍建筑指标

公共图书馆设置布局应遵循普遍均等原则，选址要考虑服务半径、服务人口等因素，并应按建标[2008]74号《公共图书馆建设用地指标》执行。服务人口是指公共图书馆服务范围内的常住人口。

为了保证读者阅览空间和图书馆为读者服务能力，总建筑面积、阅览室用房使用面积的比例、总阅览座位数应按建标108—2008《公共图书馆建设标准》执行。并为残障读者的无障碍服务提供必要的服务设施。

5.1.2 建筑功能总体布局

公共图书馆建筑功能总体布局应遵循以读者服务为中心，与图书馆的管理方式和服务手段相适应，做到分区明确、布局合理、流线通畅、安全节能、朝向和通风良好。

少年儿童阅览区应与成人阅览区分开，宜设置单独的出入口，有条件的可设室外少年儿童活动场地。视障阅览室宜设在图书馆本体建筑与社会公共通道之间的平行层。

5.1.3 电子信息设备

5.1.3.1 计算机

公共图书馆应配备一定数量的计算机专供读者使用。图书馆应配备与经济和技术发展水平相适应的信息技术设备。所需计算机数量见表1。

表1 公共图书馆计算机设备配置及用途指标

等级	计算机总数量（台）	其中：读者使用计算机数量（台）	读者用机中OPAC计算机数量（台）
省级馆	100以上	60以上	12以上
地级馆	60以上	40以上	8以上
县级馆	30以上	20以上	4以上
注1：省级馆包含省（自治区、直辖市）、副省级市（计划单列市）级图书馆；地级馆包含地（市、地区、盟、州）级图书馆；县级馆包含县（市）级图书馆			
注2：OPAC（Online Public Access Catalogue）指在线公共检索目录。			

5.1.3.2 网络与宽带接入

公共图书馆网络与宽带接入，是为读者提供网络信息服务的基础。网络与带宽接入指标见表2。

表2　公共图书馆网络与带宽接入指标

等级	互联网接口	局域网主干	局域网分支
省级馆	≥100兆	≥1000兆	≥100兆
地级馆	≥10兆	≥1000兆	≥100兆
县级馆	≥2兆	≥100兆	≥100兆

5.1.3.3　信息节点

信息节点指在馆内与局域网或互联网连接的计算机网络接口，阅览室的信息点设置应不少于阅览座位的30％，电子阅览室的信息点设置应多于阅览座位数。有条件的可提供互联网无线网络接入服务。

5.2　人力资源

5.2.1　人员要求

公共图书馆工作人员应受过专业训练、具备良好的职业道德，在读者服务工作中应平等对待所有公众，尊重和维护读者隐私。工作人员须挂牌上岗，仪表端庄，使用文明用语，热忱并努力为读者提供准确全面的信息服务。

5.2.2　人员配备

公共图书馆应配备数量适宜的工作人员。具有相关学科背景的专业技术人员应占工作人员的75％以上，少数民族自治地区公共图书馆要配备熟悉少数民族语言文字的专业技术人员。

公共图书馆专业技术人员是指符合下列条件之一并从事相关业务工作的人员：

——具有助理馆员等各类初级及以上专业技术职务任职资格；

——具有图书馆学专业（或图书情报专业）专科或以上学历；

——非图书馆学专业（或图书情报专业）专科或以上学历，须经过省级及以上学会（协会）、图书馆、大学院系举办的图书馆学专业（或图书情报专业）课程培训，培训课时不少于320学时并成绩合格。

5.2.3 人员数量

公共图书馆工作人员数量的确定，应以所在区域服务人口数为依据。每服务人口 10000 人～25000 人应配备 1 名工作人员。各级公共图书馆所需的人员数量的配备，还应兼顾服务时间、馆舍规模、馆藏资源数量、年度读者服务量等因素。

5.2.4 教育培训

公共图书馆应坚持实施针对全体工作人员的教育培训计划。年度工作计划中应提供保障员工接受培训教育的安排。

5.2.5 志愿者队伍

公共图书馆应导入志愿者服务机制，吸引更多图书馆工作人员和社会公众加入志愿者队伍。

5.3 文献资源

5.3.1 馆藏文献

5.3.1.1 文献采集原则

馆藏文献资源建设应遵循以下原则：

——与日益增长的读者需求和本地区经济、文化与社会事业发展相适应；

——与本馆文献资源建设规划、采集方针及服务功能相匹配；

——有利于形成资源体系和特色；

——有利于促进区域文献资源共建共享；

——有利于积淀与丰富历史文献；

——与国家知识产权保护等法律、法规的要求相一致。

5.3.1.2 馆藏文献总量

馆藏文献包括印刷型文献、电子文献、缩微文献等。公共图书馆应在确保印刷型文献入藏的基础上，逐步增加电子文献的品种和数量，并根据当地读者和居住的外籍人员的需求，积极配置相应的外文文献。

馆藏印刷型文献以物理单元数量统计。应采用国家标准 图书馆统计 GB/T 13191 中建议统计的方式计算。省级馆、地级馆、县级馆的入藏总量分别应达到 135 万册、24 万册、4.5 万册以上，省、地、县级馆年新增藏量分别应达每百人 1.7、1、0.6 册以上。

馆藏电子文献包括电子图书、电子报刊、视听资料等，电子文献的统计，应采用国家标准 图书馆统计 GB/T 13191 中建议统计的方式计算。省级馆、地级馆、县级馆的年入藏量分别应达到 9000 种、500 种、100 种以上。

5.3.1.3 少数民族语言文献

少数民族集聚地区的各级公共图书馆应承担该地区少数民族文字文献资料的收藏和服务的职能。

其他地区各级公共图书馆也应收藏与本地少数民族状况相适应的少数民族语言文献。

5.3.2 呈缴本

省级公共图书馆负有依法接受所在省（市）出版机构呈缴出版物和保存地方文献版本的职能。呈缴本征集的品种、数量应达到地方正式出版物的 70% 以上。

5.3.3 政府出版物

公共图书馆应承担当地政府出版物的征集、保存与服务职能，设置政府公开信息查阅点，并做好服务工作。

6 服务效能

6.1 服务能力

6.1.1 服务时间

公共图书馆应有固定的开放时间，双休日应对外开放。其中省级馆每周开放时间不少于 64 小时；地级馆每周开放时间不少于 60 小时；县级馆每周开放时间不少于 56 小时。各级独立建制的少年儿童图书馆每周开放时间不少于 40 小时。

6.1.2 基本服务

公共图书馆的基本服务是保障和满足公众的基本文化需求的服务，包括为读者免费提供多语种、多种载体的文献的借阅服务和一般性的咨询服务，组织各类读者活动以及其他公益性服务。

6.1.3 流动服务

公共图书馆应通过流动站、流动车等形式，将文献外借服务和其他图书馆服务向社区、村镇等延伸，定期开展巡回流动服务。

6.1.4 远程服务

公共图书馆应利用互联网、手机等信息技术手段和载体，开展不受时空限制的网上书目检索、参考咨询、文献提供等远程网络信息服务。

6.1.5 个性化服务

公共图书馆可为个人、企事业机构及政府部门提供多样化的、灵活的、有针对性的服务。

6.1.6 总分馆服务

公共图书馆应在政府主导、多级投入、集中分层管理、资源共享的原则下，建立普遍均等的公共图书馆服务体系，因地制宜地开展形式多样的总分馆服务，形成统一的机构标识，统一的业务规范，建立便捷的通借通还文献分拣传递物流体系，提升同一地区公共图书馆系统的整体形象和服务能力。

6.2 服务效率

6.2.1 文献加工处理时间

公共图书馆需根据不同类型（如印刷型、电子、缩微等）、不同来源（如购买、受赠、交换等）的文献资源特点和服务要求，优化文献加工处理流程，缩短文献加工处理周期，提高文献加工处理效率。

文献加工处理时间以文献到馆至文献上架（或上线）服务的时

间间隔计。其中，报纸到馆当天上架服务，期刊到馆2个工作日内上架服务，省级馆、地级馆及县级馆分别在图书到馆20、15、7个工作日内上架服务。

6.2.2 闭架文献获取时间

闭架文献获取时间以读者递交调阅单到读者获取文献之间的间隔时间计。

闭架文献提供不超过30分钟，外围书库文献提供不超过2个工作日。古籍等特种文献，另按相关规定执行。

6.2.3 开架图书排架正确率

开架图书提倡按中国图书馆分类法分类号顺序排列整齐。省级馆、地级馆及县级馆的开架图书排架正确率分别不低于96%、95%、94%。

6.2.4 馆藏外借量

馆藏外借量以外借文献册数计。

公共图书馆应合理调整外借文献范围、外借文献册数、借期等流通规则，保持馆藏外借量逐年增长。

6.2.5 人均借阅量

公共图书馆应分别根据有效持证读者和服务人口的总数，计算已外借文献量（册）占有效持证读者总数和服务人口总数的比例，以反映流通馆藏对有效持证读者的服务使用情况。

公共图书馆应适时调整外借册数、借期等流通规则，并制定有针对性的服务策略，逐步提高人均借阅量。

6.2.6 电子文献使用量

电子文献使用量由数据库检索量、全文下载量组成。

公共图书馆应积极宣传电子文献，举办电子文献使用辅导讲座，提升读者使用电子文献的信息素养，保持电子文献使用量逐年增长。

6.2.7 文献提供响应时间

文献提供响应时间以收到读者文献请求至回复读者之间的时间计。响应时间不超过 2 个工作日，并告知读者文献获取的具体时间。

6.2.8 参考咨询响应时间

公共图书馆需提供多样化的文献咨询服务方式，有效缩短文献咨询的响应时间。多样化的文献咨询服务方式包括现场、电话、信件、传真、电子邮件、网上实时、短信等。

响应时间是以收到读者咨询提问至回复读者之间的时间计。现场、电话、网上实时咨询需在服务时间内当即回复读者，其他方式的咨询服务的响应时间不超过 2 个工作日。

7 服务宣传

7.1 导引标识

7.1.1 方位区域标识

公共图书馆导引标识系统应使用标准化的文字和图形建立，公共信息标识应采用国家标准 GB/T 10001.1《标识用公共信息图形符号 第 1 部分：通用符号》，根据需求可采用双语或多语言对照。

公共图书馆应在主体建筑外竖立明显的导向标识。

公共图书馆入口处应标明区域划分，如阅览区域、活动区域、办公区域等，以方便读者到达目标区域。

公共图书馆应在每一楼层设立醒目的布局功能标识。

7.1.2 文献排架标识

公共图书馆应在阅览区和书库设置文献排架标识。

7.1.3 无障碍标识

公共图书馆应设置无障碍设施的专用标识。

7.2 服务告示

7.2.1 告示内容和方式

公共图书馆的服务范围、服务内容、服务时间、服务公约、读者须知、借阅(使用)规则、服务承诺等基本服务政策应在馆内醒目位置和图书馆网站的相关栏目向读者公示,其他服务政策及各类服务信息等应通过各种途径方便读者获取。

7.2.2 闭馆告示

因故须暂时闭馆,须提前一周向读者公告。

如遇公共安全、网络安全等突发事件须临时闭馆或关闭部分区域、暂停部分服务的,应及时向读者公告。

7.3 馆藏揭示

公共图书馆应借助计算机管理与书目检索系统,将纸质、电子和缩微等不同载体的馆藏文献目录向公众揭示,提供题名、著者、主题等基本检索途径,方便读者查询。

公共图书馆还应通过网站、宣传资料、专题展览等形式,向公众推介、揭示最新入藏的文献和特色馆藏。

7.4 活动推广

公共图书馆应通过媒体、网站、宣传资料、宣传栏及各种现代化通信手段等形式,邀请、吸引读者的参与和互动。

8 服务监督与反馈

8.1 监督途径和方法

公共图书馆应在馆舍显著位置设立读者意见箱(簿),公开监督电话,开设网上投诉通道,建立馆长接待日制度,组建社会监督员队伍,定期召开读者座谈会。认真对待并正确处理来自读者的意见或投诉,在五个工作日内回复并整改落实。

8.2 读者满意度调查

读者满意度调查表中读者对图书馆满意度的选项为"满意"、"基本满意"和"不满意"三项。读者满意度以参与问卷调查的读者中选择"基本满意"和"满意"的人数占调查总人数的比例计。各级公共图书馆的读者满意度应在85%(含)以上。

公共图书馆每年应进行一次读者满意度调查，可自行或委托相关机构向馆内读者随机发放读者满意度调查表。调查表发放数量，省、地、县级图书馆分别不少于500、300、100份，回收率不低于80%。

公共图书馆应对回收的读者满意度调查表进行分析，针对薄弱环节提出整改意见。调查数据应系统整理，建档保存。

(三)图书馆服务宣言[①]

图书馆服务宣言

(2008年3月21日七届四次理事会审议通过)

图书馆是通向知识之门，它通过系统收集、保存与组织文献信息，实现传播知识、传承文明的社会功能。现代图书馆秉承对全社会开放的理念，承担实现和保障公民文化权利、缩小社会信息鸿沟的使命。中国图书馆人经过不懈的追求与努力，逐步确立了对社会普遍开放、平等服务、以人为本的基本原则。我们的目标是：

1. 图书馆是一个开放的知识与信息中心。图书馆以公益性服务为基本原则，以实现和保障公民基本阅读权利为天职，以读者需求为一切工作的出发点。

2. 图书馆向读者提供平等服务。各级各类图书馆共同构成图书馆体系，保障全体社会成员普遍均等地享有图书馆服务。

3. 图书馆在服务与管理中体现人文关怀。图书馆致力于消除

---

① 中国图书馆学会.图书馆服务宣言[J].中国图书馆学报，2008(6):5.

弱势群体利用图书馆的困难，为全体读者提供人性化、便利化的服务。

4. 图书馆提供优质、高效、专业的服务。图书馆充分利用现代信息技术，提高数字资源提供能力和使用效率，以服务创新应对信息时代的挑战。

5. 图书馆开展信息资源共建共享。各地区、各类型图书馆加强协调与合作，促进全社会信息资源的有效利用。

6. 图书馆努力促进全民阅读。图书馆为公民终身学习提供保障，促进学习型社会的建设。

7. 图书馆与一切关心图书馆事业的组织和个人真诚合作。图书馆欢迎社会各界通过资助、捐赠、媒体宣传、志愿者活动等各种方式参与图书馆建设。

(四)中华人民共和国著作权法[①](节选)

中华人民共和国著作权法

(1990年9月7日第七届全国人民代表大会常务委员会第十五次会议通过根据2001年10月27日第九届全国人民代表大会常务委员会第二十四次会议《关于修改〈中华人民共和国著作权法〉的决定》第一次修正

根据2010年2月26日第十一届全国人民代表大会常务委员会第十三次会议《关于修改〈中华人民共和国著作权法〉的决定》第二次修正)

---

① 中华人民共和国中央人民政府网. 中华人民共和国著作权法[EB/OL]. [2010-02-26]. http://www.gov.cn/zhengce/2010-02/26/content_2602241.htm.

第四节 权利的限制

第二十二条 在下列情况下使用作品，可以不经著作权人许可，不向其支付报酬，但应当指明作者姓名、作品名称，并且不得侵犯著作权人依照本法享有的其他权利：

（一）为个人学习、研究或者欣赏，使用他人已经发表的作品；

（二）为介绍、评论某一作品或者说明某一问题，在作品中适当引用他人已经发表的作品；

（三）为报道时事新闻，在报纸、期刊、广播电台、电视台等媒体中不可避免地再现或者引用已经发表的作品；

（四）报纸、期刊、广播电台、电视台等媒体刊登或者播放其他报纸、期刊、广播电台、电视台等媒体已经发表的关于政治、经济、宗教问题的时事性文章，但作者声明不许刊登、播放的除外；

（五）报纸、期刊、广播电台、电视台等媒体刊登或者播放在公众集会上发表的讲话，但作者声明不许刊登、播放的除外；

（六）为学校课堂教学或者科学研究，翻译或者少量复制已经发表的作品，供教学或者科研人员使用，但不得出版发行；

（七）国家机关为执行公务在合理范围内使用已经发表的作品；

（八）图书馆、档案馆、纪念馆、博物馆、美术馆等为陈列或者保存版本的需要，复制本馆收藏的作品；

（九）免费表演已经发表的作品，该表演未向公众收取费用，也未向表演者支付报酬；

（十）对设置或者陈列在室外公共场所的艺术作品进行临摹、绘画、摄影、录像；

（十一）将中国公民、法人或者其他组织已经发表的以汉语言文字创作的作品翻译成少数民族语言文字作品在国内出版发行；

（十二）将已经发表的作品改成盲文出版。

前款规定适用于对出版者、表演者、录音录像制作者、广播电台、电视台的权利的限制。

(五)信息网络传播权保护条例[①](节选)

信息网络传播权保护条例

(2006年5月18日中华人民共和国国务院令第468号公布
根据2013年1月30日《国务院关于修改〈信息网络传播权保护条例〉的决定》修订)

第六条 通过信息网络提供他人作品,属于下列情形的,可以不经著作权人许可,不向其支付报酬:

(一)为介绍、评论某一作品或者说明某一问题,在向公众提供的作品中适当引用已经发表的作品;

(二)为报道时事新闻,在向公众提供的作品中不可避免地再现或者引用已经发表的作品;

(三)为学校课堂教学或者科学研究,向少数教学、科研人员提供少量已经发表的作品;

(四)国家机关为执行公务,在合理范围内向公众提供已经发表的作品;

(五)将中国公民、法人或者其他组织已经发表的、以汉语言文字创作的作品翻译成的少数民族语言文字作品,向中国境内少数民族提供;

(六)不以营利为目的,以盲人能够感知的独特方式向盲人提供已经发表的文字作品;

---

① 国务院.信息网络传播权保护条例[EB/OL].[2013-01-30]. http://www.gov.cn/zwgk/2013-02/08/content_2330133.htm.

（七）向公众提供在信息网络上已经发表的关于政治、经济问题的时事性文章；

（八）向公众提供在公众集会上发表的讲话。

第七条　图书馆、档案馆、纪念馆、博物馆、美术馆等可以不经著作权人许可，通过信息网络向本馆馆舍内服务对象提供本馆收藏的合法出版的数字作品和依法为陈列或者保存版本的需要以数字化形式复制的作品，不向其支付报酬，但不得直接或者间接获得经济利益。当事人另有约定的除外。

前款规定的为陈列或者保存版本需要以数字化形式复制的作品，应当是已经损毁或者濒临损毁、丢失或者失窃，或者其存储格式已经过时，并且在市场上无法购买或者只能以明显高于标定的价格购买的作品。

第八条　为通过信息网络实施九年制义务教育或者国家教育规划，可以不经著作权人许可，使用其已经发表作品的片断或者短小的文字作品、音乐作品或者单幅的美术作品、摄影作品制作课件，由制作课件或者依法取得课件的远程教育机构通过信息网络向注册学生提供，但应当向著作权人支付报酬。

第九条　为扶助贫困，通过信息网络向农村地区的公众免费提供中国公民、法人或者其他组织已经发表的种植养殖、防病治病、防灾减灾等与扶助贫困有关的作品和适应基本文化需求的作品，网络服务提供者应当在提供前公告拟提供的作品及其作者、拟支付报酬的标准。自公告之日起30日内，著作权人不同意提供的，网络服务提供者不得提供其作品；自公告之日起满30日，著作权人没有异议的，网络服务提供者可以提供其作品，并按照公告的标准向著作权人支付报酬。网络服务提供者提供著作权人的作品后，著作权人不同意提供的，网络服务提供者应当立即删除著作权人的作品，并按照公告的标准向著作权人支付提供作品期间的报酬。

依照前款规定提供作品的，不得直接或者间接获得经济利益。

第十条　依照本条例规定不经著作权人许可、通过信息网络向公众提供其作品的，还应当遵守下列规定：

（一）除本条例第六条第一项至第六项、第七条规定的情形外，不得提供作者事先声明不许提供的作品；

（二）指明作品的名称和作者的姓名（名称）；

（三）依照本条例规定支付报酬；

（四）采取技术措施，防止本条例第七条、第八条、第九条规定的服务对象以外的其他人获得著作权人的作品，并防止本条例第七条规定的服务对象的复制行为对著作权人利益造成实质性损害；

（五）不得侵犯著作权人依法享有的其他权利。

第十一条　通过信息网络提供他人表演、录音录像制品的，应当遵守本条例第六条至第十条的规定。

第十二条　属于下列情形的，可以避开技术措施，但不得向他人提供避开技术措施的技术、装置或者部件，不得侵犯权利人依法享有的其他权利：

（一）为学校课堂教学或者科学研究，通过信息网络向少数教学、科研人员提供已经发表的作品、表演、录音录像制品，而该作品、表演、录音录像制品只能通过信息网络获取；

（二）不以营利为目的，通过信息网络以盲人能够感知的独特方式向盲人提供已经发表的文字作品，而该作品只能通过信息网络获取；

（三）国家机关依照行政、司法程序执行公务；

（四）在信息网络上对计算机及其系统或者网络的安全性能进行测试。

……

第十八条　违反本条例规定，有下列侵权行为之一的，根据情况承担停止侵害、消除影响、赔礼道歉、赔偿损失等民事责任；同时损害公共利益的，可以由著作权行政管理部门责令停止侵权行为，没收违法所得，非法经营额 5 万元以上的，可处非法经营额 1 倍以上 5 倍以下的罚款；没有非法经营额或者非法经营额 5 万元以下的，根据情节轻重，可处 25 万元以下的罚款；情节严重的，著作权行政管理部门可以没收主要用于提供网络服务的计算机等设备；构成犯罪的，依法追究刑事责任：

（一）通过信息网络擅自向公众提供他人的作品、表演、录音录像制品的；

（二）故意避开或者破坏技术措施的；

（三）故意删除或者改变通过信息网络向公众提供的作品、表演、录音录像制品的权利管理电子信息，或者通过信息网络向公众提供明知或者应知未经权利人许可而被删除或者改变权利管理电子信息的作品、表演、录音录像制品的；

（四）为扶助贫困通过信息网络向农村地区提供作品、表演、录音录像制品超过规定范围，或者未按照公告的标准支付报酬，或者在权利人不同意提供其作品、表演、录音录像制品后未立即删除的；

（五）通过信息网络提供他人的作品、表演、录音录像制品，未指明作品、表演、录音录像制品的名称或者作者、表演者、录音录像制作者的姓名（名称），或者未支付报酬，或者未依照本条例规定采取技术措施防止服务对象以外的其他人获得他人的作品、表演、录音录像制品，或者未防止服务对象的复制行为对权利人利益造成实质性损害的。

第十九条　违反本条例规定，有下列行为之一的，由著作权行政管理部门予以警告，没收违法所得，没收主要用于避开、破坏技术措施的装置或者部件；情节严重的，可以没收主要用于提供网络服务的计算机等设备；非法经营额5万元以上的，可处非法经营额1倍以上5倍以下的罚款；没有非法经营额或者非法经营额5万元以下的，根据情节轻重，可处25万元以下的罚款；构成犯罪的，依法追究刑事责任：

（一）故意制造、进口或者向他人提供主要用于避开、破坏技术措施的装置或者部件，或者故意为他人避开或者破坏技术措施提供技术服务的；

（二）通过信息网络提供他人的作品、表演、录音录像制品，获得经济利益的；

（三）为扶助贫困通过信息网络向农村地区提供作品、表演、录音录像制品，未在提供前公告作品、表演、录音录像制品的名称和作者、表演者、录音录像制作者的姓名（名称）以及报酬标准的。

（六）中华人民共和国政府信息公开条例[①]（节选）

中华人民共和国政府信息公开条例

第十六条 各级人民政府应当在国家档案馆、公共图书馆设置政府信息查阅场所，并配备相应的设施、设备，为公民、法人或者其他组织获取政府信息提供便利。

行政机关可以根据需要设立公共查阅室、资料索取点、信息公告栏、电子信息屏等场所、设施，公开政府信息。

行政机关应当及时向国家档案馆、公共图书馆提供主动公开

[①] 国务院. 中华人民共和国政府信息公开条例［EB/OL］.［2007-04-24］. http://www.gov.cn/zwgk/2007-04/24/content_592937.htm.

的政府信息。

第十七条　行政机关制作的政府信息，由制作该政府信息的行政机关负责公开；行政机关从公民、法人或者其他组织获取的政府信息，由保存该政府信息的行政机关负责公开。法律、法规对政府信息公开的权限另有规定的，从其规定。

第十八条　属于主动公开范围的政府信息，应当自该政府信息形成或者变更之日起20个工作日内予以公开。法律、法规对政府信息公开的期限另有规定的，从其规定。

第十九条　行政机关应当编制、公布政府信息公开指南和政府信息公开目录，并及时更新。

政府信息公开指南，应当包括政府信息的分类、编排体系、获取方式，政府信息公开工作机构的名称、办公地址、办公时间、联系电话、传真号码、电子邮箱等内容。

政府信息公开目录，应当包括政府信息的索引、名称、内容概述、生成日期等内容。

【本章小结】

本章介绍与公共图书馆、文化馆、博物馆等公共文化服务机构运营管理相关的政策法规的发展历程和主要的业务规范标准。目前，公共图书馆运营管理的业务规范标准相对齐全，文化馆、博物馆正在迎头赶上。近几年出台的《公共图书馆服务规范》《乡镇综合文化站管理办法》等，体现了现代公共文化服务理念和时代发展的新需求、新特点。本章还介绍了我国图书馆、博物馆从业人员的职业道德守则，以及公共文化服务机构运营过程中的知识产权保护法规和安全、卫生、节约等方面的管理规范。

【思考题】

1. 《公共图书馆服务规范》出台的意义和作用。
2. 《图书馆服务宣言》所体现的现代图书馆服务理念。
3. 数字图书馆建设的主要业务规范。
4. 《乡镇综合文化站管理办法》的新特点。
5. 公共文化服务机构知识产权保护的原则与立场。

第七章 公共文化服务机构的评估定级

【目标与任务】

正确认识公共文化服务机构开展评估定级的目的，了解和掌握公共图书馆、文化馆、博物馆、美术馆等公共文化服务机构评估定级标准的主要内容、核心指标及最新变化。

一、公共文化服务机构开展评估定级的目的

公共文化服务机构的评估定级工作，是对公共文化服务机构工作条件和工作质量的全面评价，通过评估可以有效推进公共文化服务的规范化、标准化，可以找出公共文化服务机构及当地公共文化事业的薄弱环节，做有针对性的改进，进一步提升公共文化事业的发展水平。

我国公共文化服务机构的评估定级工作，最早是从20世纪90年代初公共图书馆评估定级开始的，此后逐步延伸到文化馆、博物馆、美术馆等其他公共文化服务机构。在公共文化服务机构评估定级过程中，评估标准是评价工作的标尺与准则。一般来说，每次评估定级事先都要认真研究、科学制定评估标准。标准既要考虑公共文化事业发展的现实状况，又要引领今后的发展方向；既要有连续性，又要有新的充实和调整。评估标准的指标项增减，指标分值的升降，评估方法与手段的改变等，都具有明确的导向作用。

根据中共十七届六中全会和十八届三中全会精神，未来公共文化服务机构评估将建立和完善两大评价机制：一是以需求为导

向，建立公共文化服务机构群众评价和反馈机制；二是以效能为导向，完善公共文化服务机构绩效考核机制。公共文化服务机构的评价方式、评价手段要逐步走向多元化与科学化。

二、公共图书馆评估定级

1994年以来，文化部对我国县以上公共图书馆进行了五次评估定级，分别在1994年、1998年、2004年、2009年和2013年完成。评估定级工作对推动全国公共图书馆事业发展产生了积极作用，全国公共图书馆的基础设施、业务建设和服务水平得以明显改进。从五次评估定级的结果来看，上等级的图书馆数量越来越多，从1994年的1144家，上升到2013年的2230家，上等级图书馆已经占到图书馆总数的70%以上；特别是一级图书馆的数量，从1994年的68家上升到2013年的859家，见表7-1。

表7-1 历次评估上等级公共图书馆的数量 （单位：个）

评估时间(年)	一级图书馆数量	二级图书馆数量	三级图书馆数量	合计
1994	68	451	625	1144
1998	215	581	755	1551
2004	344	412	684	1440
2009	480	410	894	1784
2013	859	640	731	2230

公共图书馆评估标准覆盖公共图书馆服务条件和服务能力的各个方面。以第五次公共图书馆评估标准为例，评估内容共分为七大块：一是设施与设备；二是经费与人员；三是文献资源；四是服务工作；五是协作协调；六是管理与表彰；七是重点文化工程。省、市、县不同级别的公共图书馆，指标项目和指标权重各

有侧重。指标项目包括定性和定量两类指标,其中,定量指标又根据实际需要分别设计了绝对值指标和相对值指标。① 公共图书馆一、二级定级标准设定了若干项必备条件。其中,省级图书馆的一、二级定级必备条件为8项,包括:馆舍建筑面积;财政拨款总额;图书年入藏数量;免费开放得分;书刊文献年外借册次;现代化技术条件、数字资源服务两项得分;重点文化工程得分;读者满意率。市级、县级图书馆除了现代化技术条件、数字资源服务两项得分不计入之外,其余项目与省级相同。不同级别图书馆定的指标值下限略有差异。

从最近两次公共图书馆评估标准指标体系的设置和比重来看,图书馆评估定级呈现出五个特色:一是加大了对政府支持公共图书馆建设力度的考察,财政投入、政府参与的考核指标占较大比重;二是引导图书馆基础业务向高质量、规范化、标准化方向发展,以科学规范提升服务能力;三是将评估的重心从基础业务转向读者服务工作,并对免费开放服务项目和质量提出更高要求;四是重视重大文化惠民工程的建设和可持续发展;五是强调公共图书馆服务体系建设,推进普遍均等服务。

三、文化馆(站)评估定级

(一)文化馆评估定级

文化部对文化馆(群艺馆)的评估定级工作已进行了三次。从2001年开始的第一次评估到2006年的第二次评估,再到2011年的第三次评估,历时10年。这10年,正是我国深化文化体制改革、加快建设公共文化服务体系、实施"免费开放"政策的关键时

---

① 李丹,等. 新起点新视野新任务——第五次全国公共图书馆(成人馆部分)评估定级标准解读[J]. 中国图书馆学报,2013(2):4-17.

期，评估定级对文化馆的发展具有重要的促进和指导作用。

　　2001年第一次文化馆评估结果，全国有889家文化馆达到等级标准，其中209家文化馆被评为"一级馆"；2006年第二次文化馆评估结果，全国有1126家文化馆达到等级标准，其中383家文化馆被评为"一级馆"；2011年第三次文化馆评估结果，全国有2028家文化馆达到等级标准，其中740家文化馆被评为"一级馆"。可见，经过近些年的建设，上等级的文化馆越来越多，高等级的文化馆也越来越多，反映出全国各地文化馆建设取得了较好的成就。

　　文化馆的评估标准也随着时代发展而不断变化。以2011年第三次文化馆评估定级标准为例，一是将"免费开放"列入评估项目，把"初步实现免费开馆，馆内常设免费服务项目"作为评估定级的必备条件。二是将"数字化服务"列入正式评估项目。网站建设、网站原创信息更新量、宽带接入、数字资源建设、数字化服务项目、数字化服务设备、数字化加工设备等，都成为评估项目。三是充分体现软、硬件建设并重的原则。馆舍、设备、经费是硬件保障，理论研究、制度建设、人才建设、服务创新是软件保障，二者并重。其中，馆舍建设也实现了理念上的重要转变——从按行政级别确定建设规模转变为依据服务人口确定建设规模，并设定了群众文化活动用房使用面积达到总使用面积的65%的标准。特别重视文化馆人才队伍建设，把队伍建设项目列为必备条件，要求业务人员不低于全馆人员总数的60%，给出了从业人员在职培训的具体指标，在馆办活动中补充了"课题研究""群众文艺创作和群众文艺作品推广"两个项目，"提高指标"部分补充了"文化馆服务创新项目"等。

(二)乡镇综合文化站评估定级

2013年4月,文化部布置第一次全国乡镇综合文化站评估定级工作,以后将每4年开展一次,旨在加强基层公共文化服务体系建设,促进乡镇综合文化站规范化建设和管理,提高乡镇综合文化站的服务效能。

文化站评估定级工作实行"统一要求,分省实施"的原则,即由文化部制定《全国乡镇综合文化站评估定级标准指导纲要》,统一规定评估定级的主要内容、基本项目、基本要求和最低指标;各省(区、市)文化厅(局)根据文化部的指导纲要,结合本地区实际,制定具体的评估定级标准,负责开展评估定级工作。

文化部出台的《全国乡镇综合文化站评估定级标准指导纲要》,是根据近年来中央政府关于基层文化建设的相关要求,总结全国乡镇综合文化站建设管理实践经验,在2012年部分省(区、市)开展评估定级试点的基础上制定的,由"上等级必备条件""评估定级参考标准"两大部分组成。上等级必备条件包括馆舍建筑面积、文化共享工程服务室与公共电子阅览室、免费开放和业务经费拨款、文化活动、专职工作人员、安全责任6个项目;评估定级参考标准包括办站条件、队伍建设、公共服务、领导管理及提高指标五大部分。其中,有关提供公共文化服务方面的指标最重要,占了41%的比重,包括举办的各类活动、文化艺术指导与辅导、图书借阅、数字化服务、非物质文化遗产保护、文物保护宣传和文化市场监督等内容,引导乡镇综合文化站把主要精力放在健全服务内容、提高服务质量上。

四、博物馆评估定级

国家文物局自2008年起实施博物馆评估定级工作,每3年一次。2008年5月18日"国际博物馆日"当天,国家文物局公布了首批83家国家一级博物馆名单。2008年下半年,国家文物局启动了二、三级博物馆评估定级工作，并于 2009 年 5 月正式确定了 171 家国家二级博物馆、288 家国家三级博物馆。2010 年开始对国家一级博物馆进行运行评估工作。2012 年开始了第二批一、二、三级博物馆的评估定级工作。

博物馆评估目的旨在评估博物馆提供公共文化产品、发挥公共文化传播功能的能力和实绩，科学考评博物馆的藏品保护、科学研究，特别是展示水平和服务质量，引导博物馆加强自身建设，提高社会贡献率，同时便于社会关注与监督。博物馆评估的主要依据是国家文物局颁布的《全国博物馆评估办法》《博物馆评估暂行标准》。博物馆评估标准包括定性评估和定量评估。定性评估是对博物馆藏品收集效果、科研成果的价值、陈列展览质量、社会教育效果、公共关系和服务质量、人员队伍的素质和博物馆管理水平的综合判断；定量评估是对一级博物馆的藏品搜集和科研成果、临时展览、教育项目以及人才培养等可以量化的指标进行统计的数据核查。

五、美术馆评估定级

美术馆评估定级旨在进一步加强和规范全国美术馆行业管理和分类指导，充分发挥美术馆的公益文化服务作用，推动美术馆标准化、规范化建设，全面提高美术馆的建设管理水平和服务质量，繁荣文化艺术事业，满足人民群众文化生活需求。文化部于 2008 年 11 月发布了《全国重点美术馆评估办法》《全国重点美术馆评估标准（暂行）》《全国重点美术馆评估标准评分细则表（暂行）》，2010 年开展了首次全国重点美术馆评估工作。美术馆评估标准涵盖了美术馆的综合管理、建筑与环境、藏品资源、展览与社会影响、公共教育和公共文化服务等诸多方面，对"基础设施""管理和服务"设定了许多量化评价标准，从而使美术馆的展览、收藏、教育形成了基本的规范和标准。

六、重要政策法规选编

(一)省、市、县级图书馆定级必备条件[①]

省、市、县级图书馆定级必备条件

一级图书馆

省级

1. 馆舍建筑面积不低于3万平方米；
   计划单列市、副省级城市图书馆不低于2万平方米；
2. 财政拨款总额不低于2000万元；
   计划单列市、副省级城市图书馆不低于1600万元；
3. 图书年入藏数量不低于30000种；
   计划单列市、副省级城市图书馆不低于20000种；
4. 免费开放得分为满分；
5. 书刊文献年外借册次不低于50万册；
   计划单列市、副省级城市图书馆不低于35万册；
6. 现代化技术条件、数字资源服务两项得分不低于95分；
   计划单列市、副省级城市图书馆不少于85分；
7. 重点文化工程得分不低于130分；
8. 读者满意率不低于16分。

市级

1. 馆舍建筑面积不低于8000平方米；
   直辖市的区图书馆不低于6000平方米；

---

① 文化部公共文化司.文化部办公厅关于开展县以上公共图书馆第五次评估定级工作的通知(附件7：省、市、县级图书馆等级必备条件)[EB/OL].[2012-12-28]. http://59.252.212.6/auto255/201212/t20121221_29410.html.

2. 财政拨款总额不低于450万元；

3. 图书年入藏数量不低于5000种；

4. 免费开放得分为满分；

5. 书刊文献年外借册次不低于20万册；

6. 重点文化工程得分不低于120分；

7. 读者满意率不低于16分。

县级

1. 馆舍建筑面积不低于2000平方米；

   城市的区图书馆不低于1500平方米；

2. 财政拨款总额不低于90万元；

3. 图书年入藏数量不低于2000种；

4. 免费开放得分为满分；

5. 书刊文献年外借册次不低于6万册；

6. 重点文化工程得分不低于70分；

7. 读者满意率不低于24分。

二级图书馆

省级

1. 馆舍建筑面积不低于2.5万平方米；

   计划单列市、副省级城市图书馆不低于1.5万平方米；

2. 财政拨款总额不低于1600万元；

   计划单列市、副省级城市图书馆不低于1200万元；

3. 图书年入藏数量不低于20000种；

   计划单列市、副省级城市图书馆不低于15000种；

4. 免费开放得分为满分；

5. 书刊文献年外借册次不低于35万册；

   计划单列市、副省级城市图书馆不低于10万册；

6. 现代化技术条件、数字资源服务两项得分不低于 85 分；
计划单列市、副省级城市图书馆不少于 70 分；
7. 重点文化工程得分不低于 110 分；
8. 读者满意率不低于 14 分。

市级

1. 馆舍建筑面积不低于 6000 平方米；
直辖市的区图书馆不低于 4000 平方米；
2. 财政拨款总额不低于 300 万元；
3. 图书年入藏数量不低于 4000 种；
4. 免费开放得分为满分；
5. 书刊文献年外借册次不低于 15 万册；
6. 重点文化工程得分不低于 100 分；
7. 读者满意率不低于 14 分。

县级

1. 馆舍建筑面积不低于 1500 平方米；
城市的区图书馆不低于 1000 平方米；
2. 财政拨款总额不低于 70 万元；
3. 图书年入藏数量不低于 1 500 种；
4. 免费开放得分为满分；
5. 书刊文献年外借册次不低于 4 万册；
6. 重点文化工程得分不低于 60 分；
7. 读者满意率不低于 21 分。

三级图书馆

将根据图书馆评估结果确定三级图书馆分数线。

（二）县级文化馆等级必备条件和评估标准[①]（节选）

县级文化馆等级必备条件和评估标准

一、等级必备条件

标号	项目	标准	等级	说明	评估细则
1	馆舍建筑面积（平方米）	2500	1		
		2000	2		
		1500	3		
2	财政拨款总数不低于全县（市、区）人均（元）	1.00	1	服务人口≤60万。	此项要求政府财政经费拨款必须达到相应的标准。人口：指2009年常住人口数（含户籍人口和居住半年以上的暂住人口）。财政拨款：2010年财务报表中财政拨款和上级补助收入之和。
		0.80	2		
		0.60	3		
		0.90	1	服务人口在60万—80万（最低拨款总数不得低于上档60万人口总数的下限）。	
		0.70	2		
		0.50	3		
		0.80	1	服务人口＞80万（最低拨款总数不得低于上档80万人口总数的下限）。	
		0.60	2		
		0.30	3		

---

① 文化部社会文化司．文化部办公厅关于开展全国第三次文化馆评估定级工作的通知（附件4：县级文化馆等级必备条件评估标准评估细则）[EB/OL]．[2011-01-19]．http://59.252.212.6/auto255/201101/t20110121_20747.html．

续表

标号	项目	标准	等级	说明	评估细则
3	实现免费开馆，馆内常设免费服务项目（项）	5	1	指利用馆舍和室外活动场地开展的每周都有活动（或全年达40次以上的季节性专项活动）并予以公示的免费服务项目。"项"是指免费的演出、电影、视听、展览、阅览、培训、讲座、游艺、体育以及免费为群众业余文艺团队提供活动场地、免费发放资料、设置读报栏等不同类别的服务项目，以及在不同地点同时开放的同一类项目。	按说明中的项目计算。
3	实现免费开馆，馆内常设免费服务项目（项）	4	2		
3	实现免费开馆，馆内常设免费服务项目（项）	3	3		
4	馆内常设免费服务项目活动时间（小时/天）	5	1		以全年正常开馆日计算。含馆辖室外活动场地举办的免费活动。不含收费项目的活动时间。
4	馆内常设免费服务项目活动时间（小时/天）	4	2		
4	馆内常设免费服务项目活动时间（小时/天）	3	3		

续表

标号	项目	标准	等级	说明	评估细则
5	举办文化站人员培训班(期);文化站业务干部培训率不低于25%	3	1	以乡(镇)文化站和社区(村)文化干部为重点开展培训,文化站(室)人员每四年轮训一遍,考核年度的培训率不低于25%。	以期(班)次为计算单位,每期人数不低于20人,每期不低于16学时。
		2	2		
		1	3		
6	馆内必备的专用设备总值(万元)	60	1	根据文化馆功能需求必备的专用设备,如:流动演出、展览设备和教育培训、数字化加工和服务设备等,不包括建筑设备。	以2010年度财务账目所认定的数据或其它可以提供的可供查阅的档案资料为依据。
		45	2		
		35	3		
7	业务人员不低于全馆人员总数的65%,且本科以上学历人数占业务人员总数(%)	30	1		以"业务人员占全馆人员总数的65%"为基本条件,达到此标准的。再参照表内指标进行评定。业务人员指具体从事群众文化业务工作的人员。
		25	2		
		20	3		

续表

标号	项目	标准	等级	说明	评估细则
8	执行党的方针政策，无违法违纪情况发生				文化馆应认真贯彻执行党的方针政策，遵守国家法律、法规。2007年以来，本馆因违法违纪行为，受到通报批评以上处罚；馆领导班子主要成员因违法违纪行为，受过党纪政纪处分或追究刑事责任，均取消定级资格。

注：8项条件中，高、中、低三项指标分别为一、二、三级馆必备条件。

8项条件均达到相关等级标准的，方具备该等级馆的评定资格。

(三)全国乡镇综合文化站评估定级参考标准①

全国乡镇综合文化站评估定级参考标准

本标准分为五个部分，共1000分。其中：

一、办站条件：350分

---

① 文化部办公厅.文化部办公厅关于开展第一次全国乡镇综合文化站评估定级工作的通知(附件：全国乡镇综合文化站评估定级标准指导纲要)[EB/OL].[2013-04-01]. http://59.252.212.6/auto255/201304/t20130422_29770.html.

二、队伍建设：100分

三、公共服务：410分

四、领导管理：100分

五、提高指标：40分

标号	指标	起点指标			分值	说明
		西部	中部	东部		
1	办站条件				350	
11	设施建设				190	
111	站舍建筑面积（平方米）	300↑	400↑	500↑	40—100	影剧院、出租房屋不计入站舍面积；出租房屋超过总建筑面积1/5的扣5分。加分指标：最多加分不超过15分。
112	室外活动场地面积（平方米）		500↑		10—20	
113	设有多功能厅、辅导培训、图书阅览和电子阅览室（共享工程活动室）（个）		4↑		10—30	每个活动室不得少于30平方米。
114	设有宣传橱窗、板报栏、文化走廊（平方米）		15↑		10—20	
115	站容站貌（含地理位置、建筑设计、环境卫生、绿化美化、文化氛围等）		优 良 合格		8—20	建在乡镇政府办公用房内的不得分。

续表

标号	指标	起点指标 西部	起点指标 中部	起点指标 东部	分值	说明
12	器材设备				100	
121	演出、阅览、培训、展览、体育健身五类设备齐全	齐备	基本齐备		20—40	以20为基本分，缺少一类设备减5分。
122	信息网络传输设备（台）		达标	基本齐备	10—20	达标是指达到文化部公共电子阅览室设备配备标准。
123	站办图书馆（室）藏书（千册）；订阅报刊（种）	2千册 4种↑	3千册 6种	5千册 8种	10—20	每种书复本超过5本按5本计算，加分指标：最高加分不超过10分。
124	年新增设备（万元）	0.5↑	1	2	5—20	以最近3年平均数为准。
13	年度经费				60	
131	年度业务经费拨款（万元）	1↑	2↑	3↑	10—30	"免费开放"的基本文化服务经费5万元不计入其中。加分指标，最高加分不超过15分。
132	年度公用经费财政拨款人均（万元）	0.3	0.4	0.5	10—30	
2	队伍建设				100	

续表

标号	指标	起点指标 西部	起点指标 中部	起点指标 东部	分值	说明
21	文化站专职人员配备(人)	2↑	3↑	3↑	10—30	不含兼职，专职是指年度直接从事文化站工作时间不低于240天。正式列入当地事业编制加10分。
22	文化站长素质		优 良 合格		10—20	具有大专以上学历或相当于大专以上文化程度，事业心强，有较强专业能力和组织管理能力。
23	人员培训				50	
231	人员参加县文化馆、图书馆培训率(%)		100		15	
232	人员参加培训、继续教育学时达到每年48学时的比例(%)		70↑		8—15	
24	站办业余文艺团队(支)	3↑	4↑	5↑	10—20	
3	公共服务				410	
31	站办活动				130	

续表

标号	指标	起点指标 西部	起点指标 中部	起点指标 东部	分值	说明
311	每周对公众开放提供服务的时间（小时）	28↑	35↑	42↑	10—20	包括电子阅览室开放时间。
312	常设免费活动项目（项）	4↑	5↑	6↑	10—20	
313	公示文化服务内容		优 良 合格		5—10	公示内容：项目、时间、地点、组织者。
314	组织综合性大型文化活动（次）		1↑		10—20	综合性大型文化活动是指面向全镇群众、内容为综合性的活动。
315	举办单项性文体活动	3↑	4↑	5↑	10—20	不含展览、培训、读书、非遗展示、共享工程活动。
316	举办展览（次）	2↑	3↑	4↑	10—20	不含常设性非遗展示。
317	编办文化走廊、宣传橱窗、板报等（期）		8↑		10—20	
32	指导、辅导				60	
321	指导、辅导本镇辖区内的村文化室所占比例（%）		60↑		10—20	
322	为辖区群众举办讲座和培训（次）		2↑		10—20	

续表

标号	指标	起点指标 西部	起点指标 中部	起点指标 东部	分值	说明
323	为辖区内文化骨干（文艺团队）举办文体培训（次）		2↑		10—20	
33	图书借阅				60	
331	年藏书流通每册书（册次）	0.1↑	0.2↑	0.3↑	10—30	
332	年度开展优秀读物推荐和读书活动（次）	2↑	3↑	4↑	10—30	
34	数字化服务				60	
341	利用共享工程资源开展活动（次）	2↑	3↑	4↑	10—30	
342	利用共享工程资源开展信息服务，编辑文艺、信息等刊物、资料（期、次）	2↑	3↑	4↑	10—30	
35	非物质文化遗产保护				60	
351	年举办非遗活动（含表演、展览、比赛、传承培训）（次）	2↑	3↑	4↑	10—30	
352	建立完整的民间艺术、非物质文化遗产档案		优 良 合格		10—30	加分指标：评估期内有非物质文化遗产项目的收集、整理、申报，加10分。

续表

标号	指标	起点指标 西部	起点指标 中部	起点指标 东部	分值	说明
36	文物保护宣传和文化市场监督				40	
361	文物保护宣传	优	良	合格	10—20	有记录档案、保护标志及说明，有相关制度，有日常检查，有宣传。
362	文化市场监督	优	良	合格	10—20	有健全的文化市场监督制度，有日常巡查监管记录，有违规处理建议。
4	领导管理				100	
41	当地党委、政府重视	优	良	合格	10—20	每年专题讨论文化工作2次以上。加分指标：列入乡镇年度工作计划的加5分。
42	建立完整的档案	优	良	合格	10—20	
43	建立健全各种规章制度，并认真执行。年初有计划，年终有总结	优	良	合格	12—20	重点是业务、财产、安全保卫制度、应急方案、工作计划、工作总结6项。以12分为基数，缺1项扣2分。

续表

标号	指标	起点指标 西部	起点指标 中部	起点指标 东部	分值	说明
44	服务监督		优 良 合格		20 15 10	包括设意见箱，公开监督电话，定期召开公众座谈会。对群众的意见或投诉认真研究，回复并整改落实。
45	公众满意度(%)		80		20	调查表发放数量不少于100份，回收率不低于80%，满意率不低于80%。对回收的调查表进行分析，提出整改意见，改进服务。
5	提高指标				40	
51	文化站3年来被上级党委、政府或各部门表彰、奖励				15 10 5	加分指标：获表彰、奖励，按奖励的级别加分，最高加15分。

续表

标号	指标	起点指标 西部	起点指标 中部	起点指标 东部	分值	说明
52	文艺创作获奖（件、次）	1↑			5—15	加分指标：本站及培养辅导的人员创作、演出的作品（节目）获县级以上奖励，或在县级以上刊物发表。获省和国家奖的，最高加分15分。
53	服务创新和特色活动				10	是指连续开展三年以上、有地方特色并产生广泛影响，在地市级以上媒体宣传报道过的。
总计					1000	

(四)博物馆评估暂行标准[①](节选)

博物馆评估暂行标准

6. 博物馆等级及标志

6.1 博物馆划分为三级，从高到低依次为一级、二级、三

---

① 国家文物局. 博物馆评估暂行标准（附评分细则表）[EB/OL]. [2008-04-25]. http://www.sach.gov.cn/art/2008/4/25/art_1603_53691.html.

级。博物馆等级一经评定，即向社会公布，接受公众监督。

6.2 博物馆的等级证书、标牌由国家文物局统一制作和颁发。

7. 博物馆等级划分条件

7.1 一级

7.1.1 综合管理与基础设施

7.1.1.1 法人治理结构

法人治理结构完善，有理事会（董事会）和监事会或其他形式的决策、监督机构，能按照工作章程积极开展活动，运行机制效率高。

7.1.1.2 博物馆章程与发展规划

有明确的博物馆章程，有符合本馆性质和功能定位的事业发展规划，经过专家论证，并报经上级主管部门批准；有切实可行的年度工作计划。

7.1.1.3 建筑与环境

a) 建筑功能区块布局合理，自成系统。

b) 环境整洁、美观、舒适，绿化率高；室内空气质量好。

7.1.1.4 人力资源

a) 人才结构、梯次合理，具有专业资质的人员应占在编人员的75%以上；高、中级管理人员具备大学以上文化程度。

b) 有科学、规范的员工考核、培训等管理制度；专业人员培训经费落实到位，培训工作有效开展；上岗专业人员培训合格率达到100%。

7.1.1.5 财务管理

a) 有完善的财务管理制度并能有效实施，有充足的事业经费来源和保证。

b) 有多渠道、来源稳定的社会资助。

7.1.1.6 安全保障

a) 一、二、三级风险单位按要求落实完善的安全防范系统，一、二、三级风险部位按要求落实完善相应的安全防范措施。

b) 有与博物馆规模相适应的管理严格、人员配置齐全的保卫工作机构；保卫工作规章制度健全，措施得当，有处置各类突发事件的应急预案；保卫人员受过专业培训，素质高、业务精，工作程序规范、准确；档案齐全，交接班制度完善、记录齐全；定期组织安全演练。

c) 消防组织健全，责任明确，管理制度完善，有处置各类火灾的应急预案；消防设施完善，有与单位规模相适应的消防配套设施、设备及安全、有效的防雷装置，并有专人管理，定期进行检查、维修、更新、补充；消防设备操作规程科学、规范；定期组织消防演练，消防人员设备操作准确、熟练。

d) 公共安全制度完善，应急预案科学、规范、可操作性强；安全出口、疏散通道通畅，标志醒目；应急照明、救生等设施、设备完好；节日期间有应急医护人员。

7.1.1.7 办公信息化

有完善的行政、业务工作数据库；有功能完善、运行可靠的局域网。

7.1.2 藏品管理与科学研究

7.1.2.1 藏品管理

a) 藏品资源与本馆的性质、任务相符，并形成基本完整的体系。

b) 藏品数量很大，或种类很多，或珍贵文物数量很多；具有很高的历史、文化、科学、艺术价值，或其中一类具有世界意义。

c) 有适应本馆藏品状况、功能完善的藏品数据库。

d) 有与本馆性质、任务相符的藏品征集政策和收藏范围；有规范的藏品征集组织与制度，对征集的藏品进行鉴定；有多种征集渠道，征集经费使用合理、效果好。

e）藏品管理制度完善；藏品入藏手续齐全、资料完整；藏品总登记账清晰，账物相符；分类账准确合理，编目科学详实；藏品档案记录规范，新入藏的藏品及时备案，并及时登记入藏品总账。

f）库房面积满足收藏需要；库房管理制度非常完善；库房设施、设备齐全，藏品存放环境达标；藏品提用手续齐全，进、出库记录完整；藏品存放科学、合理、规范；三级以上藏品均配备有符合要求的装具，一级文物和其它易损易坏的珍贵文物有专柜或专库存放，并由专人负责保管；根据藏品质地控制温湿度，照明符合设计规范要求；库房非常整洁，空气质量好。

g）有规模较大、设备较多的藏品保护修复场所，并能有效运转；有文物藏品修复资质和具备文物藏品修复资质的人员；藏品修复、保养程序科学、规范，效果好。

7.1.2.2 学术研究与科技

a）有相对完善的学术机构，有较多数量的学术带头人；定期举办国际、国内学术活动；定期出版高质量的学术刊物；馆内人员经常发表专业论文、出版学术专著；系统收藏相关中外文学术期刊。

b）有科技部门，有较大规模的实验室及相应科研仪器设备，能独立承担国际合作项目和国家级、省部级科研课题，科技队伍建设成绩突出；取得重大科技成果或引进新技术，并运用到工作中，取得显著效果。

7.1.3 陈列展览与社会服务

7.1.3.1 影响力

a）具有独特的博物馆品牌形象并形成外在品牌标志；对博物馆品牌标志进行注册、运用；有系统的博物馆及陈列、展览宣传计划；新闻报道质量高。

b) 在国内外有极高的知名度和极好的声誉；公众影响力极强，吸引国内外观众，或国外观众占较高比例；经常举办出境展览或引进外展。

7.1.3.2 展示和教育

a) 展厅环境优美、空气质量好，照明符合设计规范要求，展柜内微环境适宜展品保护。

b) 采取多种合作模式，紧扣社会主题和公众需求，经常举办有影响力的临时展览；临时展览有周密的前期策划和具体、可行的营销计划，媒体宣传力度大，展览的社会、经济效益好。

c) 有社会教育机构和专门从事社会教育工作的人员，馆内设有专门的教育服务区；有周密的社会教育工作方案和针对不同观众群体的社会教育计划；经常与教育部门以及其他单位联系或建立共建单位，开展有针对性的教育活动，积极举办不同形式的讲座等活动，服务学校、工厂、社区和农村等不同观众群体。

d) 有高素质、稳定的讲解员队伍，其中部分可用外语讲解，定期进行义务讲解；有两种或两种以上语言的、适合不同观众群体的讲解词，讲解科学、准确、生动、有文采；有针对特殊观众群体的讲解服务；有两种或两种以上语言的现代化自助语音讲解设备。

7.1.3.3 社会服务

a) 有"博物馆之友"等群众组织，章程明确，人员结构合理，定期开展相应活动。有稳定的、具有一定规模的博物馆志愿者队伍，并结合本馆特点和社会服务需求（要求）对志愿者进行培训，培训合格的志愿者每年应为博物馆或观众服务4次以上。

b) 国有博物馆每年开放时间应在300天以上，非国有博物馆在240天以上；基本陈列定期免费开放，且在60天以上；日常免费、优惠开放制度和措施向社会公示；每年免费接待的青少年观众群体的人数应占观众总人数的一定比例。

c)交通便捷；可进入性好，外部中、外文引导标识清楚、美观；博物馆出入口处道路通畅，有无障碍通道。

d)售票地点设在室内；参观游览线路合理、顺畅；免费为观众提供博物馆介绍、展览介绍、文物藏品介绍等中、外文有关资料；主要陈列的标牌、展品等有中、外文说明；设有免费物品寄存处、特殊人群服务设施和设备、餐饮服务设施和纪念品、书籍销售服务设施等；展厅内有观众休息设施；卫生设施、设备布局合理，数量满足需要，并与环境相协调；各种设施、设备中、外文标识清楚。

e)有专门网站，网页制作精美，内容丰富，形式生动、活泼，支持两种或两种以上语言，网页更新及时；馆内建立有多种形式的互动式或参与式的文化、科普、教育服务设施，服务有特色、质量高。

f)文化产品开发体现本馆特色，品种较多，制作精美，品位高、有内涵，产品销售情况好。

g)有藏品代为保管、鉴定、养护、修复及咨询等便利公众的服务项目，向社会公示，并积极开展服务。

h)利用互联网、观众留言本、观众调查表等方式，定期进行观众调查工作，征求观众意见或建议，及时反馈，并尽可能采纳或实施。

7.2 二级

7.2.1 综合管理与基础设施

7.2.1.1 法人治理结构

有理事会(董事会)和监事会或其他形式的决策、监督机构，按照工作章程开展活动。

7.2.1.2 博物馆章程与发展规划

有博物馆章程，有符合本馆性质和功能定位的发展思路或规划；有年度工作计划。

7.2.1.3 建筑与环境

a)建筑功能区块布局合理。

b)环境整洁，绿化率高；室内空气质量较好。

7.2.1.4 人力资源

a)人才结构、梯次合理，具有专业资质的人员应占在编人员的60%以上；高、中级管理人员具备大专以上文化程度。

b)有切实可行的员工考核、培训等管理制度；有一定的专业人员培训经费，并按计划开展培训工作；上岗专业人员培训率达到90%。

7.2.1.5 财务管理

a)有完善的财务管理制度并能有效实施，有基本满足需要的事业经费来源和保证。

b)有稳定的社会资助。

7.2.1.6 安全保障

a)一、二、三级风险单位按要求落实相应的安全防范系统，一、二、三级风险部位按要求落实相应的安全防范措施。

b)有专门的保卫工作机构；保卫工作规章制度健全，措施得当，有处置一般突发事件的应急预案；保卫人员受过专业培训，工作程序规范；档案齐全，有交接班制度和记录；有安全演练。

c)消防责任明确，管理制度完善，有针对特定火灾的消防应急预案；消防设施、设备配备合理，有安全、有效的防雷装置，并定期进行检查、维修、更新、补充；消防设备操作规程规范，保卫人员能够准确操作消防设备。

d)公共安全制度健全，应急预案科学、规范；安全出口、疏散通道通畅，标志醒目；应急照明设备完好。

7.2.1.7 办公信息化

有行政、业务工作数据库。

7.2.2 藏品管理与科学研究

7.2.2.1 藏品管理

a)藏品资源与本馆的性质、任务相符，形成一定的体系。

b)藏品数量较大，种类或珍贵文物数量较多，且具有较高的历史、文化、科学、艺术价值。

c)有藏品数据库。

d)有与本馆性质、任务相符的藏品征集政策和收藏范围；对征集的藏品进行鉴定；有多种征集渠道，征集经费使用合理、效果良好。

e)藏品管理制度完善；藏品入藏手续齐全；藏品总登记账清晰，账物相符；藏品档案记录规范，新入藏的藏品及时备案，并及时登记入藏品总账。

f)库房管理制度完善；藏品提用手续齐全，进、出库记录完整；藏品存放合理；二级以上藏品均配备有符合要求的装具，存放于专柜或专库，并由专人负责保管；库房重点部位能控制温湿度，采光照明基本符合规范要求；库房无异味。

g)有藏品修复场所，有基本的修复设备和材料，能简单保养或修复藏品。

7.2.2.2 学术研究与科技

a)定期开展学术活动；编辑出版业务刊物、著作；馆内人员经常发表专业论文。

b)有较强科研力量，具备承担省部级科研课题的能力，能借助或引进专业科技力量开展相关科学技术工作，并将有关成果运用到实际工作中。

7.2.3 陈列展览与社会服务

7.2.3.1 影响力

a)具有博物馆品牌形象或品牌标志；有较为系统的博物馆及

陈列、展览宣传计划；开展相关媒体报道等宣传活动，有一定的报道量。

b）在本省内有较高的知名度和较好的声誉；公众影响力较强，国外观众占一定比例；经常引进展览并举办国内巡展。

7.2.3.2 展示和教育

a）展厅环境整洁，照明符合设计规范要求，珍贵文物展品的保存环境良好。

b）基本陈列主题明确，体现本馆特色；策划方案合理，经过专家论证；内容研究深入，展品组织得当，文字说明准确；展览设计准确表达陈列主题；定期或不定期进行展品更新；社会评价较好。

c）根据社区和公众需求，经常举办临时展览，展览社会效益较好。

d）有社会教育机构和专门从事社会教育工作的人员；有较详细的社会教育工作方案；经常开展有针对性的教育活动，服务学校、工厂、社区和农村等不同观众群体。

e）有素质较高的讲解员队伍；定期进行义务讲解；讲解准确、生动，有适合不同群体观众的讲解词；有针对特殊观众群体的讲解服务。

7.2.3.3 社会服务

a）有博物馆志愿者，并按照社会服务要求对志愿者进行培训，培训合格的志愿者每年应为博物馆或观众服务2次以上。

b）国有博物馆每年开放时间应在300天以上，非国有博物馆在240天以上；基本陈列特定时间免费开放，且在48天以上；日常免费、优惠开放制度和措施向社会公示。

c）外部中、外文引导标识清楚，博物馆出入口处道路通畅。

d）参观游览线路顺畅；为观众提供博物馆介绍、展览介绍、文物藏品介绍等有关资料；主要陈列标牌有中、外文说明；设有免费物品寄存处和纪念品、书籍销售服务设施等；卫生设施、设备布局合理、干净整洁；各种设施、设备中、外文标识清楚。

e)有专门网站，网站内容有特色；馆内有互动式或参与式的文化、科普、教育服务设施。

f)文化产品开发体现本馆特色，产品销售情况较好。

g)利用观众留言本、观众调查表等方式，定期或不定期进行观众意见调查，征求观众意见或建议，并及时反馈，并尽可能采纳或实施。

7.3 三级

7.3.1 综合管理与基础设施

7.3.1.1 法人治理结构

有理事会和监事会或其他形式的决策、监督机构，能按照工作章程开展活动。

7.3.1.2 博物馆章程与发展规划

有博物馆章程，有适合本馆性质和功能定位的发展思路；有阶段性工作计划。

7.3.1.3 建筑与环境

a)建筑功能区块布局基本合理。

b)环境整洁，室内空气质量较好。

7.3.1.4 人力资源

a)有适于本单位发展要求的人才结构，具有专业资质的人员应占在编人员的50%以上；高、中级管理人员具备大专以上文化程度。

b)有切实可行的员工考核、培训等管理制度；能够对上岗专业人员开展相关培训工作培训率达到75%。

7.3.1.5 财务管理

a)有完善的财务管理制度并能有效实施，有基本的事业经费来源和保证。

b) 有社会资助。

7.3.1.6　安全保障

a) 一、二、三级风险单位按要求落实一定的安全防范系统，一、二、三级风险部位按要求落实一定的防范措施。

b) 有专职保卫人员；保卫工作规章制度健全，措施得当，有处置一般突发事件的应急预案；保卫工作程序规范，有交接班制度。

c) 消防责任明确；有针对一般火灾的消防应急预案；配备一定数量消防设施；保卫人员能够准确操作消防设备。

d) 公共安全制度健全，公共安全应急预案规范；安全出口、疏散通道通畅，应急照明设备完好。

7.3.1.7　办公信息化

在编专业技术人员会熟练使用计算机，人均电脑占有率不低于 50%。

7.3.2　藏品管理与科学研究

7.3.2.1　藏品管理

a) 藏品资源与本馆的性质、任务相符。

b) 藏品具有一定的历史、文化、科学、艺术价值。

c) 有与本馆性质、任务相符的藏品征集政策和收藏范围；对征集的藏品进行初步鉴定。

d) 藏品入藏手续齐全；藏品总登记账清晰，账物相符；藏品档案记录规范；新入藏的藏品及时备案。

e) 藏品提用手续齐全，进、出库记录完整，一级藏品均配备有符合要求的装具，并专柜存放；库房无异味。

f) 有相应的藏品保养制度和措施。

7.3.2.2　学术研究与科技

a) 编辑出版业务刊物、著作，馆内人员发表有专业论文。

b) 有一定科研能力，能借助或引进专业科技力量开展相关科学技术工作，并运用到实际工作中。

7.3.3 陈列展览与社会服务

7.3.3.1 影响力

a) 有博物馆及陈列、展览宣传计划；开展相关媒体报道等宣传活动，有一定的报道量。

b) 在本地区内有一定的知名度和公众影响力，不定期引进展览。

7.3.3.2 展示和教育

a) 展厅环境整洁，照明符合设计规范要求，重要展品的保存环境较好。

b) 基本陈列主题明确，体现本馆特色；基本陈列研究深入，展品组织得当，文字说明准确；展览设计有特色；社会评价较好。

c) 能够根据社区和公众需求，举办临时展览，展览社会效益好。

d) 有从事社会教育工作的人员；有社会教育工作方案；经常开展有针对性的教育活动，服务学校、工厂、社区和农村等不同观众群体。

e) 有具有较高素质的讲解员；展览讲解准确、生动；有适合不同群体观众的讲解词，有针对未成年观众群体的讲解服务。

7.3.3.3 社会服务

a) 有经过培训的博物馆志愿者，志愿者每年为观众服务应在2次以上。

b) 国有博物馆每年开放时间应在300天以上，非国有博物馆在240天以上；特定时间免费开放博物馆；日常免费、优惠开放制度和措施向社会公示。

c) 外部引导标识清楚。

d) 参观游览线路顺畅；为观众提供博物馆介绍、展览介绍、文物藏品介绍等有关资料；卫生设施干净整洁。

e)文化产品开发体现本馆特色。

8. 评分细则

8.1 本细则共计 1000 分，共分为三个大项，各大项分值为：综合管理与基础设施 200 分；藏品管理与科学研究 300 分；影响力与社会服务 500 分。评估时，综合管理与基础设施项最低分值应在 60 分（含）以上；藏品管理与科学研究项最低分值应在 60 分（含）以上；陈列展览与社会服务项最低分值应在 180 分（含）以上。

8.2 一级博物馆需达到 800 分，二级博物馆需达到 600 分，三级博物馆需达到 400 分。

8.3 评分细则计分表（附后）。

【本章小结】

本章阐述了公共文化服务机构开展评估定级工作的意义，介绍了评估定级工作的由来与演变；系统介绍了公共图书馆、文化馆、乡镇综合文化站、博物馆、美术馆等公共文化服务机构评估定级的目的、方法、原则，以及评估标准的主要内容、基本指标、定级必备条件等，分析、概括了公共图书馆、文化馆最新评估标准的特点。

【思考题】

1. 公共文化服务机构开展评估定级工作的意义。
2. 我国公共文化服务机构开展评估定级工作的现状。
3. 公共图书馆和文化馆评估标准的新特点。
4. 乡镇综合文化站评估定级标准关注的重点工作。

第八章 文化遗产的保护与利用

【目标与任务】

理解物质文化遗产与非物质文化遗产的区别与联系；了解我国文化遗产保护方面主要的法律、法规；了解文物保护、非物质文化遗产保护及古籍保护的主要规范与标准；正确理解文化遗产的保护性利用的意义与基本方针。

一、文化遗产保护的法律政策现状

文化遗产包括物质文化遗产和非物质文化遗产。物质文化遗产是具有历史、艺术和科学价值的文物，包括古遗址、古墓葬、古建筑、石窟寺、石刻、壁画、近现代重要史迹及代表性建筑等不可移动文物，历史上各时代的重要实物、艺术品、文献、手稿、图书资料等可移动文物，以及在建筑式样、分布均匀或与环境、景色结合方面具有突出普遍价值的历史文化名城（街区、村镇）。非物质文化遗产是指各种以非物质形态存在的与群众生活密切相关、世代相承的传统文化表现形式，包括口头传统、传统表演艺术、传统礼仪与节庆等民俗、有关自然界和宇宙的民间传统知识和实践、传统手工艺技能等，以及与上述传统文化表现形式相关的文化空间。

国家历来重视文化遗产的保护。2004年8月，中国加入联合国教科文组织第32届大会上通过的《保护非物质文化遗产公约》。国内文化遗产保护法律、法规、目前已有《文物保护法》《非物质文化遗产法》《传统工艺美术保护条例》，《古籍保护条例》正在研究制定过程中。

《文物保护法》是中国文化遗产保护领域层级最高、涉及面最广的一部法律。该法律对文化遗产保护做了一系列的规定：文化遗产受国家保护；政府设立专门部门，负责文化遗产的认定和保护工作；政府要确保文化遗产的安全；基本建设和旅游发展的具体项目和活动，不得对文化遗产造成损坏；政府要加强文化遗产保护的宣传教育，增强公众的文化遗产保护意识；建立"文物保护单位"制度，为古建筑等古迹提供法律保护；老城、老街区、老村镇也是文化遗产，政府也应负责保护；政府制定城市和农村发展规划，应当把保护文化遗产的规定作为规划的一部分内容；对古建筑等古迹进行修缮，不能改变它们的原状。

《非物质文化遗产法》对于保护文化的多样性非常重要，它与《文物保护法》有一个重要的区别，就是《非物质文化遗产法》主要是保护传承人。《非物质文化遗产法》制定了鼓励代表性传承人开展传承、传播活动的具体措施，包括：帮助提供必要的传承场所，提供必要的经费资助其开展授徒、传艺、交流等活动，支持其参与社会公益性活动，以及支持其开展传承传播活动的其他措施等。如果代表性传承人因身体、年龄等原因丧失传承能力时，文化主管部门可以重新认定该项目的代表性传承人。此外，该法律还对代表性传承人的审定、保护以及应当履行的义务进行了明确规定：非物质文化遗产代表性项目的代表性传承人无正当理由不履行传承义务的，文化主管部门可以取消其代表性传承人资格，重新认定该项目的代表性传承人。

2011年5月底，国务院公布了第三批国家级非物质文化遗产名录项目191项，扩展项目164项。加上此前公布的两批，目前国家级非物质文化遗产名录项目共1219项。

《传统工艺美术保护条例》是为了保护传统工艺美术、促进传统工艺美术事业的繁荣与发展而制定的。所谓传统工艺美术，是指百年以上、历史悠久、技艺精湛、世代相传、有完整的工艺流程、采用天然原材料制作、具有鲜明的民族风格和地方特色、在国内外享有盛誉的手工艺品种和技艺。国家对传统工艺美术品种和技艺实行保护、发展、提高的方针。

　　古籍保护方面目前还没有专门的法律、法规。《文物保护法》对古籍保护有一定的作用，但该法律更多的是有关"不可移动文物""考古发掘"等非文献资料保护的规定，真正适用于古籍的规定相对较少。2009年1月，《古籍保护条例》调研组成立。2011年4月，受文化部委托，国家图书馆、国家古籍保护中心成立《古籍保护条例》起草小组，根据古籍保护工作的特殊性，《古籍保护条例》拟对《文物保护法》已有规定进行细化，同时对《文物保护法》未及事项进行补充，以形成有关古籍保护的专门法规。

　　除了专门的文化遗产保护法律、法规外，其他相关法律、法规中也有涉及文物、文化遗产保护内容的，如《民法通则》《民族区域自治法》《森林法》《继承法》《矿产资源法》《治安管理处罚条例》《档案法》《大气污染防治法》《环境保护法》《著作权法》《城市规划法》《军事设施保护法》等，这些法律、法规从不同角度对文化遗产保护做出了规定，是文化遗产保护法律、法规体系的重要组成部分。

二、文化遗产保护的技术标准规范

　　技术标准规范建设是文化遗产保护中一项重要的基础性工作，旨在规范文化遗产保护行为，促进先进科技成果的应用和转化，加强文化遗产保护质量控制，提高文化遗产利用和管理的效率。通过开展文化遗产保护标准化工作，尽快建立科学合理、先进实用、适应文化遗产保护事业发展的标准体系，有利于文化遗产保护工作的开展。

(一)文物保护的系列规范与标准

文物在保存过程中，经受着人为和自然两种因素的破坏。如古建筑、石窟寺、古墓葬被战火焚毁、被拆除或维修不当失去原貌；铁器、书画、竹木漆器、陶瓷等因保护、搬运不当被损坏；文物被风、雨、雷、电、火、地震、光线、虫害、霉菌等自然因素破坏。文物保护技术是一门综合性的专业知识，包括文物制作、保护及与防治有关的科学技术、材料性能、操作工艺和各种勘察、检测等。

文物保护应遵照"预防为主，维修为辅"的方针。不可移动文物的防潮、防漏、防火、防雷、防震等主要依靠工程技术来解决，而防虫害、鸟害等则主要采用工程技术与化学处理相结合的方法。大气中的粉尘、二氧化硫和含硫化合物等对文物的污染的解决办法主要是解除污染源。可移动文物的保护，应首先注意博物馆库房和陈列室中的防潮、防震、防霉等防护措施，然后再对不同质地的各类文物分别进行防护，如钢铁器的防锈，砖石质地文物的防风化，丝绸纸张的防霉、防蠹、防老化等。目前，我国已经形成了为数不少的文物保护技术标准规范，它们是长期实践的经验结晶，是文物保护过程中必须遵守的技术规范。

已经成为国家标准的文物保护技术标准规范主要有：《历史文化名城保护规划规范》《文物保护单位标志》《文物保护单位开放服务规范》《文物运输包装规范》《博物馆照明设计规范》。

目前，作为行业标准的文物保护技术标准规范数量较多，主要有：《古代壁画病害与图示》《石质文物病害分类与图示》《馆藏出土竹木漆器类文物病害分类与图示》《馆藏青铜器病害与图示》《馆藏铁质文物病害与图示》《古代壁画现状调查规范》《石质文物保护修复方案编写规范》《馆藏出土竹木漆器类文物保护修复方案编写规范》《馆藏金属文物保护修复方案编写规范》《馆藏金属文物保护修复档案记录规范》《馆藏出土竹木漆器类文物保护修复档案记录规范》《石质文物保护修复档案记录规范》《馆藏丝织品病害与图示》《馆藏丝织品保护修复方案编写规范》《馆藏丝织品保护修复档案记录规范》《馆藏文物保存环境质量检测技术规范》《馆藏文物登录规范》《馆藏文物出入库规范》《馆藏文物展览点交规范》《文物藏品档案规范》《陶质彩绘文物病害与图示》《陶质彩绘文物保护修复方案编写规范》《陶质彩绘文物保护修复档案记录规范》《文物保护工程文件归档整理规范》《馆藏纸质文物保护修复方案编写规范》《馆藏纸质文物病害分类与图示》《馆藏纸质文物保护修复档案记录规范》《砂岩质文物防风化材料保护效果评估方法》《长城资源要素分类、代码与图式》《古代建筑彩画病害与图示》《古代壁画脱盐技术规范》《古代壁画地仗层可溶盐分析的取样与测定》《田野考古出土动物标本采集及实验室操作规范》等。[①]

(二)非物质文化遗产保护的规范与标准

我国对非物质文化遗产采取认定、记录、建档等措施建立名录体系，逐步形成有中国特色的非物质文化遗产保护制度。具体做法有以下几种：

一是非物质文化遗产普查。普查摸底是非物质文化遗产保护的基础性工作。在充分利用已有工作成果和研究成果的基础上，分地区、分类别制定普查工作方案，组织开展对非物质文化遗产的现状调查，全面了解和掌握各地、各民族非物质文化遗产资源的种类、数量、分布状况、生存环境、保护现状及存在的问题，运用文字、录音、录像、数字化多媒体等各种方式，对非物质文

[①] 国家文物局. 中华人民共和国文物保护标准汇编[M]. 北京：文物出版社，2010.

化遗产进行真实、系统和全面的记录，建立档案和数据库。

二是建立非物质文化遗产代表作名录体系。通过制定评审标准并经过科学认定，建立国家级和省、市、县级非物质文化遗产代表作名录体系。国家级非物质文化遗产代表作名录由国务院批准公布，省、市、县级非物质文化遗产代表作名录由同级政府批准公布，并报上一级政府备案。

三是加强非物质文化遗产的研究、认定、保存和传播。组织各类文化单位、科研机构、大专院校及专家学者对非物质文化遗产的重大理论和实践问题进行研究，重视科研成果和现代技术的应用。组织力量对非物质文化遗产进行科学认定，鉴别真伪。经各级政府授权的有关单位可以征集非物质文化遗产实物、资料，并予以妥善保管。采取有效措施，防止珍贵非物质文化遗产实物和资料流出境外。对非物质文化遗产的物质载体也要予以保护，对已被确定为文物的，要按照《文物保护法》的相关规定执行。充分发挥各级图书馆、文化馆、博物馆、科技馆等公共文化服务机构的作用，有条件的地方可设立专题博物馆或展示中心。

四是建立科学有效的非物质文化遗产传承机制。对列入各级名录的非物质文化遗产代表作，采取命名、授予称号、表彰奖励、资助扶持等方式，鼓励代表作传承人（团体）进行传习活动。开展社会教育和学校教育，使非物质文化遗产代表作的传承后继有人。加强非物质文化遗产知识产权的保护。研究探索对传统文化生态保持较完整并具有特殊价值的村落或特定区域，进行动态整体性保护的方式。在传统文化特色鲜明、具有广泛群众基础的社区、乡村，开展创建民间传统文化之乡的活动。

目前，我国非物质文化遗产保护的规范主要有：《国家级非物质文化遗产代表作申报评定暂行办法》，规定了国家级非物质文化遗产代表作的申报标准；《国家级非物质文化遗产项目代表性传承人认定与管理暂行办法》，确定了传承人的认定标准和支持方式等。近年来，地方政府出台了许多有关非物质文化遗产保护的条例、办法、规范等。

(三)古籍保护的规范与标准

我国古代文献典籍是中华民族在数千年历史发展过程中创造的重要文明成果，蕴含着中华民族特有的精神价值、思维方式、想象力和创造力，是中华文明绵延数千年、一脉相承的历史见证，也是人类文明的瑰宝。古籍具有不可再生性，保护好这些古籍对促进文化传承、联结民族情感、弘扬民族精神、维护国家统一及社会稳定具有重要的作用。同时，加强古籍保护工作，让"书写在古籍里的文字都活起来"，也是建设社会主义先进文化，贯彻落实科学发展观和构建社会主义和谐社会的客观要求。

由于诸多原因，当前我国古籍保护存在不少突出问题，如现存古籍底数不清，老化、破损严重；修复手段落后，保护和修复人才匮乏，尤其是少数民族古籍保护和整理人员极度缺乏，面临失传的危险；大量珍贵古籍流失海外。因此，加强古籍保护刻不容缓。

继2002年的"中华再造善本工程"之后，2005年春天，文化部、财政部又启动了"中华古籍特藏保护计划"，希望通过这一工程对现存古籍的存藏环境加以改善，对破损古籍有计划地修复，对原件实施原生性保护。因此，有关标准规范应运而生。文化部委托国家图书馆主持制定相关标准，包括《古籍定级标准》《古籍普查规范》《古籍特藏破损定级标准》《古籍修复技术规范与质量要求》《图书馆古籍特藏书库基本要求》等。五项标准相互关联，为有效实施"中华古籍特藏保护计划"提供了基本保证。

《古籍定级标准》由文化部颁布，于2006年10月1日起施行。该标准的定级对象是汉文古籍。全国现存其他特种古代文献，如甲骨、简策、帛书、敦煌遗书、金石拓本、舆图、书札、鱼鳞册、契约、文告、少数民族语文图书，以及域外翻刻、抄写的中国古籍，如和刻本、高丽本等，不在定级范围之内。该标准规定了古籍基本术语和定义，以及古籍的级别和等次，适用于全国各级各类型图书馆、博物馆等单位的古籍保护、整理和利用工作，同时供出版、教学、科研及国内外相关业务单位使用。

《古籍普查规范》由文化部颁布，于 2006 年 10 月 1 日起施行。按该规范实施普查可以厘清现今古籍的存量，评定现存古籍的级别等次，掌握现今古籍的存藏环境状况，了解古籍的破损程度、致损成因、破损数量，据以制订修复计划，以便有目标地进行人才培养，置办设备，建立古籍保护实验室，最后完成中国古籍的登录任务。该规范规定了普查范围、规范性引用文件、古籍普查工作要求和古籍普查人员条件等内容，适用于各类型图书馆的古籍普查工作。

《古籍特藏破损定级标准》由文化部颁布，于 2006 年 10 月 1 日起施行。古籍中存在大量破损现象，对破损古籍进行分类并合理定级，为制订修复保护计划提供准确数据，对科学保护古籍并集中力量抢救、修复濒危古籍具有重要意义。该标准规定了划分古籍特藏破损级别的方法，适用于有古籍特藏收藏的各类型图书馆。

《古籍修复技术规范与质量要求》由文化部颁布，于 2006 年 10 月 1 日起施行。该标准规定了古籍修复基本术语及其定义、技术规范及质量要求，适用于古籍修复行业，并供出版、教学、科研及国内外相关技术业务交往使用。

《图书馆古籍特藏书库基本要求》，由文化部颁布，于 2006 年 10 月 1 日起施行。古籍特藏储藏环境的温湿度、空气质量和光照条件，是影响文献保存寿命的重要因素；古籍特藏书库的消防、安防设施，是保障文献安全的重要措施。该标准规定了图书馆古籍特藏书库的温湿度要求、空气净化要求、光照和防紫外线要求，以及书库的建筑、消防、安防等与文献保护和安全相关的基本条件，适用于收藏有古籍特藏的各类型图书馆。

三、文化遗产的保护性利用

文化遗产是不可再生的珍贵资源，加强保护刻不容缓。但与此同时，也需要以发展的态度对待文化遗产的保护性利用。毕竟，我国文化的遗产中蕴含着大量中华民族独有的精神价值、思维方式、想象力等，体现着中华民族的生命力和创造力，是各民族智慧的结晶，也是全人类文明的瑰宝。保护并适度开发、利用文化遗产，对于保持民族文化的传承、联结民族情感纽带、增进民族团结，以及维护国家统一、社会稳定具有重要意义，对维护世界文化的多样性和创造性、促进人类共同发展同样具有重要意义。

国务院下发的《关于加强文化遗产保护的通知》明确规定了文化遗产保护的基本方针：物质文化遗产保护要贯彻"保护为主，抢救第一，合理利用，加强管理"的方针；非物质文化遗产保护要贯彻"保护为主，抢救第一，合理利用，传承发展"的方针。这两个方针中都提到了"合理利用"的理念。也就是说，在坚持保护文化遗产的真实性和完整性、坚持依法和科学保护的同时，也要学会正确处理经济社会发展与文化遗产保护的关系，学会对文化遗产的保护性利用。

2011年8月，国家文物局下发了《关于促进生态(社区)博物馆发展的通知》，旨在通过生态(社区)博物馆的发展，充分挖掘相关文化遗产资源的内涵，依托旅游观光、文化休闲产业，科学、合理地发挥生态(社区)博物馆推动经济社会发展的特有作用，促进资源优势转化为经济优势，推动各地特别是农村、民族地区的产业调整。文件强调，生态(社区)博物馆在旅游发展中要坚持科学发展观，因地制宜，统筹规划，整合资源，务求实效，必须有助于文化遗产和生态环境的保护，必须有助于维护和改善为旅游者提供当地特色产品和服务的传统生活和生产环境，必须符合有关法律、法规的规定。

在严格遵守《文物保护法》《非物质文化遗产法》的前提下，各地根据实际情况进行改革探索，逐步建立相对规范、分类指导的文化遗产保护性利用管理体系，是文化遗产保护的又一重要任务。

四、重要政策法规选编

(一)中华人民共和国文物保护法[1]

中华人民共和国文物保护法

(2002年10月28日第九届全国人民代表大会
常务委员会第三十次会议通过)

目录

第一章　总则
第二章　不可移动文物
第三章　考古发掘
第四章　馆藏文物
第五章　民间收藏文物
第六章　文物出境进境
第七章　法律责任
第八章　附则

---

[1]　中华人民共和国中央人民政府网．中华人民共和国文物保护法[EB/OL]．[2002-10-28]．http://www.gov.cn/gongbao/content/2002/content_61821.htm．

第一章 总则

第一条 为了加强对文物的保护，继承中华民族优秀的历史文化遗产，促进科学研究工作，进行爱国主义和革命传统教育，建设社会主义精神文明和物质文明，根据宪法，制定本法。

第二条 在中华人民共和国境内，下列文物受国家保护：

（一）具有历史、艺术、科学价值的古文化遗址、古墓葬、古建筑、石窟寺和石刻、壁画；

（二）与重大历史事件、革命运动或者著名人物有关的以及具有重要纪念意义、教育意义或者史料价值的近代现代重要史迹、实物、代表性建筑；

（三）历史上各时代珍贵的艺术品、工艺美术品；

（四）历史上各时代重要的文献资料以及具有历史、艺术、科学价值的手稿和图书资料等；

（五）反映历史上各时代、各民族社会制度、社会生产、社会生活的代表性实物。

文物认定的标准和办法由国务院文物行政部门制定，并报国务院批准。

具有科学价值的古脊椎动物化石和古人类化石同文物一样受国家保护。

第三条 古文化遗址、古墓葬、古建筑、石窟寺、石刻、壁画、近代现代重要史迹和代表性建筑等不可移动文物，根据它们的历史、艺术、科学价值，可以分别确定为全国重点文物保护单位，省级文物保护单位，市、县级文物保护单位。

历史上各时代重要实物、艺术品、文献、手稿、图书资料、代表性实物等可移动文物，分为珍贵文物和一般文物；珍贵文物分为一级文物、二级文物、三级文物。

第四条 文物工作贯彻保护为主、抢救第一、合理利用、加强管理的方针。

第五条　中华人民共和国境内地下、内水和领海中遗存的一切文物，属于国家所有。

古文化遗址、古墓葬、石窟寺属于国家所有。国家指定保护的纪念建筑物、古建筑、石刻、壁画、近代现代代表性建筑等不可移动文物，除国家另有规定的以外，属于国家所有。

国有不可移动文物的所有权不因其所依附的土地所有权或者使用权的改变而改变。

下列可移动文物，属于国家所有：

（一）中国境内出土的文物，国家另有规定的除外；

（二）国有文物收藏单位以及其他国家机关、部队和国有企业、事业组织等收藏、保管的文物；

（三）国家征集、购买的文物；

（四）公民、法人和其他组织捐赠给国家的文物；

（五）法律规定属于国家所有的其他文物。

属于国家所有的可移动文物的所有权不因其保管、收藏单位的终止或者变更而改变。

国有文物所有权受法律保护，不容侵犯。

第六条　属于集体所有和私人所有的纪念建筑物、古建筑和祖传文物以及依法取得的其他文物，其所有权受法律保护。文物的所有者必须遵守国家有关文物保护的法律、法规的规定。

第七条　一切机关、组织和个人都有依法保护文物的义务。

第八条　国务院文物行政部门主管全国文物保护工作。

地方各级人民政府负责本行政区域内的文物保护工作。县级以上地方人民政府承担文物保护工作的部门对本行政区域内的文物保护实施监督管理。

县级以上人民政府有关行政部门在各自的职责范围内，负责有关的文物保护工作。

第九条　各级人民政府应当重视文物保护，正确处理经济建设、社会发展与文物保护的关系，确保文物安全。

基本建设、旅游发展必须遵守文物保护工作的方针，其活动不得对文物造成损害。

公安机关、工商行政管理部门、海关、城乡建设规划部门和其他有关国家机关，应当依法认真履行所承担的保护文物的职责，维护文物管理秩序。

第十条　国家发展文物保护事业。县级以上人民政府应当将文物保护事业纳入本级国民经济和社会发展规划，所需经费列入本级财政预算。

国家用于文物保护的财政拨款随着财政收入增长而增加。

国有博物馆、纪念馆、文物保护单位等的事业性收入，专门用于文物保护，任何单位或者个人不得侵占、挪用。

国家鼓励通过捐赠等方式设立文物保护社会基金，专门用于文物保护，任何单位或者个人不得侵占、挪用。

第十一条　文物是不可再生的文化资源。国家加强文物保护的宣传教育，增强全民文物保护的意识，鼓励文物保护的科学研究，提高文物保护的科学技术水平。

第十二条　有下列事迹的单位或者个人，由国家给予精神鼓励或者物质奖励：

（一）认真执行文物保护法律、法规，保护文物成绩显著的；

（二）为保护文物与违法犯罪行为作坚决斗争的；

（三）将个人收藏的重要文物捐献给国家或者为文物保护事业作出捐赠的；

（四）发现文物及时上报或者上交，使文物得到保护的；

（五）在考古发掘工作中作出重大贡献的；

（六）在文物保护科学技术方面有重要发明创造或者其他重要贡献的；

（七）在文物面临破坏危险时，抢救文物有功的；

（八）长期从事文物工作，作出显著成绩的。

第二章　不可移动文物

第十三条　国务院文物行政部门在省级、市、县级文物保护单位中，选择具有重大历史、艺术、科学价值的确定为全国重点文物保护单位，或者直接确定为全国重点文物保护单位，报国务院核定公布。

省级文物保护单位，由省、自治区、直辖市人民政府核定公布，并报国务院备案。

市级和县级文物保护单位，分别由设区的市、自治州和县级人民政府核定公布，并报省、自治区、直辖市人民政府备案。

尚未核定公布为文物保护单位的不可移动文物，由县级人民政府文物行政部门予以登记并公布。

第十四条　保存文物特别丰富并且具有重大历史价值或者革命纪念意义的城市，由国务院核定公布为历史文化名城。

保存文物特别丰富并且具有重大历史价值或者革命纪念意义的城镇、街道、村庄，由省、自治区、直辖市人民政府核定公布为历史文化街区、村镇，并报国务院备案。

历史文化名城和历史文化街区、村镇所在地的县级以上地方人民政府应当组织编制专门的历史文化名城和历史文化街区、村镇保护规划，并纳入城市总体规划。

历史文化名城和历史文化街区、村镇的保护办法，由国务院制定。

第十五条　各级文物保护单位，分别由省、自治区、直辖市人民政府和市、县级人民政府划定必要的保护范围，作出标志说明，建立记录档案，并区别情况分别设置专门机构或者专人负责管理。全国重点文物保护单位的保护范围和记录档案，由省、自治区、直辖市人民政府文物行政部门报国务院文物行政部门备案。

县级以上地方人民政府文物行政部门应当根据不同文物的保护需要，制定文物保护单位和未核定为文物保护单位的不可移动文物的具体保护措施，并公告施行。

第十六条 各级人民政府制定城乡建设规划，应当根据文物保护的需要，事先由城乡建设规划部门会同文物行政部门商定对本行政区域内各级文物保护单位的保护措施，并纳入规划。

第十七条 文物保护单位的保护范围内不得进行其他建设工程或者爆破、钻探、挖掘等作业。但是，因特殊情况需要在文物保护单位的保护范围内进行其他建设工程或者爆破、钻探、挖掘等作业的，必须保证文物保护单位的安全，并经核定公布该文物保护单位的人民政府批准，在批准前应当征得上一级人民政府文物行政部门同意；在全国重点文物保护单位的保护范围内进行其他建设工程或者爆破、钻探、挖掘等作业的，必须经省、自治区、直辖市人民政府批准，在批准前应当征得国务院文物行政部门同意。

第十八条 根据保护文物的实际需要，经省、自治区、直辖市人民政府批准，可以在文物保护单位的周围划出一定的建设控制地带，并予以公布。

在文物保护单位的建设控制地带内进行建设工程，不得破坏文物保护单位的历史风貌；工程设计方案应当根据文物保护单位的级别，经相应的文物行政部门同意后，报城乡建设规划部门批准。

第十九条 在文物保护单位的保护范围和建设控制地带内，不得建设污染文物保护单位及其环境的设施，不得进行可能影响文物保护单位安全及其环境的活动。对已有的污染文物保护单位及其环境的设施，应当限期治理。

第二十条　建设工程选址，应当尽可能避开不可移动文物；因特殊情况不能避开的，对文物保护单位应当尽可能实施原址保护。

实施原址保护的，建设单位应当事先确定保护措施，根据文物保护单位的级别报相应的文物行政部门批准，并将保护措施列入可行性研究报告或者设计任务书。

无法实施原址保护，必须迁移异地保护或者拆除的，应当报省、自治区、直辖市人民政府批准；迁移或者拆除省级文物保护单位的，批准前须征得国务院文物行政部门同意。全国重点文物保护单位不得拆除；需要迁移的，须由省、自治区、直辖市人民政府报国务院批准。

依照前款规定拆除的国有不可移动文物中具有收藏价值的壁画、雕塑、建筑构件等，由文物行政部门指定的文物收藏单位收藏。

本条规定的原址保护、迁移、拆除所需费用，由建设单位列入建设工程预算。

第二十一条　国有不可移动文物由使用人负责修缮、保养；非国有不可移动文物由所有人负责修缮、保养。非国有不可移动文物有损毁危险，所有人不具备修缮能力的，当地人民政府应当给予帮助；所有人具备修缮能力而拒不依法履行修缮义务的，县级以上人民政府可以给予抢救修缮，所需费用由所有人负担。

对文物保护单位进行修缮，应当根据文物保护单位的级别报相应的文物行政部门批准；对未核定为文物保护单位的不可移动文物进行修缮，应当报登记的县级人民政府文物行政部门批准。

文物保护单位的修缮、迁移、重建，由取得文物保护工程资质证书的单位承担。

对不可移动文物进行修缮、保养、迁移，必须遵守不改变文物原状的原则。

第二十二条　不可移动文物已经全部毁坏的，应当实施遗址保护，不得在原址重建。但是，因特殊情况需要在原址重建的，由省、自治区、直辖市人民政府文物行政部门征得国务院文物行政部门同意后，报省、自治区、直辖市人民政府批准；全国重点文物保护单位需要在原址重建的，由省、自治区、直辖市人民政府报国务院批准。

第二十三条　核定为文物保护单位的属于国家所有的纪念建筑物或者古建筑，除可以建立博物馆、保管所或者辟为参观游览场所外，如果必须作其他用途的，应当经核定公布该文物保护单位的人民政府文物行政部门征得上一级文物行政部门同意后，报核定公布该文物保护单位的人民政府批准；全国重点文物保护单位作其他用途的，应当由省、自治区、直辖市人民政府报国务院批准。国有未核定为文物保护单位的不可移动文物作其他用途的，应当报告县级人民政府文物行政部门。

第二十四条　国有不可移动文物不得转让、抵押。建立博物馆、保管所或者辟为参观游览场所的国有文物保护单位，不得作为企业资产经营。

第二十五条　非国有不可移动文物不得转让、抵押给外国人。

非国有不可移动文物转让、抵押或者改变用途的，应当根据其级别报相应的文物行政部门备案；由当地人民政府出资帮助修缮的，应当报相应的文物行政部门批准。

第二十六条　使用不可移动文物，必须遵守不改变文物原状的原则，负责保护建筑物及其附属文物的安全，不得损毁、改建、添建或者拆除不可移动文物。

对危害文物保护单位安全、破坏文物保护单位历史风貌的建筑物、构筑物，当地人民政府应当及时调查处理，必要时，对该建筑物、构筑物予以拆迁。

第三章　考古发掘

第二十七条　一切考古发掘工作，必须履行报批手续；从事考古发掘的单位，应当经国务院文物行政部门批准。

地下埋藏的文物，任何单位或者个人都不得私自发掘。

第二十八条　从事考古发掘的单位，为了科学研究进行考古发掘，应当提出发掘计划，报国务院文物行政部门批准；对全国重点文物保护单位的考古发掘计划，应当经国务院文物行政部门审核后报国务院批准。国务院文物行政部门在批准或者审核前，应当征求社会科学研究机构及其他科研机构和有关专家的意见。

第二十九条　进行大型基本建设工程，建设单位应当事先报请省、自治区、直辖市人民政府文物行政部门组织从事考古发掘的单位在工程范围内有可能埋藏文物的地方进行考古调查、勘探。

考古调查、勘探中发现文物的，由省、自治区、直辖市人民政府文物行政部门根据文物保护的要求会同建设单位共同商定保护措施；遇有重要发现的，由省、自治区、直辖市人民政府文物行政部门及时报国务院文物行政部门处理。

第三十条　需要配合建设工程进行的考古发掘工作，应当由省、自治区、直辖市文物行政部门在勘探工作的基础上提出发掘计划，报国务院文物行政部门批准。国务院文物行政部门在批准前，应当征求社会科学研究机构及其他科研机构和有关专家的意见。

确因建设工期紧迫或者有自然破坏危险，对古文化遗址、古墓葬急需进行抢救发掘的，由省、自治区、直辖市人民政府文物行政部门组织发掘，并同时补办审批手续。

第三十一条　凡因进行基本建设和生产建设需要的考古调查、勘探、发掘，所需费用由建设单位列入建设工程预算。

第三十二条　在进行建设工程或者在农业生产中，任何单位或者个人发现文物，应当保护现场，立即报告当地文物行政部门，文物行政部门接到报告后，如无特殊情况，应当在二十四小时内赶赴现场，并在七日内提出处理意见。文物行政部门可以报请当地人民政府通知公安机关协助保护现场；发现重要文物的，应当立即上报国务院文物行政部门，国务院文物行政部门应当在接到报告后十五日内提出处理意见。

依照前款规定发现的文物属于国家所有，任何单位或者个人不得哄抢、私分、藏匿。

第三十三条　非经国务院文物行政部门报国务院特别许可，任何外国人或者外国团体不得在中华人民共和国境内进行考古调查、勘探、发掘。

第三十四条　考古调查、勘探、发掘的结果，应当报告国务院文物行政部门和省、自治区、直辖市人民政府文物行政部门。

考古发掘的文物，应当登记造册，妥善保管，按照国家有关规定移交给由省、自治区、直辖市人民政府文物行政部门或者国务院文物行政部门指定的国有博物馆、图书馆或者其他国有收藏文物的单位收藏。经省、自治区、直辖市人民政府文物行政部门或者国务院文物行政部门批准，从事考古发掘的单位可以保留少量出土文物作为科研标本。

考古发掘的文物，任何单位或者个人不得侵占。

第三十五条　根据保证文物安全、进行科学研究和充分发挥文物作用的需要，省、自治区、直辖市人民政府文物行政部门经本级人民政府批准，可以调用本行政区域内的出土文物；国务院文物行政部门经国务院批准，可以调用全国的重要出土文物。

第四章 馆藏文物

第三十六条 博物馆、图书馆和其他文物收藏单位对收藏的文物，必须区分文物等级，设置藏品档案，建立严格的管理制度，并报主管的文物行政部门备案。

县级以上地方人民政府文物行政部门应当分别建立本行政区域内的馆藏文物档案；国务院文物行政部门应当建立国家一级文物藏品档案和其主管的国有文物收藏单位馆藏文物档案。

第三十七条 文物收藏单位可以通过下列方式取得文物：

（一）购买；

（二）接受捐赠；

（三）依法交换；

（四）法律、行政法规规定的其他方式。

国有文物收藏单位还可以通过文物行政部门指定保管或者调拨方式取得文物。

第三十八条 文物收藏单位应当根据馆藏文物的保护需要，按照国家有关规定建立、健全管理制度，并报主管的文物行政部门备案。未经批准，任何单位或者个人不得调取馆藏文物。

文物收藏单位的法定代表人对馆藏文物的安全负责。国有文物收藏单位的法定代表人离任时，应当按照馆藏文物档案办理馆藏文物移交手续。

第三十九条 国务院文物行政部门可以调拨全国的国有馆藏文物。省、自治区、直辖市人民政府文物行政部门可以调拨本行政区域内其主管的国有文物收藏单位馆藏文物；调拨国有馆藏一级文物，应当报国务院文物行政部门备案。

国有文物收藏单位可以申请调拨国有馆藏文物。

第四十条 文物收藏单位应当充分发挥馆藏文物的作用，通过举办展览、科学研究等活动，加强对中华民族优秀的历史文化和革命传统的宣传教育。

国有文物收藏单位之间因举办展览、科学研究等需借用馆藏文物的，应当报主管的文物行政部门备案；借用馆藏一级文物，应当经国务院文物行政部门批准。

非国有文物收藏单位和其他单位举办展览需借用国有馆藏文物的，应当报主管的文物行政部门批准；借用国有馆藏一级文物，应当经国务院文物行政部门批准。

文物收藏单位之间借用文物的最长期限不得超过三年。

第四十一条　已经建立馆藏文物档案的国有文物收藏单位，经省、自治区、直辖市人民政府文物行政部门批准，并报国务院文物行政部门备案，其馆藏文物可以在国有文物收藏单位之间交换；交换馆藏一级文物的，必须经国务院文物行政部门批准。

第四十二条　未建立馆藏文物档案的国有文物收藏单位，不得依照本法第四十条、第四十一条的规定处置其馆藏文物。

第四十三条　依法调拨、交换、借用国有馆藏文物，取得文物的文物收藏单位可以对提供文物的文物收藏单位给予合理补偿，具体管理办法由国务院文物行政部门制定。

国有文物收藏单位调拨、交换、出借文物所得的补偿费用，必须用于改善文物的收藏条件和收集新的文物，不得挪作他用；任何单位或者个人不得侵占。

调拨、交换、借用的文物必须严格保管，不得丢失、损毁。

第四十四条　禁止国有文物收藏单位将馆藏文物赠与、出租或者出售给其他单位、个人。

第四十五条　国有文物收藏单位不再收藏的文物的处置办法，由国务院另行制定。

第四十六条　修复馆藏文物，不得改变馆藏文物的原状；复制、拍摄、拓印馆藏文物，不得对馆藏文物造成损害。具体管理办法由国务院制定。

不可移动文物的单体文物的修复、复制、拍摄、拓印,适用前款规定。

第四十七条 博物馆、图书馆和其他收藏文物的单位应当按照国家有关规定配备防火、防盗、防自然损坏的设施,确保馆藏文物的安全。

第四十八条 馆藏一级文物损毁的,应当报国务院文物行政部门核查处理。其他馆藏文物损毁的,应当报省、自治区、直辖市人民政府文物行政部门核查处理;省、自治区、直辖市人民政府文物行政部门应当将核查处理结果报国务院文物行政部门备案。

馆藏文物被盗、被抢或者丢失的,文物收藏单位应当立即向公安机关报案,并同时向主管的文物行政部门报告。

第四十九条 文物行政部门和国有文物收藏单位的工作人员不得借用国有文物,不得非法侵占国有文物。

第五章 民间收藏文物

第五十条 文物收藏单位以外的公民、法人和其他组织可以收藏通过下列方式取得的文物:

(一)依法继承或者接受赠与;

(二)从文物商店购买;

(三)从经营文物拍卖的拍卖企业购买;

(四)公民个人合法所有的文物相互交换或者依法转让;

(五)国家规定的其他合法方式。

文物收藏单位以外的公民、法人和其他组织收藏的前款文物可以依法流通。

第五十一条 公民、法人和其他组织不得买卖下列文物:

(一)国有文物,但是国家允许的除外;

(二)非国有馆藏珍贵文物;

（三）国有不可移动文物中的壁画、雕塑、建筑构件等，但是依法拆除的国有不可移动文物中的壁画、雕塑、建筑构件等不属于本法第二十条第四款规定的应由文物收藏单位收藏的除外；

（四）来源不符合本法第五十条规定的文物。

第五十二条　国家鼓励文物收藏单位以外的公民、法人和其他组织将其收藏的文物捐赠给国有文物收藏单位或者出借给文物收藏单位展览和研究。

国有文物收藏单位应当尊重并按照捐赠人的意愿，对捐赠的文物妥善收藏、保管和展示。

国家禁止出境的文物，不得转让、出租、质押给外国人。

第五十三条　文物商店应当由国务院文物行政部门或者省、自治区、直辖市人民政府文物行政部门批准设立，依法进行管理。

文物商店不得从事文物拍卖经营活动，不得设立经营文物拍卖的拍卖企业。

第五十四条　依法设立的拍卖企业经营文物拍卖的，应当取得国务院文物行政部门颁发的文物拍卖许可证。

经营文物拍卖的拍卖企业不得从事文物购销经营活动，不得设立文物商店。

第五十五条　文物行政部门的工作人员不得举办或者参与举办文物商店或者经营文物拍卖的拍卖企业。

文物收藏单位不得举办或者参与举办文物商店或者经营文物拍卖的拍卖企业。

禁止设立中外合资、中外合作和外商独资的文物商店或者经营文物拍卖的拍卖企业。

除经批准的文物商店、经营文物拍卖的拍卖企业外，其他单位或者个人不得从事文物的商业经营活动。

第五十六条　文物商店销售的文物，在销售前应当经省、自治区、直辖市人民政府文物行政部门审核；对允许销售的，省、自治区、直辖市人民政府文物行政部门应当作出标识。

拍卖企业拍卖的文物，在拍卖前应当经省、自治区、直辖市人民政府文物行政部门审核，并报国务院文物行政部门备案；省、自治区、直辖市人民政府文物行政部门不能确定是否可以拍卖的，应当报国务院文物行政部门审核。

第五十七条　文物商店购买、销售文物，拍卖企业拍卖文物，应当按照国家有关规定作出记录，并报原审核的文物行政部门备案。

拍卖文物时，委托人、买受人要求对其身份保密的，文物行政部门应当为其保密；但是，法律、行政法规另有规定的除外。

第五十八条　文物行政部门在审核拟拍卖的文物时，可以指定国有文物收藏单位优先购买其中的珍贵文物。购买价格由文物收藏单位的代表与文物的委托人协商确定。

第五十九条　银行、冶炼厂、造纸厂以及废旧物资回收单位，应当与当地文物行政部门共同负责拣选掺杂在金银器和废旧物资中的文物。拣选文物除供银行研究所必需的历史货币可以由人民银行留用外，应当移交当地文物行政部门。移交拣选文物，应当给予合理补偿。

第六章　文物出境进境

第六十条　国有文物、非国有文物中的珍贵文物和国家规定禁止出境的其他文物，不得出境；但是依照本法规定出境展览或者因特殊需要经国务院批准出境的除外。

第六十一条　文物出境，应当经国务院文物行政部门指定的文物进出境审核机构审核。经审核允许出境的文物，由国务院文物行政部门发给文物出境许可证，从国务院文物行政部门指定的口岸出境。

任何单位或者个人运送、邮寄、携带文物出境，应当向海关申报；海关凭文物出境许可证放行。

第六十二条　文物出境展览，应当报国务院文物行政部门批准；一级文物超过国务院规定数量的，应当报国务院批准。

一级文物中的孤品和易损品，禁止出境展览。

出境展览的文物出境，由文物进出境审核机构审核、登记。海关凭国务院文物行政部门或者国务院的批准文件放行。出境展览的文物复进境，由原文物进出境审核机构审核查验。

第六十三条　文物临时进境，应当向海关申报，并报文物进出境审核机构审核、登记。

临时进境的文物复出境，必须经原审核、登记的文物进出境审核机构审核查验；经审核查验无误的，由国务院文物行政部门发给文物出境许可证，海关凭文物出境许可证放行。

第七章　法律责任

第六十四条　违反本法规定，有下列行为之一，构成犯罪的，依法追究刑事责任：

（一）盗掘古文化遗址、古墓葬的；

（二）故意或者过失损毁国家保护的珍贵文物的；

（三）擅自将国有馆藏文物出售或者私自送给非国有单位或者个人的；

（四）将国家禁止出境的珍贵文物私自出售或者送给外国人的；

（五）以牟利为目的倒卖国家禁止经营的文物的；

（六）走私文物的；

（七）盗窃、哄抢、私分或者非法侵占国有文物的；

（八）应当追究刑事责任的其他妨害文物管理行为。

第六十五条　违反本法规定，造成文物灭失、损毁的，依法承担民事责任。

违反本法规定，构成违反治安管理行为的，由公安机关依法给予治安管理处罚。

违反本法规定，构成走私行为，尚不构成犯罪的，由海关依照有关法律、行政法规的规定给予处罚。

第六十六条　有下列行为之一，尚不构成犯罪的，由县级以上人民政府文物主管部门责令改正，造成严重后果的，处五万元以上五十万元以下的罚款；情节严重的，由原发证机关吊销资质证书：

（一）擅自在文物保护单位的保护范围内进行建设工程或者爆破、钻探、挖掘等作业的；

（二）在文物保护单位的建设控制地带内进行建设工程，其工程设计方案未经文物行政部门同意、报城乡建设规划部门批准，对文物保护单位的历史风貌造成破坏的；

（三）擅自迁移、拆除不可移动文物的；

（四）擅自修缮不可移动文物，明显改变文物原状的；

（五）擅自在原址重建已全部毁坏的不可移动文物，造成文物破坏的；

（六）施工单位未取得文物保护工程资质证书，擅自从事文物修缮、迁移、重建的。

刻划、涂污或者损坏文物尚不严重的，或者损毁依照本法第十五条第一款规定设立的文物保护单位标志的，由公安机关或者文物所在单位给予警告，可以并处罚款。

第六十七条　在文物保护单位的保护范围内或者建设控制地带内建设污染文物保护单位及其环境的设施的，或者对已有的污染文物保护单位及其环境的设施未在规定的期限内完成治理的，由环境保护行政部门依照有关法律、法规的规定给予处罚。

第六十八条　有下列行为之一的，由县级以上人民政府文物主管部门责令改正，没收违法所得，违法所得一万元以上的，并处违法所得二倍以上五倍以下的罚款；违法所得不足一万元的，并处五千元以上二万元以下的罚款：

（一）转让或者抵押国有不可移动文物，或者将国有不可移动文物作为企业资产经营的；

（二）将非国有不可移动文物转让或者抵押给外国人的；

（三）擅自改变国有文物保护单位的用途的。

第六十九条 历史文化名城的布局、环境、历史风貌等遭到严重破坏的，由国务院撤销其历史文化名城称号；历史文化城镇、街道、村庄的布局、环境、历史风貌等遭到严重破坏的，由省、自治区、直辖市人民政府撤销其历史文化街区、村镇称号；对负有责任的主管人员和其他直接责任人员依法给予行政处分。

第七十条 有下列行为之一，尚不构成犯罪的，由县级以上人民政府文物主管部门责令改正，可以并处二万元以下的罚款，有违法所得的，没收违法所得：

（一）文物收藏单位未按照国家有关规定配备防火、防盗、防自然损坏的设施的；

（二）国有文物收藏单位法定代表人离任时未按照馆藏文物档案移交馆藏文物，或者所移交的馆藏文物与馆藏文物档案不符的；

（三）将国有馆藏文物赠与、出租或者出售给其他单位、个人的；

（四）违反本法第四十条、第四十一条、第四十五条规定处置国有馆藏文物的；

（五）违反本法第四十三条规定挪用或者侵占依法调拨、交换、出借文物所得补偿费用的。

第七十一条 买卖国家禁止买卖的文物或者将禁止出境的文物转让、出租、质押给外国人，尚不构成犯罪的，由县级以上人民政府文物主管部门责令改正，没收违法所得，违法经营额一万元以上的，并处违法经营额二倍以上五倍以下的罚款；违法经营额不足一万元的，并处五千元以上二万元以下的罚款。

第七十二条　未经许可，擅自设立文物商店、经营文物拍卖的拍卖企业，或者擅自从事文物的商业经营活动，尚不构成犯罪的，由工商行政管理部门依法予以制止，没收违法所得、非法经营的文物，违法经营额五万元以上的，并处违法经营额二倍以上五倍以下的罚款；违法经营额不足五万元的，并处二万元以上十万元以下的罚款。

第七十三条　有下列情形之一的，由工商行政管理部门没收违法所得、非法经营的文物，违法经营额五万元以上的，并处违法经营额一倍以上三倍以下的罚款；违法经营额不足五万元的，并处五千元以上五万元以下的罚款；情节严重的，由原发证机关吊销许可证书：

（一）文物商店从事文物拍卖经营活动的；

（二）经营文物拍卖的拍卖企业从事文物购销经营活动的；

（三）文物商店销售的文物、拍卖企业拍卖的文物，未经审核的；

（四）文物收藏单位从事文物的商业经营活动的。

第七十四条　有下列行为之一，尚不构成犯罪的，由县级以上人民政府文物主管部门会同公安机关追缴文物；情节严重的，处五千元以上五万元以下的罚款：

（一）发现文物隐匿不报或者拒不上交的；

（二）未按照规定移交拣选文物的。

第七十五条　有下列行为之一的，由县级以上人民政府文物主管部门责令改正：

（一）改变国有未核定为文物保护单位的不可移动文物的用途，未依照本法规定报告的；

（二）转让、抵押非国有不可移动文物或者改变其用途，未依照本法规定备案的；

（三）国有不可移动文物的使用人拒不依法履行修缮义务的；

（四）考古发掘单位未经批准擅自进行考古发掘，或者不如实报告考古发掘结果的；

（五）文物收藏单位未按照国家有关规定建立馆藏文物档案、管理制度，或者未将馆藏文物档案、管理制度备案的；

（六）违反本法第三十八条规定，未经批准擅自调取馆藏文物的；

（七）馆藏文物损毁未报文物行政部门核查处理，或者馆藏文物被盗、被抢或者丢失，文物收藏单位未及时向公安机关或者文物行政部门报告的；

（八）文物商店销售文物或者拍卖企业拍卖文物，未按照国家有关规定作出记录或者未将所作记录报文物行政部门备案的。

第七十六条 文物行政部门、文物收藏单位、文物商店、经营文物拍卖的拍卖企业的工作人员，有下列行为之一的，依法给予行政处分，情节严重的，依法开除公职或者吊销其从业资格；构成犯罪的，依法追究刑事责任：

（一）文物行政部门的工作人员违反本法规定，滥用审批权限、不履行职责或者发现违法行为不予查处，造成严重后果的；

（二）文物行政部门和国有文物收藏单位的工作人员借用或者非法侵占国有文物的；

（三）文物行政部门的工作人员举办或者参与举办文物商店或者经营文物拍卖的拍卖企业的；

（四）因不负责任造成文物保护单位、珍贵文物损毁或者流失的；

（五）贪污、挪用文物保护经费的。

前款被开除公职或者被吊销从业资格的人员，自被开除公职或者被吊销从业资格之日起十年内不得担任文物管理人员或者从事文物经营活动。

第七十七条　有本法第六十六条、第六十八条、第七十条、第七十一条、第七十四条、第七十五条规定所列行为之一的，负有责任的主管人员和其他直接责任人员是国家工作人员的，依法给予行政处分。

第七十八条　公安机关、工商行政管理部门、海关、城乡建设规划部门和其他国家机关，违反本法规定滥用职权、玩忽职守、徇私舞弊，造成国家保护的珍贵文物损毁或者流失的，对负有责任的主管人员和其他直接责任人员依法给予行政处分；构成犯罪的，依法追究刑事责任。

第七十九条　人民法院、人民检察院、公安机关、海关和工商行政管理部门依法没收的文物应当登记造册，妥善保管，结案后无偿移交文物行政部门，由文物行政部门指定的国有文物收藏单位收藏。

第八章　附则

第八十条　本法自公布之日起施行。

(二)中华人民共和国非物质文化遗产法[①]

中华人民共和国非物质文化遗产法

(2011年2月25日第十一届全国人民代表大会常务委员会第十九次会议通过)

目录

第一章　总则

[①] 中华人民共和国中央人民政府网. 中华人民共和国非物质文化遗产法[EB/OL]. [2011-02-25]. http://www.gov.cn/jrzg/2011-02/26/content_1811128.htm.

第二章　非物质文化遗产的调查

第三章　非物质文化遗产代表性项目名录

第四章　非物质文化遗产的传承与传播

第五章　法律责任

第六章　附则

第一章　总则

第一条　为了继承和弘扬中华民族优秀传统文化，促进社会主义精神文明建设，加强非物质文化遗产保护、保存工作，制定本法。

第二条　本法所称非物质文化遗产，是指各族人民世代相传并视为其文化遗产组成部分的各种传统文化表现形式，以及与传统文化表现形式相关的实物和场所。包括：

（一）传统口头文学以及作为其载体的语言；

（二）传统美术、书法、音乐、舞蹈、戏剧、曲艺和杂技；

（三）传统技艺、医药和历法；

（四）传统礼仪、节庆等民俗；

（五）传统体育和游艺；

（六）其他非物质文化遗产。

属于非物质文化遗产组成部分的实物和场所，凡属文物的，适用《中华人民共和国文物保护法》的有关规定。

第三条　国家对非物质文化遗产采取认定、记录、建档等措施予以保存，对体现中华民族优秀传统文化，具有历史、文学、艺术、科学价值的非物质文化遗产采取传承、传播等措施予以保护。

第四条　保护非物质文化遗产，应当注重其真实性、整体性和传承性，有利于增强中华民族的文化认同，有利于维护国家统一和民族团结，有利于促进社会和谐和可持续发展。

第五条　使用非物质文化遗产，应当尊重其形式和内涵。

禁止以歪曲、贬损等方式使用非物质文化遗产。

第六条　县级以上人民政府应当将非物质文化遗产保护、保存工作纳入本级国民经济和社会发展规划，并将保护、保存经费列入本级财政预算。

国家扶持民族地区、边远地区、贫困地区的非物质文化遗产保护、保存工作。

第七条　国务院文化主管部门负责全国非物质文化遗产的保护、保存工作；县级以上地方人民政府文化主管部门负责本行政区域内非物质文化遗产的保护、保存工作。

县级以上人民政府其他有关部门在各自职责范围内，负责有关非物质文化遗产的保护、保存工作。

第八条　县级以上人民政府应当加强对非物质文化遗产保护工作的宣传，提高全社会保护非物质文化遗产的意识。

第九条　国家鼓励和支持公民、法人和其他组织参与非物质文化遗产保护工作。

第十条　对在非物质文化遗产保护工作中做出显著贡献的组织和个人，按照国家有关规定予以表彰、奖励。

第二章　非物质文化遗产的调查

第十一条　县级以上人民政府根据非物质文化遗产保护、保存工作需要，组织非物质文化遗产调查。非物质文化遗产调查由文化主管部门负责进行。

县级以上人民政府其他有关部门可以对其工作领域内的非物质文化遗产进行调查。

第十二条　文化主管部门和其他有关部门进行非物质文化遗产调查，应当对非物质文化遗产予以认定、记录、建档，建立健全调查信息共享机制。

文化主管部门和其他有关部门进行非物质文化遗产调查，应当收集属于非物质文化遗产组成部分的代表性实物，整理调查工作中取得的资料，并妥善保存，防止损毁、流失。其他有关部门取得的实物图片、资料复制件，应当汇交给同级文化主管部门。

第十三条　文化主管部门应当全面了解非物质文化遗产有关情况，建立非物质文化遗产档案及相关数据库。除依法应当保密的外，非物质文化遗产档案及相关数据信息应当公开，便于公众查阅。

第十四条　公民、法人和其他组织可以依法进行非物质文化遗产调查。

第十五条　境外组织或者个人在中华人民共和国境内进行非物质文化遗产调查，应当报经省、自治区、直辖市人民政府文化主管部门批准；调查在两个以上省、自治区、直辖市行政区域进行的，应当报经国务院文化主管部门批准；调查结束后，应当向批准调查的文化主管部门提交调查报告和调查中取得的实物图片、资料复制件。

境外组织在中华人民共和国境内进行非物质文化遗产调查，应当与境内非物质文化遗产学术研究机构合作进行。

第十六条　进行非物质文化遗产调查，应当征得调查对象的同意，尊重其风俗习惯，不得损害其合法权益。

第十七条　对通过调查或者其他途径发现的濒临消失的非物质文化遗产项目，县级人民政府文化主管部门应当立即予以记录并收集有关实物，或者采取其他抢救性保存措施；对需要传承的，应当采取有效措施支持传承。

第三章　非物质文化遗产代表性项目名录

第十八条　国务院建立国家级非物质文化遗产代表性项目名录，将体现中华民族优秀传统文化，具有重大历史、文学、艺术、科学价值的非物质文化遗产项目列入名录予以保护。

省、自治区、直辖市人民政府建立地方非物质文化遗产代表性项目名录，将本行政区域内体现中华民族优秀传统文化，具有历史、文学、艺术、科学价值的非物质文化遗产项目列入名录予以保护。

第十九条　省、自治区、直辖市人民政府可以从本省、自治区、直辖市非物质文化遗产代表性项目名录中向国务院文化主管部门推荐列入国家级非物质文化遗产代表性项目名录的项目。推荐时应当提交下列材料：

（一）项目介绍，包括项目的名称、历史、现状和价值；

（二）传承情况介绍，包括传承范围、传承谱系、传承人的技艺水平、传承活动的社会影响；

（三）保护要求，包括保护应当达到的目标和应当采取的措施、步骤、管理制度；

（四）有助于说明项目的视听资料等材料。

第二十条　公民、法人和其他组织认为某项非物质文化遗产体现中华民族优秀传统文化，具有重大历史、文学、艺术、科学价值的，可以向省、自治区、直辖市人民政府或者国务院文化主管部门提出列入国家级非物质文化遗产代表性项目名录的建议。

第二十一条　相同的非物质文化遗产项目，其形式和内涵在两个以上地区均保持完整的，可以同时列入国家级非物质文化遗产代表性项目名录。

第二十二条　国务院文化主管部门应当组织专家评审小组和专家评审委员会，对推荐或者建议列入国家级非物质文化遗产代表性项目名录的非物质文化遗产项目进行初评和审议。

初评意见应当经专家评审小组成员过半数通过。专家评审委员会对初评意见进行审议，提出审议意见。

评审工作应当遵循公开、公平、公正的原则。

第二十三条　国务院文化主管部门应当将拟列入国家级非物质文化遗产代表性项目名录的项目予以公示，征求公众意见。公示时间不得少于二十日。

第二十四条　国务院文化主管部门根据专家评审委员会的审议意见和公示结果，拟订国家级非物质文化遗产代表性项目名录，报国务院批准、公布。

第二十五条　国务院文化主管部门应当组织制定保护规划，对国家级非物质文化遗产代表性项目予以保护。

省、自治区、直辖市人民政府文化主管部门应当组织制定保护规划，对本级人民政府批准公布的地方非物质文化遗产代表性项目予以保护。

制定非物质文化遗产代表性项目保护规划，应当对濒临消失的非物质文化遗产代表性项目予以重点保护。

第二十六条　对非物质文化遗产代表性项目集中、特色鲜明、形式和内涵保持完整的特定区域，当地文化主管部门可以制定专项保护规划，报经本级人民政府批准后，实行区域性整体保护。

确定对非物质文化遗产实行区域性整体保护，应当尊重当地居民的意愿，并保护属于非物质文化遗产组成部分的实物和场所，避免遭受破坏。

实行区域性整体保护涉及非物质文化遗产集中地村镇或者街区空间规划的，应当由当地城乡规划主管部门依据相关法规制定专项保护规划。

第二十七条　国务院文化主管部门和省、自治区、直辖市人民政府文化主管部门应当对非物质文化遗产代表性项目保护规划的实施情况进行监督检查；发现保护规划未能有效实施的，应当及时纠正、处理。

第四章 非物质文化遗产的传承与传播

第二十八条 国家鼓励和支持开展非物质文化遗产代表性项目的传承、传播。

第二十九条 国务院文化主管部门和省、自治区、直辖市人民政府文化主管部门对本级人民政府批准公布的非物质文化遗产代表性项目，可以认定代表性传承人。

非物质文化遗产代表性项目的代表性传承人应当符合下列条件：

（一）熟练掌握其传承的非物质文化遗产；

（二）在特定领域内具有代表性，并在一定区域内具有较大影响；

（三）积极开展传承活动。

认定非物质文化遗产代表性项目的代表性传承人，应当参照执行本法有关非物质文化遗产代表性项目评审的规定，并将所认定的代表性传承人名单予以公布。

第三十条 县级以上人民政府文化主管部门根据需要，采取下列措施，支持非物质文化遗产代表性项目的代表性传承人开展传承、传播活动：

（一）提供必要的传承场所；

（二）提供必要的经费资助其开展授徒、传艺、交流等活动；

（三）支持其参与社会公益性活动；

（四）支持其开展传承、传播活动的其他措施。

第三十一条 非物质文化遗产代表性项目的代表性传承人应当履行下列义务：

（一）开展传承活动，培养后继人才；

（二）妥善保存相关的实物、资料；

（三）配合文化主管部门和其他有关部门进行非物质文化遗产

调查；

（四）参与非物质文化遗产公益性宣传。

非物质文化遗产代表性项目的代表性传承人无正当理由不履行前款规定义务的，文化主管部门可以取消其代表性传承人资格，重新认定该项目的代表性传承人；丧失传承能力的，文化主管部门可以重新认定该项目的代表性传承人。

第三十二条　县级以上人民政府应当结合实际情况，采取有效措施，组织文化主管部门和其他有关部门宣传、展示非物质文化遗产代表性项目。

第三十三条　国家鼓励开展与非物质文化遗产有关的科学技术研究和非物质文化遗产保护、保存方法研究，鼓励开展非物质文化遗产的记录和非物质文化遗产代表性项目的整理、出版等活动。

第三十四条　学校应当按照国务院教育主管部门的规定，开展相关的非物质文化遗产教育。

新闻媒体应当开展非物质文化遗产代表性项目的宣传，普及非物质文化遗产知识。

第三十五条　图书馆、文化馆、博物馆、科技馆等公共文化服务机构和非物质文化遗产学术研究机构、保护机构以及利用财政性资金举办的文艺表演团体、演出场所经营单位等，应当根据各自业务范围，开展非物质文化遗产的整理、研究、学术交流和非物质文化遗产代表性项目的宣传、展示。

第三十六条　国家鼓励和支持公民、法人和其他组织依法设立非物质文化遗产展示场所和传承场所，展示和传承非物质文化遗产代表性项目。

第三十七条　国家鼓励和支持发挥非物质文化遗产资源的特殊优势，在有效保护的基础上，合理利用非物质文化遗产代表性项目开发具有地方、民族特色和市场潜力的文化产品和文化服务。

开发利用非物质文化遗产代表性项目的，应当支持代表性传承人开展传承活动，保护属于该项目组成部分的实物和场所。

县级以上地方人民政府应当对合理利用非物质文化遗产代表性项目的单位予以扶持。单位合理利用非物质文化遗产代表性项目的，依法享受国家规定的税收优惠。

第五章 法律责任

第三十八条 文化主管部门和其他有关部门的工作人员在非物质文化遗产保护、保存工作中玩忽职守、滥用职权、徇私舞弊的，依法给予处分。

第三十九条 文化主管部门和其他有关部门的工作人员进行非物质文化遗产调查时侵犯调查对象风俗习惯，造成严重后果的，依法给予处分。

第四十条 违反本法规定，破坏属于非物质文化遗产组成部分的实物和场所的，依法承担民事责任；构成违反治安管理行为的，依法给予治安管理处罚。

第四十一条 境外组织违反本法第十五条规定的，由文化主管部门责令改正，给予警告，没收违法所得及调查中取得的实物、资料；情节严重的，并处十万元以上五十万元以下的罚款。

境外个人违反本法第十五条第一款规定的，由文化主管部门责令改正，给予警告，没收违法所得及调查中取得的实物、资料；情节严重的，并处一万元以上五万元以下的罚款。

第四十二条 违反本法规定，构成犯罪的，依法追究刑事责任。

第六章 附则

第四十三条 建立地方非物质文化遗产代表性项目名录的办法，由省、自治区、直辖市参照本法有关规定制定。

第四十四条　使用非物质文化遗产涉及知识产权的，适用有关法律、行政法规的规定。

对传统医药、传统工艺美术等的保护，其他法律、行政法规另有规定的，依照其规定。

第四十五条　本法自2011年6月1日起施行。

【本章小结】

本章阐述了物质文化遗产与非物质文化遗产的内涵，介绍了文化遗产保护的主要法律、法规和标准规范。《中华人民共和国文物保护法》是我国文化遗产保护领域层级最高、涉及面最广的法律，对文化遗产保护做了较全面的规定。《中华人民共和国非物质文化遗产法》主要通过保护传承人实现对非物质文化遗产的保护。目前，我国文化遗产保护方面已经出台了一系列相关规范与标准。文化遗产保护标准化建设，有助于规范文化遗产保护行为，促进先进科技成果的应用和转化，加强文化遗产保护质量控制，提高文化遗产利用和管理的效率。保护性利用是文化遗产保护的重要方面，物质文化遗产保护贯彻"保护为主，抢救第一，合理利用，加强管理"的方针；非物质文化遗产保护贯彻"保护为主，抢救第一，合理利用，传承发展"的方针。

【思考题】

1. 物质文化遗产与非物质文化遗产的区别与联系。
2. 《中华人民共和国文物保护法》的主要内容。
3. 《中华人民共和国非物质文化遗产法》的主要内容。
4. 文化遗产保护性利用的基本方针。

第九章　公共文化服务社会化发展

【目标与任务】

掌握促进公共文化服务社会化发展的目的；了解党和国家促进公共文化服务社会化发展的基本方针；了解、掌握并能熟悉运用促进公共文化服务社会化发展的各类经济政策。

一、促进公共文化服务社会化发展的基本方针

随着我国公共文化服务体系的不断完善和制度建设的不断推进，公共文化服务的提供主体和提供方式逐步走向多样化，公共文化服务的社会化程度明显提升。

促进公共文化服务社会化发展，是丰富公共文化产品和服务供给的需要。公共文化产品和服务供给体系是公共文化服务体系的子系统，是实现公共文化服务普遍均等的重要基础。公共文化服务，从根本上说是政府的分内事，在公共文化资源供给体系中，政府理所当然地占据主导地位。但是，政府主导不等于政府主办，政府主办也不等于政府包办。随着政府职能的转变，有限责任政府、有限财力政府理念的普及，社会力量、社会资本参与公共文化服务体系建设成为丰富公共文化产品供给的重要途径。建立科学、合理的公共文化产品和服务供给体系，基本目标是政府积极发挥宏观调控职能，运用政策、规划、布局等调控手段对全社会公共文化产品生产和服务提供进行宏观指导，建立起政府主导下的多元的公共文化产品和服务供给体系，积极促进公共文化服务社会化发展。

促进公共文化服务社会化发展，也是提升公益性文化事业单位服务水平的需要。提供公共文化服务是实现人民基本文化权益的主要途径，在这一过程中，政府主要通过公益性文化事业单位来承担基本的公共文化产品生产和服务供给的责任，因此，公益性文化事业单位是公共文化服务供给的骨干力量。但长期以来，公益性文化事业单位主要依靠财政拨款运营，市场驱动、产业驱动、利益驱动、需求驱动的特征不明显，与人民群众日益增长的公共文化服务需求相比，不少公益性文化事业单位存在着产品和服务内容单一、品种匮乏、形式老旧、质量不高、规模不足等问题。推动公共文化服务社会化发展，通过培育文化非营利组织，引入竞争机制，有利于推动公益性文化事业单位体制机制改革，有利于公益性文化事业单位释放内在活力、生产优质资源、提升服务质量。

国家一贯积极引导和鼓励社会力量、社会资本以多种方式参与公共文化服务体系建设，推动公共文化服务社会化发展。2007年8月，中共中央办公厅、国务院办公厅发布《关于加强公共文化服务体系建设的若干意见》，明确要求完善相关管理制度，简化审批登记程序，积极引导社会力量以兴办实体、赞助活动、免费提供设施等多种形式参与公共文化服务；支持境内各类文化基金会和文化投资公司参与公共文化服务；支持民办公益性文化机构的发展，鼓励民间开办博物馆、图书馆等，促进公共文化服务方式的多元化、社会化。

2011年11月，中共十七届六中全会通过的《中共中央关于深化文化体制改革推动社会主义文化大发展大繁荣若干重大问题的决定》，再次明确要求"引导和鼓励社会力量通过兴办实体、资助项目、赞助活动、提供设施等形式参与公共文化服务"，完善公共文化服务体系建设。

2012年2月,由中共中央办公厅、国务院办公厅发布的《国家"十二五"时期文化改革发展规划纲要》,强调采取政府采购、项目补贴、定向资助、贷款贴息、税收减免等政策措施鼓励各类文化企业参与公共文化服务。特别是鼓励国家投资、资助或拥有版权的文化产品无偿用于公共文化服务。

2013年11月,中共十八届三中全会发布的《中共中央关于全面深化改革若干重大问题的决定》,围绕构建现代公共文化服务体系,要求引入竞争机制,鼓励社会力量、社会资本参与公共文化服务体系建设,培育文化非营利组织,推动公共文化服务社会化发展。

公共文化服务社会化发展与文化体制机制改革、经济政策调整紧密相关。促进公共文化服务社会化发展的途径和手段,主要包括制定促进公共文化发展的税收优惠政策,加大政府购买公共文化服务力度,普遍推行公共文化服务机构法人治理结构,鼓励社会力量兴办公共文化设施、向社会开放服务资源,培育非营利文化组织等。

二、促进公共文化服务社会化发展的主要政策

(一)税收优惠政策

《公益事业捐赠法》旨在积极鼓励社会各界自愿、无偿向依法成立的包括公共文化服务机构在内的公益性社会团体和公益性非营利事业单位捐赠财产,用于公益事业。该法规定,对公益事业捐赠有突出贡献的自然人、法人或者其他组织,由人民政府或者有关部门予以表彰。除此之外,还制定了一系列的优惠措施:公司和其他企业捐赠财产用于公益事业的,可以依法享受企业所得税方面的优惠;自然人和个体工商户捐赠财产用于公益事业的,可以依法享受个人所得税方面的优惠;由境外向公益性社会团体

和公益性非营利的事业单位捐赠的用于公益事业的物资，可以依法减征或者免征进口关税和进口环节的增值税等。

国务院先后出台了一系列文化、经济政策，用于鼓励社会力量参与公共文化服务体系建设。2006年6月，国务院转发了财政部、中宣部制定的《关于进一步支持文化事业发展的若干经济政策》，明确界定了对宣传文化事业公益性捐赠的范围：（1）对国家重点交响乐团、芭蕾舞团、歌剧团、京剧团和其他民族艺术表演团体的捐赠；（2）对公益性的图书馆、博物馆、科技馆、美术馆、革命历史纪念馆的捐赠；（3）对重点文物保护单位的捐赠；（4）对文化行政管理部门所属的非生产经营性的文化馆或群众艺术馆接受的社会公益性活动、项目和文化设施等方面的捐赠。对捐赠的税收优惠政策是：企业所得税可以抵扣10%，个人所得税可以抵扣30%。

财政部、国家税务总局连续多年制定宣传文化所得税优惠政策，如《关于宣传文化所得税优惠政策的通知》（2007年）、《关于继续实行宣传文化增值税和营业税优惠政策的通知》（2009年）、《关于继续执行宣传文化增值税和营业税优惠政策的通知》（2011年）、《关于延续宣传文化增值税和营业税优惠政策的通知》（2013年）等，对图书、期刊、报纸等公共文化产品的生产环节给予一定的税收优惠。特别是2013年出台的《关于延续宣传文化增值税和营业税优惠政策的通知》，明确了自2013年1月1日起至2017年12月31日，免征图书批发、零售环节增值税，对科普单位的门票收入，以及县及以上党政部门和科协开展的科普活动的门票收入免征营业税。

（二）政府购买公共文化服务政策

政府向社会力量购买公共文化服务，就是利用市场机制和市场手段，把政府直接向社会公众提供的一部分公共文化服务事项，按照一定的方式和程序，交由具备条件的社会力量承担，并由政府根据服务数量和质量向其支付费用。近年来，各级地方立足实际，积极开展向社会力量购买公共文化服务的探索，取得了良好效果，在政策指导、经费保障、工作机制等方面积累了不少好的做法和经验。实践证明，推行政府向社会力量购买服务是创新公共文化服务提供方式、加快服务业发展、引导有效需求的重要途径，对于深化文化体制改革、推动政府职能转变、整合利用社会资源、增强公众参与意识、激发经济社会活力、增加公共文化服务供给、提高公共文化服务水平和效率，都具有重要意义。

2013年9月，国务院办公厅发布了《关于政府向社会力量购买服务的指导意见》，对进一步转变政府职能、改善公共服务做出重大部署，明确要求包括公共文化服务在内的所有公共服务领域，更多地利用社会力量，加大政府购买服务的力度。该文件指出，政府向社会力量购买服务的内容为"适合采取市场化方式提供、社会力量能够承担的公共服务，突出公共性和公益性。教育、就业、社保、医疗卫生、住房保障、文化体育及残疾人服务等基本公共服务领域，要逐步加大政府向社会力量购买服务的力度。对应当由政府直接提供、不适合社会力量承担的公共服务，以及不属于政府职责范围的服务项目，政府不得向社会力量购买"。同时，该文件还要求，政府购买公共文化服务，须建立"政府统一领导，财政部门牵头，民政、工商管理以及行业主管部门协同，职能部门履职，监督部门保障"的工作机制，拟定购买公共文化服务目录，确定购买公共文化服务计划，指导监督购买公共文化服务工作。该文件提出，到2020年，在全国基本建立起比较完善的政府向社会力量购买服务的制度。

（三）引导社会资本参与公共文化服务政策

除税收优惠政策、政府购买政策外，促进公共文化服务社会化发展的又一重要途径是，引导和鼓励社会资本参与公共文化服务体系建设，通过建立现代文化市场体系，开放特定的文化领域，允许社会资本进入公共文化服务领域，投资兴办公共文化设施，生产公共文化产品，提供公共文化服务。

2005年，国务院发布《关于非公有资本进入文化产业的若干决定》，文化部、国家广播电影电视总局、国家新闻出版总署、国家发展和改革委员会、商务部随后联合发布《关于文化领域引进外资的若干意见》，鼓励和支持非公有资本参与国有文化事业单位的转企改制，以股份制、民营等多种形式进入政策许可的文化领域。

2010年1月，国家文物局、民政部、财政部、国土资源部、住房和城乡建设部、文化部、国家税务总局联合发布了《关于促进民办博物馆发展的意见》，旨在进一步调动社会力量参与文化遗产保护和社会主义先进文化建设的积极性，积极鼓励、支持民办博物馆事业的发展。要求各地、各有关部门提高认识，积极鼓励民办博物馆的发展，将民办博物馆纳入国民经济和社会发展规划，纳入博物馆事业发展规划，因地制宜，分类指导，制定符合各地民办博物馆发展的目标、措施和相关政策，支持、鼓励和引导民办博物馆的科学发展；民政、财政、国土资源、住房城乡建设、文化、税务、文物等行政部门和行业组织要加强协调，形成合力，加强调查研究，对民办博物馆在创办、开放、发展中遇到的具体困难和问题，给予必要的关注，及时帮助切实解决，保障民办博物馆健康发展。

2010年5月，国务院发布的《关于鼓励和引导民间投资健康发展的若干意见》，明确鼓励民间资本参与发展文化、旅游和体育产业。鼓励民间资本从事广告、印刷、演艺、娱乐、文化创意、文化会展、影视制作、网络文化、动漫游戏、出版物发行、文化产品数字制作与相关服务等活动，建设博物馆、图书馆、文化馆、电影院等文化设施。

2012年6月,文化部发布《关于鼓励和引导民间资本进入文化领域的实施意见》,阐述了促进民间资本进入文化领域的重要意义,提出了鼓励民间资本参与公共文化服务体系建设的主要方式和途径,明确了新时期民间资本参与公共文化服务体系建设的重点领域和发展方向。

三、重要政策法规选编

(一)关于进一步支持文化事业发展的若干经济政策[①]

关于进一步支持文化事业发展的若干经济政策

财政部 中宣部

为加强社会主义先进文化建设,推动宣传文化事业健康发展,进一步深化文化体制改革,根据《中华人民共和国国民经济和社会发展第十一个五年规划纲要》中关于"加大政府对文化事业的投入,逐步形成覆盖全社会的比较完备的公共文化服务体系"的要求,现提出"十一五"期间国家支持文化事业发展的有关经济政策:

一、继续征收文化事业建设费

(一)各种营业性的歌厅、舞厅、卡拉OK歌舞厅、音乐茶座和高尔夫球、台球、保龄球等娱乐场所,按营业收入的3‰缴纳文化事业建设费。广播电台、电视台和报纸、刊物等广告媒介单位以及户外广告经营单位,按经营收入的3‰缴纳文化事业建设费。

(二)文化事业建设费由地方税务机关在征收娱乐业、广告业

---

① 国务院办公厅. 国务院办公厅转发财政部中宣部关于进一步支持文化事业发展若干经济政策的通知[EB/OL]. [2006-06-16]. http://www.gov.cn/zwgk/2006-06/16/content_311963.htm.

的营业税时一并征收。中央和国家机关所属单位缴纳的文化事业建设费，由地方税务机关征收后全额上缴中央金库。地方缴纳的文化事业建设费，全额缴入省级金库。

（三）文化事业建设费纳入财政预算管理，分别由中央和省级设立基金，用于文化事业建设。财政部要根据有关规定，会同相关部门对原有的政策进行修订和完善，制定新的文化事业建设费征收和使用管理办法，以体现政府性基金预算的管理要求，加强对资金的宏观调控和监管力度。

二、继续实行税收优惠政策

继续对宣传文化单位实行增值税优惠政策，对电影发行单位实行营业税优惠政策。有关部门要在完善相关政策的同时，突出扶持重点，更好地促进宣传文化事业健康发展。具体实施办法由财政部和国家税务总局另行制定。

三、继续实施促进电影事业发展的有关经济政策

（一）从电影放映收入中提取5%建立"国家电影事业发展专项资金"，实行基金预算管理方式，用于电影行业的宏观调控。财政部要会同有关部门进一步完善原有的电影事业发展专项资金管理政策，制定新的国家电影事业发展专项资金征收和使用管理办法。

（二）继续设立电影精品专项资金，用于支持电影精品摄制。

四、继续增加对宣传文化事业的财政投入

（一）中央和省级财政建立宣传文化发展专项资金，每年按2005年实际拨付数为基数列支出预算。财政部要会同有关部门研究修订宣传文化发展专项资金管理办法。

（二）整合"万里边境文化长廊"等补助经费，设立"中央补助地方文体广播事业发展专项资金"，用于支持地方文化、体育和广播事业的发展。有关地方人民政府也要逐步增加对文化事业的投入。

五、建立健全专项资金管理制度

为促进宣传文化事业发展，增强调控能力，保证重点需要，规范资金管理，财政部门要做好专项资金的预算安排。专项资金使用部门要按照有关财政法规的要求，健全制度、加强管理，保证专项专用并接受财政和审计部门的监督检查。

六、继续鼓励对宣传文化事业的捐赠

社会力量通过国家批准成立的非营利性的公益组织或国家机关对宣传文化事业的公益性捐赠，经税务机关审核后，纳税人缴纳企业所得税时，在年度应纳税所得额10%以内的部分，可在计算应纳税所得额时予以扣除；纳税人缴纳个人所得税时，捐赠额未超过纳税人申报的应纳税所得额30%的部分，可从其应纳税所得额中扣除。公益性捐赠的范围为：

（一）对国家重点交响乐团、芭蕾舞团、歌剧团、京剧团和其他民族艺术表演团体的捐赠。

（二）对公益性的图书馆、博物馆、科技馆、美术馆、革命历史纪念馆的捐赠。

（三）对重点文物保护单位的捐赠。

（四）对文化行政管理部门所属的非生产经营性的文化馆或群众艺术馆接受的社会公益性活动、项目和文化设施等方面的捐赠。

七、狠抓落实，加强管理

各级财税部门要认真落实支持文化事业发展的各项经济政策。宣传文化主管部门要充分发挥有关政策的宏观调控作用，拓宽文化事业资金投入渠道。宣传文化机构要按照中央关于文化体制改革的总体部署，深化文化体制改革，促进文化产业发展；要健全财务制度，加强基金和专项资金的管理；接受的捐赠资金要专门用于发展宣传文化事业，不得挤占、挪用甚至私分，也不得以捐赠为由搞乱摊派、乱集资等活动。对出现的各种违法违纪行为，要追究责任，严肃处理。

(二)关于促进民办博物馆发展的意见[①]

国家文物局　民政部　财政部　国土资源部
住房和城乡建设部　文化部　国家税务总局
关于促进民办博物馆发展的意见
文物博发〔2010〕11号

各省、自治区、直辖市文物局、民政、财政、国土资源、住房和城乡建设、文化厅(局、委)、国家税务局、地方税务局:

民办博物馆是为了教育、研究、欣赏的目的,由社会力量利用非国有文物、标本、资料等资产依法设立并取得法人资格,向公众开放的非营利性社会服务机构。进入新世纪以来,文化体制改革逐步深化,民办博物馆发展迅速。但是由于民办博物馆在我国还是一个新事物,尚处于探索阶段,还存在着准入制度不完善、扶持政策不健全、管理运行不规范、社会作用不明显等问题,严重制约了民办博物馆的健康发展。

为贯彻党的十七大关于推动社会主义文化大发展大繁荣的精神,落实中央关于深化文化体制改革的总体部署,进一步调动社会力量参与文化遗产保护和社会主义先进文化建设的积极性,现就积极鼓励、大力支持民办博物馆发展提出以下意见:

一、高度重视,积极促进民办博物馆健康发展

(一)民办博物馆来自于民间、成长于民间、服务于民间,是我国经济社会持续稳定发展大背景下公民文化需求增长的必然结

[①] 国家文物局,民政部,财政部,国土资源部,住房和城乡建设部,文化部,国家税务总局. 国家文物局 民政部 财政部 国土资源部 住房和城乡建设部 文化部 国家税务总局 关于促进民办博物馆发展的意见[EB/OL]. [2010-03-12]. http://www.gov.cn/zwgk/2010-03/12/content_1554026.htm.

果,是具有文化普及鲜明特色的公共文化服务机构,是动员全社会广泛参与,共同构建公共文化服务体系,促进文化大发展、大繁荣,建设和谐社会的一支重要力量。

(二)各地、各有关部门要切实提高对支持民办博物馆发展重要性的认识,明确和坚持积极鼓励,大力支持,正确引导,依法管理的指导思想,将民办博物馆纳入国民经济和社会发展规划,纳入博物馆事业发展规划,因地制宜,分类指导,制定符合各地民办博物馆发展的目标、措施和相关政策,支持、鼓励和引导民办博物馆的科学发展。民政、财政、国土资源、住房城乡建设、文化、税务、文物等行政部门和行业组织要加强协调,形成合力,加强调查研究,对民办博物馆在创办、开放、发展中遇到的具体困难和问题,给予必要的关注,及时帮助切实解决,保障民办博物馆健康发展。

二、加强扶持,为民办博物馆创造良好的发展环境

(三)规范民办博物馆准入制度。加快出台《博物馆条例》,完善博物馆管理基本制度体系,明确民办博物馆与公立博物馆同等的法律地位。文物、民政行政部门制订民办博物馆登记管理办法,细化民办博物馆准入标准,完善审批程序,健全民办博物馆准入制度。依照《中华人民共和国文物保护法》等法规的规定,加强对拟申办民办博物馆藏品来源合法性和真实性审查,明确博物馆对藏品的合法所有权。鼓励社会力量兴办填补博物馆门类空白和体现行业特性、区域特点的专题性博物馆。兴办民办博物馆应符合城乡规划。对符合设立条件的民办博物馆,要按照《民办非企业单位登记管理暂行条例》《博物馆管理办法》等有关规定,及时审核和给予登记注册。要加强对民办博物馆凭证执业、依法办馆的监督,按照法律、法规和规章的规定,做好民办博物馆的登记、年检、执业和监督管理工作。要开展经常性的执法检查活动,严厉打击

非法办馆行为,坚决取缔无证执业,规范竞争行为,营造公平有序的发展环境,保障合法博物馆的正当权益。

(四)切实帮助解决民办博物馆的馆舍与经费保障问题。推广民办公助、公建民营等形式,在有条件的地区,建立政府对民办博物馆单位的资助机制。各地可利用在布局结构调整后闲置的房产,支持民办博物馆发展。可在旅游景区和文化产业园区内规划建设民办博物馆,为民办博物馆提供馆舍和基础设施运行保障。对符合国家《划拨用地目录》规定的非营利性民办博物馆的建设用地,经县级以上人民政府批准,可以划拨方式供地。民办博物馆建设必须贯彻节约集约用地的原则,严格执行《博物馆建设用地指标》的规定,严禁改变博物馆用地的土地用途,不得以划拨土地使用权抵押。民办博物馆因故终止的,其用地由国家依法收回后继续作为博物馆建设用地。协调金融机构为符合条件的民办博物馆提供贷款。鼓励企业、事业单位、社会团体以及个人等社会力量向民办博物馆提供捐赠。鼓励民办博物馆依托藏品、展览研发推广博物馆文化产品。民办博物馆在接收捐赠、门票收入、非营利性收入等方面,可按照现行税法规定享受有关优惠政策。

(五)加强对民办博物馆的专业指导和扶持。文物行政部门要积极探索新形势下民办博物馆的管理体制、机制和办法,根据民办博物馆自愿办馆、自筹资金、自负责任、自主管理的特点,通过法规、政策、标准、评估、督导等措施为博物馆的目标管理和质量管理提供服务。民办博物馆在行业准入、等级评定、人员培训、职称评定、科研活动、陈列展览,以及人才、学术的交流、合作、奖励、政府政策信息服务等方面,与国有博物馆一视同仁,同等待遇。对具有门类特点、行业个性或地域文化、民族(民俗)唯一性的民办博物馆,以及致力于抢救濒危文化遗产、填补某领域文化空白或稀缺的新建民办博物馆,给予必要和适当的倾斜性扶持。鼓励国有博物馆对民办博物馆的藏品保护、陈列展览、科学研究等业务活动实施帮扶。加强博物馆行业协会建设，制定行业规范，鼓励民办博物馆加入行业协会，促进行业自律。

（六）努力形成有利于民办博物馆健康发展的社会舆论氛围。要充分利用广播、电视、报纸、网络等媒体，大力宣传政府鼓励、支持、引导民办博物馆发展的方针政策，宣传民办博物馆在社会主义先进文化建设中的重要地位和作用，宣传民办博物馆中涌现出的先进典型，扩大民办博物馆的影响。对优秀民办博物馆以及在民办博物馆事业方面做出突出贡献的单位和个人，给予表彰。

三、依法办馆，全面提高民办博物馆的质量

（七）建立健全民办博物馆内部管理制度。文物、民政行政部门要把民办博物馆纳入质量监管体系，通过评估定级和年度检查、考评等方式，指导民办博物馆严格遵守国家相关政策法规和技术标准规范以及国际博物馆协会职业道德准则，健全以理事会（董事会）、监事会为核心的法人治理结构，完善博物馆章程和发展规划，依法自我管理、科学运行，承担相应的社会义务。要落实民办博物馆的法人财产权，对举办者和其他投资者投入民办博物馆的藏品、资产、国有资产、受赠的财产、收取的费用以及办馆积累，应当分别登记建账，并依法享有法人财产权。民办博物馆存续期间，对博物馆所有资产依法享有占有、使用、收益和处分的权力，任何组织和个人不得侵占和非法干涉。

（八）规范民办博物馆的藏品管理。藏品是博物馆赖以生存的物质基础，保障藏品安全并充分发挥其社会作用是博物馆的基本义务。民办博物馆应当依照《中华人民共和国文物保护法》、《博物馆管理办法》、《博物馆藏品管理办法》等法规和国际博物馆协会职业道德准则要求，加强藏品收集，建立、健全藏品收藏、保护、研究、展示等相关规章制度，建立健全藏品总账、分类账及每件藏品的档案，并报所在地市（县）级文物行政部门备案。民办博物馆处置无保存价值的藏品，以及民办博物馆终止时的藏品处置，必须进行严格的评估，并报所在地省级文物行政部门审批。民办博物馆不再收藏的藏品应优先转让给其他博物馆收藏。处置藏品所得应当用于博物馆收藏新的藏品、改善藏品保管条件和博物馆日常维护等用途。

（九）切实加强民办博物馆展示服务工作。民办博物馆要落实"以质量求生存、以特色求发展"的办馆理念，加强人才队伍建设，加强科学研究，大力提升展示服务水平。要把博物馆的特色和品牌建设作为直接关系民办博物馆生存的大事来抓紧抓好，满足社会对优质博物馆文化资源的需求。文物行政部门要加强对民办博物馆陈列展览、社会教育和服务活动的指导，严格基本陈列内容审查，抵制低俗之风。民办博物馆要完善开放服务制度，开展进校园、进社区活动，纳入当地旅游线路，开展博物馆文化旅游活动。根据公平、择优的原则，采用公开招标和政府购买服务的方式，支持民办博物馆参与公共文化服务体系和国民教育体系建设。对于社会服务功能发挥良好、成绩突出的民办博物馆，可按规定命名为爱国主义教育基地和青少年教育基地。鼓励民办博物馆积极参与对外文化交流。

国家文物局 民政部 财政部
国土资源部 住房和城乡建设部
文化部 国家税务总局
二〇一〇年一月二十九日

(三)文化部关于鼓励和引导民间资本进入文化领域的实施意见[①](节选)

文化部关于鼓励和引导民间资本进入文化领域的实施意见

各省、自治区、直辖市文化厅(局),新疆生产建设兵团文化广播电视局,各计划单列市文化局,各直属单位:

为贯彻党的十七届六中全会精神,落实《国务院关于鼓励和引导民间投资健康发展的若干意见》(国发〔2010〕13号)和《国务院办公厅关于鼓励和引导民间投资健康发展重点工作分工的通知》(国办函〔2010〕120号)精神,鼓励和引导民间资本进入文化领域,文化部结合当前文化改革发展实际,制定本实施意见。

一、充分认识促进民间资本进入文化领域的重要意义

(一)随着改革开放不断深入和经济社会发展方式转型升级,民间资本已成为推动我国文化建设的重要力量,在深化文化体制改革、发展公益性文化事业、繁荣文化产业、推动文艺创作生产、开展多渠道多形式多层次对外文化交流等方面发挥了重要作用。鼓励和引导民间资本进入文化领域,是深入贯彻党的十七届六中全会精神,推动社会主义文化大发展大繁荣,进一步兴起社会主义文化建设新高潮的重要举措。鼓励和引导民间资本进入文化领域,有利于完善社会主义市场经济体制,充分发挥市场在文化资源配置中的积极作用;有利于优化国民经济结构、创造更多就业机会,增加城乡居民收入;有利于拓宽文化资金来源渠道,促进投资主体多元化;有利于进一步解放文化生产力,调动社会各方

---

① 文化部文化产业司.文化部关于鼓励和引导民间资本进入文化领域的实施意见[EB/OL].[2012-06-28]. http://59.252.212.6/auto255/201207/t20120710_28681.html.

面积极性,整合各种资源,凝聚各方力量,激发全社会文化创造活力,形成全社会共同参与文化建设的新局面;有利于丰富文化产品和服务供给,满足人民群众日益增长的多样化的精神文化需求。

……

三、鼓励民间资本参与公共文化服务体系建设

(四)鼓励民间资本捐建或捐资助建博物馆、图书馆、文化馆、美术馆等公共文化基础设施,引导和鼓励民间资本通过捐助机构、资助项目、赞助活动、提供设施等形式参与公共文化服务。民间资本捐资助建公益性文化设施,可尊重捐赠者的意见,以适当方式予以褒奖;通过公益性社会团体和县级以上人民政府及其部门捐赠捐助的,可按有关法律、法规享受税收优惠政策。

(五)采取政府采购、项目补贴、定向资助、贷款贴息、税收减免等政策措施,引导民间资本投资兴建民间文化馆、图书馆、博物馆、美术馆等文化设施;支持民间资本兴办具有公益性和准公益性特点的读书社、书画社、乡村文艺俱乐部、文化大院、群众文艺团队、社区文化服务组织、民间文艺协会等,直接面向社会公众提供公益文化服务。

(六)逐步建立公共文化服务政府采购制度,支持民营文化企业的产品和服务进入政府公共文化产品和服务采购目录。鼓励民间资本通过招投标等方式,参与基础文化设施建设、公共文化产品创作生产、公益性文化产品和服务供给、重大文化惠民工程、重大公益性文化活动和其他公共文化服务。

……

七、为民间资本进入文化领域创造良好发展环境

(十六)加快推进文化行政部门观念和职能转变,切实推进政企分开、政事分开、管办分离,消除制约民间资本进入文化领域

的制度性障碍，强化政策调节、市场监管、社会管理和公共服务职能，加大对民营文化企业、民办文化机构、民间文化组织等的服务力度，促进民间资本健康发展。

（十七）全面梳理文化领域各项行政审批事项，完善信息公开制度，推动管理内容、标准和程序的公开化、规范化，为民间资本进入文化领域提供公开透明、平等准入、公平竞争的发展环境。积极协调有关部门，简化项目审批、税收优惠、进出口通关、资金汇兑、捐赠认定等事项办理流程，清理和规范涉企收费，切实减轻企业负担。

（十八）会同有关部门逐项落实鼓励和引导民间资本进入文化领域的各项政策措施，针对不同领域，研究制定具体扶持办法，加大财政、税收、金融、用地等方面的扶持力度，完善民间资本进入文化领域的政策保障机制，切实保护民间资本的合法权益。

（十九）不断提高政府公共服务水平，加强"文化产业投融资公共服务平台"等投资信息平台建设，及时发布国家政策、发展规划、准入标准、行业动态、项目招标、产品和服务采购等信息。充分发挥驻外使领馆文化处（组）、海外中国文化中心等的作用，协助民营文化企业了解和分析海外文化市场动态，拓展海外营销网络和渠道。

（二十）各级文化行政部门要积极组织宣传党中央、国务院关于鼓励、支持和引导民间资本健康发展的方针、政策和措施，客观、公正评价民间资本在促进文化发展方面的积极作用，营造有利于民间资本进入文化领域的舆论氛围。支持民营文化企业、民办机构及民间文化团体人才队伍建设，在评定职称、参与培训、申报项目、表彰奖励等方面与国有文化单位同等对待，带动民间文化人才参与文化建设的积极性。

八、加强对民间资本进入文化领域的指导和规范管理

（二十一）各级文化行政部门要依照有关法律、法规要求，加

快建立和完善管理制度和征信体系，综合运用政策指导、资质认定、业务培训、监督检查等措施，加强和改进对民间资本进入文化领域的服务和管理，引导其在依法投资、依法经营的同时，不断提高自身素质和能力，树立诚信意识和责任意识，主动承担和履行相应的社会责任。

（二十二）加强对民间资本进入文化领域现状、发展趋势的监测和分析，把握民间资本进入文化领域的动态，适时修订《文化部文化产业投资指导目录》，合理引导民间投资者正确判断形势，减少盲目投资。

（二十三）加强文化行业协会、促进会、商会、学会、联盟等行业自律组织建设，充分发挥其为民间资本进入文化领域提供法律、政策、咨询、财务、金融、技术、管理和市场信息等方面服务的积极作用。

（二十四）各级文化行政部门和各文化部直属单位要认真贯彻落实国家相关政策，采取切实措施，促进民间资本进入文化领域，并注意跟踪政策实施效果和存在的问题，及时将有关情况反馈我部。

文化部

二〇一二年六月二十八日

(四)国务院办公厅关于政府向社会力量购买服务的指导意见[①]

国务院办公厅关于政府向社会力量购买服务的指导意见

国办发〔2013〕96号

各省、自治区、直辖市人民政府，国务院各部委、各直属机构：

党的十八大强调，要加强和创新社会管理，改进政府提供公共服务方式。新一届国务院对进一步转变政府职能、改善公共服务作出重大部署，明确要求在公共服务领域更多利用社会力量，加大政府购买服务力度。经国务院同意，现就政府向社会力量购买服务提出以下指导意见。

一、充分认识政府向社会力量购买服务的重要性

改革开放以来，我国公共服务体系和制度建设不断推进，公共服务提供主体和提供方式逐步多样化，初步形成了政府主导、社会参与、公办民办并举的公共服务供给模式。同时，与人民群众日益增长的公共服务需求相比，不少领域的公共服务存在质量效率不高、规模不足和发展不平衡等突出问题，迫切需要政府进一步强化公共服务职能，创新公共服务供给模式，有效动员社会力量，构建多层次、多方式的公共服务供给体系，提供更加方便、快捷、优质、高效的公共服务。政府向社会力量购买服务，就是通过发挥市场机制作用，把政府直接向社会公众提供的一部分公共服务事项，按照一定的方式和程序，交由具备条件的社会力量承担，并由政府根据服务数量和质量向其支付费用。近年来，一

---

① 国务院办公厅. 国务院办公厅关于政府向社会力量购买服务的指导意见[EB/OL]. [2013-09-30]. http://www.gov.cn/zwgk/2013-09/30/content_2498186.htm.

些地方立足实际，积极开展向社会力量购买服务的探索，取得了良好效果，在政策指导、经费保障、工作机制等方面积累了不少好的做法和经验。

实践证明，推行政府向社会力量购买服务是创新公共服务提供方式、加快服务业发展、引导有效需求的重要途径，对于深化社会领域改革，推动政府职能转变，整合利用社会资源，增强公众参与意识，激发经济社会活力，增加公共服务供给，提高公共服务水平和效率，都具有重要意义。地方各级人民政府要结合当地经济社会发展状况和人民群众的实际需求，因地制宜、积极稳妥地推进政府向社会力量购买服务工作，不断创新和完善公共服务供给模式，加快建设服务型政府。

二、正确把握政府向社会力量购买服务的总体方向

（一）指导思想。

以邓小平理论、"三个代表"重要思想、科学发展观为指导，深入贯彻落实党的十八大精神，牢牢把握加快转变政府职能、推进政事分开和政社分开、在改善民生和创新管理中加强社会建设的要求，进一步放开公共服务市场准入，改革创新公共服务提供机制和方式，推动中国特色公共服务体系建设和发展，努力为广大人民群众提供优质高效的公共服务。

（二）基本原则。

——积极稳妥，有序实施。立足社会主义初级阶段基本国情，从各地实际出发，准确把握社会公共服务需求，充分发挥政府主导作用，有序引导社会力量参与服务供给，形成改善公共服务的合力。

——科学安排，注重实效。坚持精打细算，明确权利义务，切实提高财政资金使用效率，把有限的资金用在刀刃上，用到人民群众最需要的地方，确保取得实实在在的成效。

——公开择优，以事定费。按照公开、公平、公正原则，坚持费随事转，通过竞争择优的方式选择承接政府购买服务的社会力量，确保具备条件的社会力量平等参与竞争。加强监督检查和科学评估，建立优胜劣汰的动态调整机制。

——改革创新，完善机制。坚持与事业单位改革相衔接，推进政事分开、政社分开，放开市场准入，释放改革红利，凡社会能办好的，尽可能交给社会力量承担，有效解决一些领域公共服务产品短缺、质量和效率不高等问题。及时总结改革实践经验，借鉴国外有益成果，积极推动政府向社会力量购买服务的健康发展，加快形成公共服务提供新机制。

（三）目标任务。

"十二五"时期，政府向社会力量购买服务工作在各地逐步推开，统一有效的购买服务平台和机制初步形成，相关制度法规建设取得明显进展。到2020年，在全国基本建立比较完善的政府向社会力量购买服务制度，形成与经济社会发展相适应、高效合理的公共服务资源配置体系和供给体系，公共服务水平和质量显著提高。

三、规范有序开展政府向社会力量购买服务工作

（一）购买主体。

政府向社会力量购买服务的主体是各级行政机关和参照公务员法管理、具有行政管理职能的事业单位。纳入行政编制管理且经费由财政负担的群团组织，也可根据实际需要，通过购买服务方式提供公共服务。

（二）承接主体。

承接政府购买服务的主体包括依法在民政部门登记成立或经国务院批准免予登记的社会组织，以及依法在工商管理或行业主管部门登记成立的企业、机构等社会力量。承接政府购买服务的

主体应具有独立承担民事责任的能力，具备提供服务所必需的设施、人员和专业技术的能力，具有健全的内部治理结构、财务会计和资产管理制度，具有良好的社会和商业信誉，具有依法缴纳税收和社会保险的良好记录，并符合登记管理部门依法认定的其他条件。承接主体的具体条件由购买主体会同财政部门根据购买服务项目的性质和质量要求确定。

（三）购买内容。

政府向社会力量购买服务的内容为适合采取市场化方式提供、社会力量能够承担的公共服务，突出公共性和公益性。教育、就业、社保、医疗卫生、住房保障、文化体育及残疾人服务等基本公共服务领域，要逐步加大政府向社会力量购买服务的力度。非基本公共服务领域，要更多更好地发挥社会力量的作用，凡适合社会力量承担的，都可以通过委托、承包、采购等方式交给社会力量承担。对应当由政府直接提供、不适合社会力量承担的公共服务，以及不属于政府职责范围的服务项目，政府不得向社会力量购买。各地区、各有关部门要按照有利于转变政府职能，有利于降低服务成本，有利于提升服务质量水平和资金效益的原则，在充分听取社会各界意见基础上，研究制定政府向社会力量购买服务的指导性目录，明确政府购买的服务种类、性质和内容，并在总结试点经验基础上，及时进行动态调整。

（四）购买机制。

各地要按照公开、公平、公正原则，建立健全政府向社会力量购买服务机制，及时、充分向社会公布购买的服务项目、内容以及对承接主体的要求和绩效评价标准等信息，建立健全项目申报、预算编报、组织采购、项目监管、绩效评价的规范化流程。购买工作应按照政府采购法的有关规定，采用公开招标、邀请招标、竞争性谈判、单一来源、询价等方式确定承接主体，严禁转包行为。购买主体要按照合同管理要求，与承接主体签订合同，明确所购买服务的范围、标的、数量、质量要求，以及服务期限、资金支付方式、权利义务和违约责任等，按照合同要求支付资金，并加强对服务提供全过程的跟踪监管和对服务成果的检查验收。承接主体要严格履行合同义务，按时完成服务项目任务，保证服务数量、质量和效果。

（五）资金管理。

政府向社会力量购买服务所需资金在既有财政预算安排中统筹考虑。随着政府提供公共服务的发展所需增加的资金，应按照预算管理要求列入财政预算。要严格资金管理，确保公开、透明、规范、有效。

（六）绩效管理。

加强政府向社会力量购买服务的绩效管理，严格绩效评价机制。建立健全由购买主体、服务对象及第三方组成的综合性评审机制，对购买服务项目数量、质量和资金使用绩效等进行考核评价。评价结果向社会公布，并作为以后年度编制政府向社会力量购买服务预算和选择政府购买服务承接主体的重要参考依据。

四、扎实推进政府向社会力量购买服务工作

（一）加强组织领导。

推进政府向社会力量购买服务，事关人民群众切身利益，是保障和改善民生的一项重要工作。地方各级人民政府要把这项工作列入重要议事日程，加强统筹协调，立足当地实际认真制定并逐步完善政府向社会力量购买服务的政策措施和实施办法，并抄送上一级政府财政部门。财政部要会同有关部门加强对各地开展政府向社会力量购买服务工作的指导和监督，总结推广成功经验，积极推动相关制度法规建设。

（二）健全工作机制。

政府向社会力量购买服务，要按照政府主导、部门负责、社会参与、共同监督的要求,确保工作规范有序开展。地方各级人民政府可根据本地区实际情况,建立"政府统一领导,财政部门牵头,民政、工商管理以及行业主管部门协同,职能部门履职,监督部门保障"的工作机制,拟定购买服务目录,确定购买服务计划,指导监督购买服务工作。相关职能部门要加强协调沟通,做到各负其责、齐抓共管。

(三)严格监督管理。

各地区、各部门要严格遵守相关财政财务管理规定,确保政府向社会力量购买服务资金规范管理和使用,不得截留、挪用和滞留资金。购买主体应建立健全内部监督管理制度,按规定公开购买服务相关信息,自觉接受社会监督。承接主体应当健全财务报告制度,并由具有合法资质的注册会计师对财务报告进行审计。财政部门要加强对政府向社会力量购买服务实施工作的组织指导,严格资金监管,监察、审计等部门要加强监督,民政、工商管理以及行业主管部门要按照职能分工将承接政府购买服务行为纳入年检、评估、执法等监管体系。

(四)做好宣传引导。

地方各级人民政府和国务院有关部门要广泛宣传政府向社会力量购买服务工作的目的、意义、目标任务和相关要求,做好政策解读,加强舆论引导,主动回应群众关切,充分调动社会参与的积极性。

国务院办公厅
2013年9月26日

(五)关于延续宣传文化增值税和营业税优惠政策的通知[①]

关于延续宣传文化增值税和营业税优惠政策的通知
财税[2013]87号

各省、自治区、直辖市、计划单列市财政厅(局)、国家税务局、地方税务局,新疆生产建设兵团财务局,财政部驻各省、自治区、直辖市、计划单列市财政监察专员办事处:

为促进我国宣传文化事业的发展繁荣,经国务院批准,在2017年底以前,对宣传文化事业增值税和营业税优惠政策作适当调整后延续。现将有关事项通知如下:

一、自2013年1月1日起至2017年12月31日,执行下列增值税先征后退政策。

(一)对下列出版物在出版环节执行增值税100%先征后退的政策:

1. 中国共产党和各民主党派的各级组织的机关报纸和机关期刊,各级人大、政协、政府、工会、共青团、妇联、残联、科协的机关报纸和机关期刊,新华社的机关报纸和机关期刊,军事部门的机关报纸和机关期刊。

上述各级组织不含其所属部门。机关报纸和机关期刊增值税先征后退范围掌握在一个单位一份报纸和一份期刊以内。

2. 专为少年儿童出版发行的报纸和期刊,中小学的学生课本。

3. 专为老年人出版发行的报纸和期刊。

---

① 财政部,国家税务总局. 关于延续宣传文化增值税和营业税优惠政策的通知[EB/OL]. [2013-12-25]. http://szs.mof.gov.cn/zhengwuxinxi/zhengcefabu/201312/t20131231_1031496.html.

4. 少数民族文字出版物。

5. 盲文图书和盲文期刊。

6. 经批准在内蒙古、广西、西藏、宁夏、新疆五个自治区内注册的出版单位出版的出版物。

7. 列入本通知附件1的图书、报纸和期刊。

(二)对下列出版物在出版环节执行增值税先征后退50%的政策：

1. 各类图书、期刊、音像制品、电子出版物，但本通知第一条第(一)项规定执行增值税100%先征后退的出版物除外。

2. 列入本通知附件2的报纸。

(三)对下列印刷、制作业务执行增值税100%先征后退的政策：

1. 对少数民族文字出版物的印刷或制作业务。

2. 列入本通知附件3的新疆维吾尔自治区印刷企业的印刷业务。

二、自2013年1月1日起至2017年12月31日，免征图书批发、零售环节增值税。

三、自2013年1月1日起至2017年12月31日，对科普单位的门票收入，以及县(含县级市、区、旗)及县以上党政部门和科协开展的科普活动的门票收入免征营业税。自2013年1月1日至2013年7月31日，对境外单位向境内科普单位转让科普影视作品播映权取得的收入，免征营业税。

四、享受本通知第一条第(一)项、第(二)项规定的增值税先征后退政策的纳税人，必须是具有相关出版物的出版许可证的出版单位(含以"租型"方式取得专有出版权进行出版物的印刷发行的出版单位)。承担省级及以上出版行政主管部门指定出版、发行任务的单位，因进行重组改制等原因尚未办理出版、发行许可的出版单位,经财政部驻各地财政监察专员办事处(以下简称财政监察专员办事处)商省级出版行政主管部门核准,可以享受相应的增值税先征后退政策。

纳税人应将享受上述税收优惠政策的出版物在财务上实行单独核算,不进行单独核算的不得享受本通知规定的优惠政策。违规出版物、多次出现违规的出版单位及图书批发零售单位不得享受本通知规定的优惠政策,上述违规出版物、出版单位及图书批发零售单位的具体名单由省级及以上出版行政主管部门及时通知相应财政监察专员办事处和主管税务机关。

五、已按软件产品享受增值税退税政策的电子出版物不得再按本通知申请增值税先征后退政策。

六、办理和认定

(一)本通知规定的各项增值税先征后退政策由财政监察专员办事处根据财政部、国家税务总局、中国人民银行《关于税制改革后对某些企业实行"先征后退"有关预算管理问题的暂行规定的通知》〔(94)财预字第55号〕的规定办理。

(二)科普单位、科普活动和科普单位进口自用科普影视作品的认定仍按《科技部 财政部 国家税务总局 海关总署 新闻出版总署关于印发〈科普税收优惠政策实施办法〉的通知》(国科发政字〔2003〕416号)的有关规定执行。

七、本通知的有关定义

(一)本通知所述"出版物",是指根据国务院出版行政主管部门的有关规定出版的图书、报纸、期刊、音像制品和电子出版物。所述图书、报纸和期刊,包括随同图书、报纸、期刊销售并难以分离的光盘、软盘和磁带等信息载体。

(二)图书、报纸、期刊(即杂志)的范围,仍然按照《国家税务总局关于印发〈增值税部分货物征税范围注释〉的通知》(国税发

〔1993〕151号)的规定执行；音像制品、电子出版物的范围，仍然按照《财政部　国家税务总局关于部分货物适用增值税低税率和简易办法征收增值税政策的通知》(财税〔2009〕9号)的规定执行。

(三)本通知所述"专为少年儿童出版发行的报纸和期刊"，是指以初中及初中以下少年儿童为主要对象的报纸和期刊。

(四)本通知所述"中小学的学生课本"，是指普通中小学学生课本和中等职业教育课本。普通中小学学生课本是指根据教育部中、小学教学大纲的要求，由经国务院出版行政主管部门审定而具有"中小学教材"出版资质的出版单位出版发行的中、小学学生上课使用的正式课本，具体操作时按国家和省级教育行政部门每年春、秋两季下达的"中小学教学用书目录"中所列的"课本"的范围掌握；中等职业教育课本是指经国家和省级教育、人力资源社会保障行政部门审定，供中等专业学校、职业高中和成人专业学校学生使用的课本，具体操作时按国家和省级教育、人力资源社会保障行政部门每年下达的教学用书目录认定。中小学的学生课本不包括各种形式的教学参考书、图册、自读课本、课外读物、练习册以及其他各类辅助性教材和辅导读物。

(五)本通知所述"专为老年人出版发行的报纸和期刊"，是指以老年人为主要对象的报纸和期刊，具体范围详见附件4。

(六)本通知第一条第(一)项和第(二)项规定的图书包括"租型"出版的图书。

(七)本通知所述"科普单位"，是指科技馆，自然博物馆，对公众开放的天文馆(站、台)、气象台(站)、地震台(站)，以及高等院校、科研机构对公众开放的科普基地。

八、本通知自2013年1月1日起执行。《财政部国家税务总局关于继续执行宣传文化增值税和营业税优惠政策的通知》(财税〔2011〕92号)同时废止。

按照本通知第二条和第三条规定应予免征的增值税或营业税，凡在接到本通知以前已经征收入库的，可抵减纳税人以后月份应缴纳的增值税、营业税税款或者办理税款退库。纳税人如果已向购买方开具了增值税专用发票，应将专用发票追回后方可申请办理免税。凡专用发票无法追回的，一律照章征收增值税。

附件：1. 适用增值税 100% 先征后退政策的特定图书、报纸和期刊名单

2. 适用增值税 50% 先征后退政策的报纸名单

3. 适用增值税 100% 先征后退政策的新疆维吾尔自治区印刷企业名单

4. 专为老年人出版发行的报纸和期刊名单

财政部　国家税务总局
2013 年 12 月 25 日

【本章小结】

本章阐述了促进公共文化服务社会化发展的目的，梳理了国家促进公共文化服务社会化发展方针、政策的发展演变，介绍了税收优惠政策、政府购买公共文化服务政策、鼓励社会资本参与公共文化服务体系建设政策的主要内容。

【思考题】

1. 促进公共文化社会化发展的目的。

2. 我国促进公共文化社会化发展的基本方针。

3. 我国当前促进公共文化服务社会化发展主要经济政策的内容。

附录　与公共文化相关的三大国际公约

(一)经济、社会及文化权利国际公约[①](节选)

经济、社会及文化权利国际公约
序言

本公约缔约各国,

考虑到,按照联合国宪章所宣布的原则,对人类家庭所有成员的固有尊严及其平等的和不移的权利的承认,乃是世界自由、正义与和平的基础,

确认这些权利是源于人身的固有尊严,

确认,按照世界人权宣言,只有在创造了使人可以享有其经济、社会及文化权利,正如享有其公民和政治权利一样的条件的情况下,才能实现自由人类享有免于恐惧和匮乏的自由的理想,

考虑到各国根据联合国宪章负有义务促进对人的权利和自由的普遍尊重和遵行,

认识到个人对其他个人和对他所属的社会负有义务,应为促进和遵行本公约所承认的权利而努力,

兹同意下述各条:

第一部分
第一条

一、所有人民都有自决权。他们凭这种权利自由决定他们的

---

① 经济、社会及文化权利国际公约[J]. 全国人民代表大会常务委员会公报, 2001(2):143-148.

政治地位，并自由谋求他们的经济、社会和文化的发展。

二、所有人民得为他们自己的目的自由处置他们的天然财富和资源，而不损害根据基于互利原则的国际经济合作和国际法而产生的任何义务。在任何情况下不得剥夺一个人民自己的生存手段。

三、本公约缔约各国，包括那些负责管理非自治领土和托管领土的国家，应在符合联合国宪章规定的条件下，促进自决权的实现，并尊重这种权利。

第二部分

第二条

一、每一缔约国家承担尽最大能力个别采取步骤或经由国际援助和合作，特别是经济和技术方面的援助和合作，采取步骤，以便用一切适当方法，尤其包括用立法方法，逐渐达到本公约中所承认的权利的充分实现。

二、本公约缔约各国承担保证，本公约所宣布的权利应予普遍行使，而不得有例如种族、肤色、性别、语言、宗教、政治或其他见解、国籍或社会出身、财产、出生或其他身份等任何区分。

三、发展中国家，在适当顾到人权及它们的民族经济的情况下，得决定它们对非本国国民的享受本公约中所承认的经济权利，给予什么程度的保证。

第三条

本公约缔约各国承担保证男子和妇女在本公约所载一切经济、社会及文化权利方面有平等的权利。

第四条

本公约缔约各国承认，在对各国依据本公约而规定的这些权利的享有方面，国家对此等权利只能加以限制同这些权利的性质不相违背而且只是为了促进民主社会中的总的福利的目的的法律所确定的限制。

第五条

一、本公约中任何部分不得解释为隐示任何国家、团体或个人有权利从事于任何旨在破坏本公约所承认的任何权利或自由或对它们加以较本公约所规定的范围更广的限制的活动或行为。

二、对于任何国家中依据法律、惯例、条例或习惯而被承认或存在的任何基本人权，不得借口本公约未予承认或只在较小范围上予以承认而予以限制或克减。

第三部分

……

第十五条

一、本公约缔约各国承认人人有权：

（甲）参加文化生活；

（乙）享受科学进步及其应用所产生的利益；

（丙）对其本人的任何科学、文学或艺术作品所产生的精神上和物质上的利益，享受被保护之利。

二、本公约缔约各国为充分实现这一权利而采取的步骤应包括为保存、发展和传播科学和文化所必需的步骤。

三、本公约缔约各国承担尊重进行科学研究和创造性活动所不可缺少的自由。

四、本公约缔约各国认识到鼓励和发展科学与文化方面的国际接触和合作的好处。

(二)保护非物质文化遗产公约[①]

保护非物质文化遗产公约

联合国教育、科学及文化组织(以下简称教科文组织)大会于2003年9月29日至10月17日在巴黎举行的第32届会议,

参照现有的国际人权文书,尤其是1948年的《世界人权宣言》以及1966年的《经济、社会及文化权利国际公约》和《公民权利和政治权利国际公约》,

考虑到1989年的《保护民间创作建议书》、2001年的《教科文组织世界文化多样性宣言》和2002年第三次文化部长圆桌会议通过的《伊斯坦布尔宣言》强调非物质文化遗产的重要性,它是文化多样性的熔炉,又是可持续发展的保证,

考虑到非物质文化遗产与物质文化遗产和自然遗产之间的内在相互依存关系,

承认全球化和社会转型进程在为各群体之间开展新的对话创造条件的同时,也与不容忍现象一样,使非物质文化遗产面临损坏、消失和破坏的严重威胁,在缺乏保护资源的情况下,这种威胁尤为严重,

意识到保护人类非物质文化遗产是普遍的意愿和共同关心的事项,

承认各社区,尤其是原住民、各群体,有时是个人,在非物质文化遗产的生产、保护、延续和再创造方面发挥着重要作用,从而为丰富文化多样性和人类的创造性做出贡献,

注意到教科文组织在制定保护文化遗产的准则性文件,尤其

---

① 联合国教育、科学及文化组织.保护非物质文化遗产公约[J].全国人民代表大会常务委员会公报,2006(2):138-145.

是1972年的《保护世界文化和自然遗产公约》方面所做的具有深远意义的工作，

还注意到迄今尚无有约束力的保护非物质文化遗产的多边文件，

考虑到国际上现有的关于文化遗产和自然遗产的协定、建议书和决议需要有非物质文化遗产方面的新规定有效地予以充实和补充，

考虑到必须提高人们，尤其是年轻一代对非物质文化遗产及其保护的重要意义的认识，

考虑到国际社会应当本着互助合作的精神与本公约缔约国一起为保护此类遗产做出贡献，

忆及教科文组织有关非物质文化遗产的各项计划，尤其是"宣布人类口头遗产和非物质遗产代表作"计划，

认为非物质文化遗产是密切人与人之间的关系以及他们之间进行交流和了解的要素，它的作用是不可估量的，

于2003年10月17日通过本公约。

第一章 总则

第一条 本公约的宗旨

本公约的宗旨如下：

（一）保护非物质文化遗产；

（二）尊重有关社区、群体和个人的非物质文化遗产；

（三）在地方、国家和国际一级提高对非物质文化遗产及其相互欣赏的重要性的意识；

（四）开展国际合作及提供国际援助。

第二条 定义

在本公约中：

（一）"非物质文化遗产"，指被各社区、群体，有时是个人，

视为其文化遗产组成部分的各种社会实践、观念表述、表现形式、知识、技能以及相关的工具、实物、手工艺品和文化场所。这种非物质文化遗产世代相传，在各社区和群体适应周围环境以及与自然和历史的互动中，被不断地再创造，为这些社区和群体提供认同感和持续感，从而增强对文化多样性和人类创造力的尊重。在本公约中，只考虑符合现有的国际人权文件，各社区、群体和个人之间相互尊重的需要和顺应可持续发展的非物质文化遗产。

（二）按上述第（一）项的定义，"非物质文化遗产"包括以下方面：

1. 口头传统和表现形式，包括作为非物质文化遗产媒介的语言；

2. 表演艺术；

3. 社会实践、仪式、节庆活动；

4. 有关自然界和宇宙的知识和实践；

5. 传统手工艺。

（三）"保护"指确保非物质文化遗产生命力的各种措施，包括这种遗产各个方面的确认、立档、研究、保存、保护、宣传、弘扬、传承（特别是通过正规和非正规教育）和振兴。

（四）"缔约国"指受本公约约束且本公约在它们之间也通用的国家。

（五）本公约经必要修改对根据第三十三条所述之条件成为其缔约方之领土也适用。在此意义上，"缔约国"亦指这些领土。

第三条 与其他国际文书的关系

本公约的任何条款均不得解释为：

（一）改变与任一非物质文化遗产直接相关的世界遗产根据1972年《保护世界文化和自然遗产公约》所享有的地位，或降低受其保护的程度；

（二）影响缔约国从其作为缔约方的任何有关知识产权或使用生物和生态资源的国际文书所获得的权利和所负有的义务。

第二章 公约的有关机关

第四条 缔约国大会

一、兹建立缔约国大会，下称"大会"。大会为本公约的最高权力机关。

二、大会每两年举行一次常会。如若它作出此类决定或政府间保护非物质文化遗产委员会或至少三分之一的缔约国提出要求，可举行特别会议。

三、大会应通过自己的议事规则。

第五条 政府间保护非物质文化遗产委员会

一、兹在教科文组织内设立政府间保护非物质文化遗产委员会，下称"委员会"。在本公约依照第三十四条的规定生效之后，委员会由参加大会之缔约国选出的18个缔约国的代表组成。

二、在本公约缔约国的数目达到50个之后，委员会委员国的数目将增至24个。

第六条 委员会委员国的选举和任期

一、委员会委员国的选举应符合公平的地理分配和轮换原则。

二、委员会委员国由本公约缔约国大会选出，任期四年。

三、但第一次选举当选的半数委员会委员国的任期为两年。这些国家在第一次选举后抽签指定。

四、大会每两年对半数委员会委员国进行换届。

五、大会还应选出填补空缺席位所需的委员会委员国。

六、委员会委员国不得连选连任两届。

七、委员会委员国应选派在非物质文化遗产各领域有造诣的人士为其代表。

第七条 委员会的职能

在不妨碍本公约赋予委员会的其它职权的情况下,其职能如下:

(一)宣传公约的目标,鼓励并监督其实施情况;

(二)就好的做法和保护非物质文化遗产的措施提出建议;

(三)按照第二十五条的规定,拟订利用基金资金的计划并提交大会批准;

(四)按照第二十五条的规定,努力寻求增加其资金的方式方法,并为此采取必要的措施;

(五)拟订实施公约的业务指南并提交大会批准;

(六)根据第二十九条的规定,审议缔约国的报告并将报告综述提交大会;

(七)根据委员会制定的、大会批准的客观遴选标准,审议缔约国提出的申请并就以下事项作出决定:

1. 列入第十六条、第十七条和第十八条述及的名录和提名;
2. 按照第二十二条的规定提供国际援助。

第八条 委员会的工作方法

一、委员会对大会负责。它向大会报告自己的所有活动和决定。

二、委员会以其委员的三分之二多数通过自己的议事规则。

三、委员会可设立其认为执行任务所需的临时特设咨询机构。

四、委员会可邀请在非物质文化遗产各领域确有专长的任何公营或私营机构以及任何自然人参加会议,就任何具体的问题向其请教。

第九条 咨询组织的认证

一、委员会应建议大会认证在非物质文化遗产领域确有专长的非政府组织具有向委员会提供咨询意见的能力。

二、委员会还应向大会就此认证的标准和方式提出建议。

第十条 秘书处

一、委员会由教科文组织秘书处协助。

二、秘书处起草大会和委员会文件及其会议的议程草案和确保其决定的执行。

第三章 在国家一级保护非物质文化遗产

第十一条 缔约国的作用

各缔约国应该：

（一）采取必要措施确保其领土上的非物质文化遗产受到保护；

（二）在第二条第（三）项提及的保护措施内，由各社区、群体和有关非政府组织参与，确认和确定其领土上的各种非物质文化遗产。

第十二条 清单

一、为了使其领土上的非物质文化遗产得到确认以便加以保护，各缔约国应根据自己的国情拟订一份或数份关于这类遗产的清单，并应定期加以更新。

二、各缔约国在按第二十九条的规定定期向委员会提交报告时，应提供有关这些清单的情况。

第十三条 其他保护措施

为了确保其领土上的非物质文化遗产得到保护、弘扬和展示，各缔约国应努力做到：

（一）制定一项总的政策，使非物质文化遗产在社会中发挥应有的作用，并将这种遗产的保护纳入规划工作；

（二）指定或建立一个或数个主管保护其领土上的非物质文化遗产的机构；

（三）鼓励开展有效保护非物质文化遗产，特别是濒危非物质文化遗产的科学、技术和艺术研究以及方法研究；

（四）采取适当的法律、技术、行政和财政措施，以便：

1. 促进建立或加强培训管理非物质文化遗产的机构以及通过为这种遗产提供活动和表现的场所和空间，促进这种遗产的传承；

2. 确保对非物质文化遗产的享用，同时对享用这种遗产的特殊方面的习俗做法予以尊重；

3. 建立非物质文化遗产文献机构并创造条件促进对它的利用。

第十四条　教育、宣传和能力培养

各缔约国应竭力采取种种必要的手段，以便：

（一）使非物质文化遗产在社会中得到确认、尊重和弘扬，主要通过：

1. 向公众，尤其是向青年进行宣传和传播信息的教育计划；

2. 有关社区和群体的具体的教育和培训计划；

3. 保护非物质文化遗产，尤其是管理和科研方面的能力培养活动；

4. 非正规的知识传播手段。

（二）不断向公众宣传对这种遗产造成的威胁以及根据本公约所开展的活动；

（三）促进保护表现非物质文化遗产所需的自然场所和纪念地点的教育。

第十五条　社区、群体和个人的参与

缔约国在开展保护非物质文化遗产活动时，应努力确保创造、延续和传承这种遗产的社区、群体，有时是个人的最大限度的参与，并吸收他们积极地参与有关的管理。

第四章　在国际一级保护非物质文化遗产

第十六条　人类非物质文化遗产代表作名录

一、为了扩大非物质文化遗产的影响，提高对其重要意义的

认识和从尊重文化多样性的角度促进对话，委员会应该根据有关缔约国的提名编辑、更新和公布人类非物质文化遗产代表作名录。

二、委员会拟订有关编辑、更新和公布此代表作名录的标准并提交大会批准。

第十七条　急需保护的非物质文化遗产名录

一、为了采取适当的保护措施，委员会编辑、更新和公布急需保护的非物质文化遗产名录，并根据有关缔约国的要求将此类遗产列入该名录。

二、委员会拟订有关编辑、更新和公布此名录的标准并提交大会批准。

三、委员会在极其紧急的情况（其具体标准由大会根据委员会的建议加以批准）下，可与有关缔约国协商将有关的遗产列入第一款所提之名录。

第十八条　保护非物质文化遗产的计划、项目和活动

一、在缔约国提名的基础上，委员会根据其制定的、大会批准的标准，兼顾发展中国家的特殊需要，定期遴选并宣传其认为最能体现本公约原则和目标的国家、分地区或地区保护非物质文化遗产的计划、项目和活动。

二、为此，委员会接受、审议和批准缔约国提交的关于要求国际援助拟订此类提名的申请。

三、委员会按照它确定的方式，配合这些计划、项目和活动的实施，随时推广有关经验。

第五章　国际合作与援助

第十九条　合作

一、在本公约中，国际合作主要是交流信息和经验，采取共同的行动，以及建立援助缔约国保护非物质文化遗产工作的机制。

二、在不违背国家法律规定及其习惯法和习俗的情况下，缔

约国承认保护非物质文化遗产符合人类的整体利益，保证为此目的在双边、分地区、地区和国际各级开展合作。

第二十条 国际援助的目的

可为如下目的提供国际援助：

（一）保护列入《急需保护的非物质文化遗产名录》的遗产；

（二）按照第十一条和第十二条的精神编制清单；

（三）支持在国家、分地区和地区开展的保护非物质文化遗产的计划、项目和活动；

（四）委员会认为必要的其他一切目的。

第二十一条 国际援助的形式

第七条的业务指南和第二十四条所指的协定对委员会向缔约国提供援助作了规定，可采取的形式如下：

（一）对保护这种遗产的各个方面进行研究；

（二）提供专家和专业人员；

（三）培训各类所需人员；

（四）制订准则性措施或其它措施；

（五）基础设施的建立和营运；

（六）提供设备和技能；

（七）其它财政和技术援助形式，包括在必要时提供低息贷款和捐助。

第二十二条 国际援助的条件

一、委员会确定审议国际援助申请的程序和具体规定申请的内容，包括打算采取的措施、必需开展的工作及预计的费用。

二、如遇紧急情况，委员会应对有关援助申请优先审议。

三、委员会在作出决定之前，应进行其认为必要的研究和咨询。

第二十三条　国际援助的申请

一、各缔约国可向委员会递交国际援助的申请，保护在其领土上的非物质文化遗产。

二、此类申请亦可由两个或数个缔约国共同提出。

三、申请应包含第二十二条第一款规定的所有资料和所有必要的文件。

第二十四条　受援缔约国的任务

一、根据本公约的规定，国际援助应依据受援缔约国与委员会之间签署的协定来提供。二、受援缔约国通常应在自己力所能及的范围内分担国际所援助的保护措施的费用。

三、受援缔约国应向委员会报告关于使用所提供的保护非物质文化遗产援助的情况。

第六章　非物质文化遗产基金

第二十五条　基金的性质和资金来源

一、兹建立一项"保护非物质文化遗产基金"，下称"基金"。

二、根据教科文组织《财务条例》的规定，此项基金为信托基金。

三、基金的资金来源包括：

(一)缔约国的纳款；

(二)教科文组织大会为此所拨的资金；

(三)以下各方可能提供的捐款、赠款或遗赠：

1. 其他国家；

2. 联合国系统各组织和各署(特别是联合国开发计划署)以及其他国际组织；

3. 公营或私营机构和个人。

(四)基金的资金所得的利息；

(五)为本基金募集的资金和开展活动之所得；

（六）委员会制定的基金条例所许可的所有其它资金。

四、委员会对资金的使用视大会的方针来决定。

五、委员会可接受用于某些项目的一般或特定目的的捐款及其它形式的援助，只要这些项目已获委员会的批准。

六、对基金的捐款不得附带任何与本公约所追求之目标不相符的政治、经济或其它条件。

第二十六条　缔约国对基金的纳款

一、在不妨碍任何自愿补充捐款的情况下，本公约缔约国至少每两年向基金纳一次款，其金额由大会根据适用于所有国家的统一的纳款额百分比加以确定。缔约国大会关于此问题的决定由出席会议并参加表决，但未作本条第二款中所述声明的缔约国的多数通过。在任何情况下，此纳款都不得超过缔约国对教科文组织正常预算纳款的百分之一。

二、但是，本公约第三十二条或第三十三条中所指的任何国家均可在交存批准书、接受书、核准书或加入书时声明不受本条第一款规定的约束。

三、已作本条第二款所述声明的本公约缔约国应努力通知联合国教育、科学及文化组织总干事收回所作声明。但是，收回声明之举不得影响该国在紧接着的下一届大会开幕之日前应缴的纳款。

四、为使委员会能够有效地规划其工作，已作本条第二款所述声明的本公约缔约国至少应每两年定期纳一次款，纳款额应尽可能接近它们按本条第一款规定应交的数额。

五、凡拖欠当年和前一日历年的义务纳款或自愿捐款的本公约缔约国不能当选为委员会委员，但此项规定不适用于第一次选举。已当选为委员会委员的缔约国的任期应在本公约第六条规定的选举之时终止。

第二十七条　基金的自愿补充捐款

除了第二十六条所规定的纳款，希望提供自愿捐款的缔约国应及时通知委员会以使其能对相应的活动作出规划。

第二十八条　国际筹资运动

缔约国应尽力支持在教科文组织领导下为该基金发起的国际筹资运动。

第七章　报告

第二十九条　缔约国的报告

缔约国应按照委员会确定的方式和周期向其报告它们为实施本公约而通过的法律、规章条例或采取的其它措施的情况。

第三十条　委员会的报告

一、委员会应在其开展的活动和第二十九条提及的缔约国报告的基础上，向每届大会提交报告。

二、该报告应提交教科文组织大会。

第八章　过渡条款

第三十一条　与宣布人类口头和非物质遗产代表作的关系

一、委员会应把在本公约生效前宣布为"人类口头和非物质遗产代表作"的遗产纳入人类非物质文化遗产代表作名录。

二、把这些遗产纳入人类非物质文化遗产代表作名录绝不是预设按第十六条第二款将确定的今后列入遗产的标准。

三、在本公约生效后，将不再宣布其它任何人类口头和非物质遗产代表作。

第九章　最后条款

第三十二条　批准、接受或核准

一、本公约须由教科文组织会员国根据各自的宪法程序予以批准、接受或核准。

二、批准书、接受书或核准书应交存教科文组织总干事。

第三十三条 加入

一、所有非教科文组织会员国的国家，经本组织大会邀请，均可加入本公约。

二、没有完全独立，但根据联合国大会第1514（XV）号决议被联合国承认为充分享有内部自治，并且有权处理本公约范围内的事宜，包括有权就这些事宜签署协议的地区也可加入本公约。

三、加入书应交存教科文组织总干事。

第三十四条 生效

本公约在第三十份批准书、接受书、核准书或加入书交存之日起的三个月后生效，但只涉及在该日或该日之前交存批准书、接受书、核准书或加入书的国家。对其它缔约国来说，本公约则在这些国家的批准书、接受书、核准书或加入书交存之日起的三个月之后生效。

第三十五条 联邦制或非统一立宪制

对实行联邦制或非统一立宪制的缔约国实行下述规定：

（一）在联邦或中央立法机构的法律管辖下实施本公约各项条款的国家的联邦或中央政府的义务与非联邦国家的缔约国的义务相同；

（二）在构成联邦，但按照联邦立宪制无须采取立法手段的各个州、成员国、省或行政区的法律管辖下实施本公约的各项条款时，联邦政府应将这些条款连同其建议一并通知各个州、成员国、省或行政区的主管当局。

第三十六条 退出

一、各缔约国均可宣布退出本公约。

二、退约应以书面退约书的形式通知教科文组织总干事。

三、退约在接到退约书十二个月之后生效。在退约生效日之前不得影响退约国承担的财政义务。

第三十七条　保管人的职责

教科文组织总干事作为本公约的保管人，应将第三十二条和第三十三条规定交存的所有批准书、接受书、核准书或加入书和第三十六条规定的退约书的情况通告本组织各会员国、第三十三条提到的非本组织会员国的国家和联合国。

第三十八条　修订

一、任何缔约国均可书面通知总干事，对本公约提出修订建议。总干事应将此通知转发给所有缔约国。如在通知发出之日起六个月之内，至少有一半的缔约国回复赞成此要求，总干事应将此建议提交下一届大会讨论，决定是否通过。

二、对本公约的修订须经出席并参加表决的缔约国三分之二多数票通过。

三、对本公约的修订一旦通过，应提交缔约国批准、接受、核准或加入。

四、对于那些已批准、接受、核准或加入修订的缔约国来说，本公约的修订在三分之二的缔约国交存本条第三款所提及的文书之日起三个月之后生效。此后，对任何批准、接受、核准或加入修订的缔约国来说，在其交存批准书、接受书、核准书或加入书之日起三个月之后，本公约的修订即生效。

五、第三款和第四款所确定的程序对有关委员会委员国数目的第五条的修订不适用。此类修订一经通过即生效。

六、在修订依照本条第四款的规定生效之后成为本公约缔约国的国家如无表示异议，应

（一）被视为修订的本公约的缔约方；

（二）但在与不受这些修订约束的任何缔约国的关系中，仍被视为未经修订之公约的缔约方。

第三十九条 有效文本

本公约用英文、阿拉伯文、中文、西班牙文、法文和俄文拟定,六种文本具有同等效力。

第四十条 登记

根据《联合国宪章》第一百零二条的规定,本公约应按教科文组织总干事的要求交联合国秘书处登记。

(三)保护和促进文化表现形式多样性公约[①]

保护和促进文化表现形式多样性公约

(2005年10月20日联合国教育、科学及文化组织

第三十三届会议通过)

(中文本)

序言

联合国教育、科学及文化组织大会于2005年10月3日至21日在巴黎举行第三十三届会议,

(一)确认文化多样性是人类的一项基本特性,

(二)认识到文化多样性是人类的共同遗产,应当为了全人类的利益对其加以珍爱和维护,

(三)意识到文化多样性创造了一个多姿多彩的世界,它使人类有了更多的选择,得以提高自己的能力和形成价值观,并因此成为各社区、各民族和各国可持续发展的一股主要推动力,

(四)忆及在民主、宽容、社会公正以及各民族和各文化间相互尊重的环境中繁荣发展起来的文化多样性对于地方、国家和国

---

① 联合国教育、科学及文化组织.保护和促进文化表现形式多样性公约[J].全国人民代表大会常务委员会公报,2007(1):21-30.

际层面的和平与安全是不可或缺的，

（五）颂扬文化多样性对充分实现《世界人权宣言》其他公认的文书主张的人权和基本自由所具有的重要意义，

（六）强调需要把文化作为一个战略要素纳入国家和国际发展政策，以及国际发展合作之中，同时也要考虑特别强调消除贫困的《联合国千年宣言》（2000年），

（七）考虑到文化在不同时间和空间具有多样形式，这种多样性体现为人类各民族和各社会文化特征和文化表现形式的独特性和多元性，

（八）承认作为非物质和物质财富来源的传统知识的重要性，特别是原住民知识体系的重要性，其对可持续发展的积极贡献，及其得到充分保护和促进的需要，

（九）认识到需要采取措施保护文化表现形式连同其内容的多样性，特别是当文化表现形式有可能遭到灭绝或受到严重损害时，

（十）强调文化对社会凝聚力的重要性，尤其是对提高妇女的社会地位、发挥其社会作用所具有的潜在影响力，

（十一）意识到文化多样性通过思想的自由交流得到加强，通过文化间的不断交流和互动得到滋养，

（十二）重申思想、表达和信息自由以及传媒多样性使各种文化表现形式得以在社会中繁荣发展，

（十三）认识到文化表现形式，包括传统文化表现形式的多样性，是个人和各民族能够表达并同他人分享自己的思想和价值观的重要因素，

（十四）忆及语言多样性是文化多样性的基本要素之一，并重申教育在保护和促进文化表现形式中发挥着重要作用，

（十五）考虑到文化活力的重要性，包括对少数民族和原住民人群中的个体的重要性，这种重要的活力体现为创造、传播、销

售及获取其传统文化表现形式的自由,以有益于他们自身的发展,

(十六)强调文化互动和文化创造力对滋养和革新文化表现形式所发挥的关键作用,他们也会增强那些为社会整体进步而参与文化发展的人们所发挥的作用,

(十七)认识到知识产权对支持文化创造的参与者具有重要意义,

(十八)确信传递着文化特征、价值观和意义的文化活动、产品与服务具有经济和文化双重性质,故不应视为仅具商业价值,

(十九)注意到信息和传播技术飞速发展所推动的全球化进程为加强各种文化互动创造了前所未有的条件,但同时也对文化多样性构成挑战,尤其是可能在富国与穷国之间造成种种失衡,

(二十)意识到联合国教科文组织肩负的特殊使命,即确保对文化多样性的尊重以及建议签订有助于推动通过语言和图像进行自由思想交流的各种国际协定,

(二十一)根据联合国教科文组织通过的有关文化多样性和行使文化权利的各种国际文书的条款,特别是2001年通过的《世界文化多样性宣言》,于2005年10月20日通过本公约。

第一章 目标与指导原则

第一条 目标

本公约的目标是:

(一)保护和促进文化表现形式的多样性;

(二)以互利的方式为各种文化的繁荣发展和自由互动创造条件;

(三)鼓励不同文化间的对话,以保证世界上的文化交流更广泛和均衡,促进不同文化间的相互尊重与和平文化建设;

(四)加强文化间性,本着在各民族间架设桥梁的精神开展文化互动;

(五)促进地方、国家和国际层面对文化表现形式多样性的尊

重，并提高对其价值的认识；

（六）确认文化与发展之间的联系对所有国家，特别是对发展中国家的重要性，并支持为确保承认这种联系的真正价值而在国内和国际采取行动；

（七）承认文化活动、产品与服务具有传递文化特征、价值观和意义的特殊性；

（八）重申各国拥有在其领土上维持、采取和实施他们认为合适的保护和促进文化表现形式多样性的政策和措施的主权；

（九）本着伙伴精神，加强国际合作与团结，特别是要提高发展中国家保护和促进文化表现形式多样性的能力。

第二条 指导原则

一、尊重人权和基本自由原则

只有确保人权，以及表达、信息和交流等基本自由，并确保个人可以选择文化表现形式，才能保护和促进文化多样性。任何人都不得援引本公约的规定侵犯《世界人权宣言》规定的或受到国际法保障的人权和基本自由或限制其适用范围。

二、主权原则

根据《联合国宪章》国际法原则，各国拥有在其境内采取保护和促进文化表现形式多样性措施和政策的主权。

三、所有文化同等尊严和尊重原则

保护与促进文化表现形式多样性的前提是承认所有文化，包括少数民族和原住民的文化在内，具有同等尊严，并应受到同等尊重。

四、国际团结与合作原则

国际合作与团结的目的应当是使各个国家，尤其是发展中国家都有能力在地方、国家和国际层面上创建和加强其文化表现手段，包括其新兴的或成熟的文化产业。

五、经济和文化发展互补原则

文化是发展的主要推动力之一，所以文化的发展与经济的发展同样重要，且所有个人和民族都有权参与两者的发展并从中获益。

六、可持续发展原则

文化多样性是个人和社会的一种财富。保护、促进和维护文化多样性是当代和后代的可持续发展的一项基本要求。

七、平等享有原则

平等享有全世界丰富多样的文化表现形式，所有文化享有各种表现形式和传播手段，是增进文化多样性和促进相互理解的要素。

八、开放和平衡原则

在采取措施维护文化表现形式多样性时，各国应寻求以适当的方式促进向世界其他文化开放，并确保这些措施符合本公约的目标。

第二章 适用范围

第三条 公约的适用范围

本公约适用于缔约方采取的有关保护和促进文化表现形式多样性的政策和措施。

第三章 定义

第四条 定义

在本公约中，应作如下理解：

（一）文化多样性。

"文化多样性"指各群体和社会借以表现其文化的多种不同形式。这些表现形式在他们内部及其间传承。

文化多样性不仅体现在人类文化遗产通过丰富多彩的文化表现形式来表达、弘扬和传承的多种方式，也体现在借助各种方式和技术进行的艺术创造、生产、传播、销售和消费的多种方式。

（二）文化内容。

"文化内容"指源于文化特征或表现文化特征的象征意义、艺术特色和文化价值。

（三）文化表现形式。

"文化表现形式"指个人、群体和社会创造的具有文化内容的表现形式。

（四）文化活动、产品与服务。

"文化活动、产品与服务"是指从其具有的特殊属性、用途或目的考虑时，体现或传达文化表现形式的活动、产品与服务，无论他们是否具有商业价值。文化活动可能以自身为目的，也可能是为文化产品与服务的生产提供帮助。

（五）文化产业。

"文化产业"指生产和销售上述第（四）项所述的文化产品或服务的产业。

（六）文化政策和措施。

"文化政策和措施"指地方、国家、区域或国际层面上针对文化本身或为了对个人、群体或社会的文化表现形式产生直接影响的各项政策和措施，包括与创作、生产、传播、销售和享有文化活动、产品与服务相关的政策和措施。

（七）保护。

名词"保护"意指为保存、卫护和加强文化表现形式多样性而采取措施。

动词"保护"意指采取这类措施。

（八）文化间性。

"文化间性"指不同文化的存在与平等互动，以及通过对话和相互尊重产生共同文化表现形式的可能性。

第四章 缔约方的权利和义务

第五条 权利和义务的一般规则

一、缔约方根据《联合国宪章》、国际法原则及国际公认的人权文书，重申拥有为实现本公约的宗旨而制定和实施其文化政策、采取措施以保护和促进文化表现形式多样性及加强国际合作的主权。

二、当缔约方在其境内实施政策和采取措施以保护和促进文化表现形式的多样性时，这些政策和措施应与本公约的规定相符。

第六条 缔约方在本国的权利

一、各缔约方可在第四条第（六）项所定义的文化政策和措施范围内，根据自身的特殊情况和需求，在其境内采取措施保护和促进文化表现形式的多样性。

二、这类措施可包括：

（一）为了保护和促进文化表现形式的多样性所采取的管理性措施；

（二）以适当方式在本国境内的所有文化活动、产品与服务中为本国的文化活动、产品与服务提供创作、生产、传播、销售和享有的机会的措施，包括规定上述活动、产品与服务所使用的语言；

（三）为国内独立的文化产业和非正规产业部门活动能有效获取生产、传播和销售文化活动、产品与服务的手段采取的措施；

（四）提供公共财政资助的措施；

（五）鼓励非营利组织以及公共和私人机构、艺术家及其他文化专业人员发展和促进思想、文化表现形式、文化活动、产品与服务的自由交流和流通，以及在这些活动中激励创新精神和积极进取精神的措施；

（六）建立并适当支持公共机构的措施；

（七）培育并支持参与文化表现形式创作活动的艺术家和其他人员的措施；

（八）旨在加强媒体多样性的措施，包括运用公共广播服务。

第七条　促进文化表现形式的措施

一、缔约方应努力在其境内创造环境，鼓励个人和社会群体：

（一）创作、生产、传播、销售和获取他们自己的文化表现形式，同时对妇女及不同社会群体，包括少数民族和原住民的特殊情况和需求给予应有的重视；

（二）获取本国境内及世界其他国家的各种不同的文化表现形式。

二、缔约方还应努力承认艺术家、参与创作活动的其他人员、文化界以及支持他们工作的有关组织的重要贡献，以及他们在培育文化表现形式多样性方面的核心作用。

第八条　保护文化表现形式的措施

一、在不影响第五条和第六条规定的前提下，缔约一方可以确定其领土上哪些文化表现形式属于面临消亡危险、受到严重威胁、或是需要紧急保护的情况。

二、缔约方可通过与本公约的规定相符的方式，采取一切恰当的措施保护处于第一款所述情况下的文化表现形式。

三、缔约方应向政府间委员会报告为应对这类紧急情况所采取的所有措施，该委员会则可以对此提出合适的建议。

第九条　信息共享和透明度

缔约方应：

（一）在向联合国教科文组织四年一度的报告中，提供其在本国境内和国际层面为保护和促进文化表现形式多样性所采取的措施的适当信息；

（二）指定一处联络点，负责共享有关本公约的信息；

（三）共享和交流有关保护和促进文化表现形式多样性的信息。

第十条 教育和公众认知

缔约方应：

（一）鼓励和提高对保护和促进文化表现形式多样性重要意义的理解，尤其是通过教育和提高公众认知的计划；

（二）为实现本条的宗旨与其他缔约方和相关国际组织及地区组织开展合作；

（三）通过制定文化产业方面的教育、培训和交流计划，致力于鼓励创作和提高生产能力，但所采取的措施不能对传统生产形式产生负面影响。

第十一条 公民社会的参与

缔约方承认公民社会在保护和促进文化表现形式多样性方面的重要作用。缔约方应鼓励公民社会积极参与其为实现本公约各项目标所作的努力。

第十二条 促进国际合作

缔约方应致力于加强双边、区域和国际合作，创造有利于促进文化表现形式多样性的条件，同时特别考虑第八条和第十七条所述情况，以便着重：

（一）促进缔约方之间开展文化政策和措施的对话；

（二）通过开展专业和国际文化交流及有关成功经验的交流，增强公共文化部门战略管理能力；

（三）加强与公民社会、非政府组织和私人部门及其内部的伙伴关系，以鼓励和促进文化表现形式的多样性；

（四）提倡应用新技术，鼓励发展伙伴关系以加强信息共享和文化理解，促进文化表现形式的多样性；

（五）鼓励缔结共同生产和共同销售的协定。

第十三条　将文化纳入可持续发展

缔约方应致力于将文化纳入其各级发展政策，创造有利于可持续发展的条件，并在此框架内完善与保护和促进文化表现形式多样性相关的各个环节。

第十四条　为发展而合作

缔约方应致力于支持为促进可持续发展和减轻贫困而开展合作，尤其要关注发展中国家的特殊需要，主要通过以下途径来推动形成富有活力的文化部门：

(一)通过以下方式加强发展中国家的文化产业：

1. 建立和加强发展中国家文化生产和销售能力；

2. 推动其文化活动、产品与服务更多地进入全球市场和国际销售网络；

3. 促使形成有活力的地方市场和区域市场；

4. 尽可能在发达国家采取适当措施，为发展中国家的文化活动、产品与服务进入这些国家提供方便；

5. 尽可能支持发展中国家艺术家的创作，促进他们的流动；

6. 鼓励发达国家与发展中国家之间开展适当的协作，特别是在音乐和电影领域。

(二)通过在发展中国家开展信息、经验和专业知识交流以及人力资源培训，加强公共和私人部门的能力建设，尤其是在战略管理能力、政策制定和实施、文化表现形式的促进和推广、中小企业和微型企业的发展、技术的应用及技能开发与转让等方面。

(三)通过采取适当的鼓励措施来推动技术和专门知识的转让，尤其是在文化产业和文化企业领域。

(四)通过以下方式提供财政支持：

1. 根据第十八条的规定设立文化多样性国际基金；

2. 提供官方发展援助，必要时包括提供技术援助，以激励和支持创作；

3. 提供其他形式的财政援助，比如提供低息贷款、赠款以及其它资金机制。

第十五条　协作安排

缔约方应鼓励在公共、私人部门和非营利组织之间及其内部发展伙伴关系，以便与发展中国家合作，增强他们在保护和促进文化表现形式多样性方面的能力。这类新型伙伴关系应根据发展中国家的实际需求，注重基础设施建设、人力资源开发和政策制定，以及文化活动、产品与服务的交流。

第十六条　对发展中国家的优惠待遇

发达国家应通过适当的机构和法律框架，为发展中国家的艺术家和其他文化专业人员及从业人员，以及那里的文化产品和文化服务提供优惠待遇，促进与这些国家的文化交流。

第十七条　在文化表现形式受到严重威胁情况下的国际合作

在第八条所述情况下，缔约方应开展合作，相互提供援助，特别要援助发展中国家。

第十八条　文化多样性国际基金

一、兹建立"文化多样性国际基金"（以下简称基金）。

二、根据教科文组织《财务条例》，此项基金为信托基金。

三、基金的资金来源为：

（一）缔约方的自愿捐款；

（二）教科文组织大会为此划拨的资金；

（三）其他国家、联合国系统组织和计划署、其他地区和国际组织、公共和私人部门以及个人的捐款、赠款和遗赠；

（四）基金产生的利息；

（五）为基金组织募捐或其他活动的收入；

（六）基金条例许可的所有其他资金来源。

四、政府间委员会应根据缔约方大会确定的指导方针决定基金资金的使用。

五、对已获政府间委员会批准的具体项目，政府间委员会可以接受为实现这些项目的整体目标或具体目标而提供的捐款及其他形式的援助。

六、捐赠不得附带任何与本公约目标不相符的政治、经济或其他条件。

七、缔约方应努力定期为实施本公约提供自愿捐款。

第十九条　信息交流、分析和传播

一、缔约方同意，就有关文化表现形式多样性以及对其保护和促进方面的先进经验的数据收集和统计，开展信息交流和共享专业知识。

二、教科文组织应利用秘书处现有的机制，促进各种相关的信息、统计数据和先进经验的收集、分析和传播。

三、教科文组织还应建立一个文化表现形式领域内各类部门和政府组织、私人及非营利组织的数据库，并更新其内容。

四、为了便于收集数据，教科文组织应特别重视申请援助的缔约方的能力建设和专业知识积累。

五、本条涉及的信息收集应作为第九条规定的信息收集的补充。

第五章　与其他法律文书的关系

第二十条　与其他条约的关系：相互支持，
互为补充和不隶属

一、缔约方承认，他们应善意履行其在本公约及其为缔约方的其他所有条约中的义务。因此，在本公约不隶属于其他条约的情况下：

（一）缔约方应促使本公约与其为缔约方的其他条约相互支持；

（二）缔约方解释和实施其为缔约方的其他条约或承担其他国际义务时应考虑到本公约的相关规定。

二、本公约的任何规定不得解释为变更缔约方在其为缔约方的其他条约中的权利和义务。

第二十一条　国际磋商与协调

缔约方承诺在其他国际场合倡导本公约的宗旨和原则。为此，缔约方在需要时应进行相互磋商，并牢记这些目标与原则。

第六章　公约的机构

第二十二条　缔约方大会

一、应设立一个缔约方大会。缔约方大会应为本公约的全会和最高权力机构。

二、缔约方大会全会每两年一次，尽可能与联合国教科文组织大会同期举行。缔约方大会作出决定，或政府间委员会收到至少三分之一缔约方的请求，缔约方大会可召开特别会议。

三、缔约方大会应通过自己的议事规则。

四、缔约方大会的职能应主要包括以下方面：

（一）选举政府间委员会的成员；

（二）接受并审议由政府间委员会转交的缔约方报告；

（三）核准政府间委员会根据缔约方大会的要求拟订的操作指南；

（四）采取其认为有必要的其他措施来推进本公约的目标。

第二十三条　政府间委员会

一、应在联合国教科文组织内设立"保护与促进文化表现形式多样性政府间委员会"（以下简称政府间委员会）。政府间委员会由缔约方大会在本公约根据其第二十九条规定生效后选出的18个本公约缔约国的代表组成，任期四年。

二、政府间委员会每年举行一次会议。

三、政府间委员会根据缔约方大会的授权和在其指导下运作并向其负责。

四、一旦公约缔约方数目达到50个，政府间委员会的成员应增至24名。

五、政府间委员会成员的选举应遵循公平的地理代表性以及轮换的原则。

六、在不影响本公约赋予它的其他职责的前提下，政府间委员会的职责如下：

（一）促进本公约目标，鼓励并监督公约的实施；

（二）应缔约方大会要求，起草并提交缔约方大会核准履行和实施公约条款的操作指南；

（三）向缔约方大会转交公约缔约方的报告，并随附评论及报告内容概要；

（四）根据公约的有关规定，特别是第八条规定，对公约缔约方提请关注的情况提出适当的建议；

（五）建立磋商程序和其他机制，以在其他国际场合倡导本公约的目标和原则；

（六）执行缔约方大会可能要求的其他任务。

七、政府间委员会根据其议事规则，可随时邀请公共或私人组织或个人参加就具体问题举行的磋商会议。

八、政府间委员会应制定并提交缔约方大会核准自己的议事规则。

第二十四条　联合国教科文组织秘书处

一、联合国教科文组织秘书处应为本公约的有关机构提供协助。

二、秘书处编制缔约方大会和政府间委员会的文件及其会议的议程，协助实施会议的决定，并报告缔约方大会决定的实施情况。

第七章 最后条款

第二十五条 争端的解决

一、公约缔约方之间关于本公约的解释或实施产生的争端，应通过谈判寻求解决。

二、如果有关各方不能通过谈判达成一致，可共同寻求第三方斡旋或要求第三方调停。

三、如果没有进行斡旋或调停，或者协商、斡旋或调停均未能解决争端，一方可根据本公约附件所列的程序要求调解。相关各方应善意考虑调解委员会为解决争端提出的建议。

四、任何缔约方均可在批准、接受、核准或加入本公约时，声明不承认上述调解程序。任何发表这一声明的缔约方，可随时通知教科文组织总干事，宣布撤回该声明。

第二十六条 会员国批准、接受、核准或加入

一、联合国教科文组织会员国依据各自的宪法程序批准、接受、核准或加入本公约。

二、批准书、接受书、核准书或加入书应交联合国教科文组织总干事保存。

第二十七条 加入

一、所有非联合国教科文组织会员国，但为联合国或其任何一个专门机构成员的国家，经联合国教科文组织大会邀请，均可加入本公约。

二、任何经联合国承认享有充分内部自治，并有权处理本公约范围内的事宜，包括有权就这些事宜签署协议，但按联合国大会第1514（XV）号决议没有完全独立的地区，也可以加入本公约。

三、对区域经济一体化组织适用如下规定：

（一）任何一个区域经济一体化组织均可加入本公约，除以下各项规定外，这类组织应以与缔约国相同的方式，完全受本公约

规定的约束；

（二）如果这类组织的一个或数个成员国也是本公约的缔约国，该组织与这一或这些成员国应确定在履行公约规定的义务上各自承担的责任。责任的分担应在完成第（三）项规定的书面通知程序后生效，该组织与成员国无权同时行使公约规定的权利。此外，经济一体化组织在其权限范围内，行使与其参加本公约的成员国数目相同的表决权。如果其任何一个成员国行使其表决权，此类组织则不应行使表决权，反之亦然。

（三）同意按照第（二）项规定分担责任的区域经济一体化组织及其一个或数个成员国，应按以下方式将所建议的责任分担通知各缔约方：

1. 该组织在加入书内，应具体声明对本公约管辖事项责任的分担；

2. 在各自承担的责任变更时，该经济一体化组织应将拟议的责任变更通知保管人，保管人应将此变更通报各缔约方。

（四）已成为本公约缔约国的区域经济一体化组织的成员国在其没有明确声明或通知保管人将管辖权转给该组织的所有领域，应被推定为仍然享有管辖权。

（五）"区域经济一体化组织"，系指由作为联合国或其任何一个专门机构成员国的主权国家组成的组织，这些国家已将其在本公约所辖领域的权限转移给该组织，并且该组织已按其内部程序获得适当授权成为本公约的缔约方。

四、加入书应交存联合国教科文组织总干事处。

第二十八条　联络点

在成为本公约缔约方时，每一缔约方应指定第九条所述的联络点。

第二十九条　生效

一、本公约在第三十份批准书、接受书、核准书或加入书交存之日起的三个月后生效，但只针对在该日或该日之前交存批准书、接受书、核准书或加入书的国家或区域经济一体化组织。对其他缔约方，本公约则在其批准书、接受书、核准书或加入书交存之日起的三个月之后生效。

二、就本条而言，一个区域经济一体化组织交存的任何文书不得在该组织成员国已交存文书之外另行计算。

第三十条　联邦制或非单一立宪制

鉴于国际协定对无论采取何种立宪制度的缔约方具有同等约束力，对实行联邦制或非单一立宪制的缔约方实行下述规定：

（一）对于在联邦或中央立法机构的法律管辖下实施的本公约各项条款，联邦或中央政府的义务与非联邦国家的缔约方的义务相同；

（二）对于在构成联邦，但按照联邦立宪制无须采取立法手段的单位，如州、成员国、省或行政区的法律管辖下实施的本公约各项条款，联邦政府须将这些条款连同其关于采用这些条款的建议一并通知各个州、成员国、省或行政区等单位的主管当局。

第三十一条　退约

一、本公约各缔约方均可宣布退出本公约。

二、退约决定须以书面形式通知，有关文件交存联合国教科文组织总干事处。

三、退约在收到退约书十二个月后开始生效。退约国在退约生效之前的财政义务不受任何影响。

第三十二条　保管职责

联合国教科文组织总干事作为本公约的保管人，应将第二十六条和第二十七条规定的所有批准书、接受书、核准书或加入书和第三十一条规定的退约书的交存情况通告本组织各会员国、第二十七条提到的非会员国和区域经济一体化组织以及联合国。

第三十三条 修正

一、本公约缔约方可通过给总干事的书面函件,提出对本公约的修正。总干事应将此类函件周知全体缔约方。如果通知发出的六个月内对上述要求做出积极反应的成员国不少于半数,总干事则可将公约修正建议提交下一届缔约方大会进行讨论或通过。

二、对公约的修正须经出席并参加表决的缔约方三分之二多数票通过。

三、对本公约的修正一旦获得通过,须交各缔约方批准、接受、核准或加入。

四、对于批准、接受、核准或加入修正案的缔约方来说,本公约修正案在三分之二的缔约方递交本条第三款所提及的文件之日起三个月后生效。此后,对任何批准、接受、核准或加入该公约修正案的缔约方来说,在其递交批准书、接受书、核准书或加入书之日起三个月之后,本公约修正案生效。

五、第三款及第四款所述程序不适用第二十三条所述政府间委员会成员国数目的修改。该类修改一经通过即生效。

六、在公约修正案按本条第四款生效之后加入本公约的那些第二十七条所指的国家或区域经济一体化组织,如未表示异议,则应:

(一)被视为经修正的本公约的缔约方;

(二)但在与不受修正案约束的任何缔约方的关系中,仍被视为未经修正的公约的缔约方。

第三十四条 有效文本

本公约用阿拉伯文、中文、英文、法文、俄文和西班牙文制定,六种文本具有同等效力。

第三十五条 登记

根据《联合国宪章》第一百零二条的规定,本公约将应联合国教科文组织总干事的要求交联合国秘书处登记。

附件：
调解程序
第一条 调解委员会
应争议一方的请求成立调解委员会。除非各方另有约定，委员会应由5名成员组成，有关各方各指定其中2名，受指定的成员再共同选定1名主席。

第二条 委员会成员
如果争议当事方超过两方，利益一致的各方应共同协商指定代表自己的委员会成员。如果两方或更多方利益各不相同，或对是否拥有一致利益无法达成共识，则各方应分别指定代表自己的委员会成员。

第三条 成员的任命
在提出成立调解委员会请求之日起的两个月内，如果某一方未指定其委员会成员，联合国教科文组织总干事可在提出调解请求一方的要求下，在随后的两个月内做出任命。

第四条 委员会主席
如果调解委员会在最后一名成员获得任命后的两个月内未选定主席，联合国教科文组织总干事可在一方要求下，在随后的两个月内指定一位主席。

第五条 决定
调解委员会根据其成员的多数表决票做出决定。除非争议各方另有约定，委员会应确定自己的议事规则。委员会应就解决争议提出建议，争议各方应善意考虑委员会提出的建议。

第六条 分歧
对是否属于调解委员会的权限出现分歧时，由委员会作出决定。

后 记

2011年3月中旬，文化部原社会文化司在北京召开"全国基层文化队伍培训教材编写工作会议"，确定了三大系列教材（公共文化服务通论系列、公共图书馆系列、文化馆系列）的编写方案。其中，《公共文化政策法规解读》被列为"公共文化服务通论系列"教材的一种。2011年4月底，"第二次全国基层文化队伍培训教材编写工作会议"在苏州召开之际，《公共文化政策法规解读》一书初步形成编写框架。此后又历经多次讨论、修改，至2011年6月底，敲定三级大纲，开始分工编写，于2011年9月底形成初稿。

2011年10月，党的十七届六中全会召开。会议通过了《中共中央关于深化文化体制改革推动社会主义文化大发展大繁荣若干重大问题的决定》，对新时期我国公共文化服务体系的理论和实践进行了系统总结，全面部署了未来文化改革发展的战略任务。根据十七届六中全会精神，我们又重新梳理了编写大纲，并对内容做了重大调整。2012年年初，我们申报的国家社科基金重大项目"加快公共文化立法，提高文化建设法制化水平研究"（批准号：12&ZD032）获批立项，本书的编写纳入了该项目的子课题，充实了研究力量，加快了编写进度，进一步调整了内容，至2012年6月底再次形成新的书稿。随着党的十八大、十八届三中全会等重要会议相继召开，以及公共文化相关政策法规的相继出台，本书稿又做了适当的增补和调整，于2014年春节之际交付出版社。

《公共文化政策法规解读》一书共设9个章节和1个附录。第一章是本书内容的入门介绍，系统解释了我国公共文化政策法规体系的基本内涵、构成要素，以及现行公共文化政策法规信息的获取和利用。第二章至第九章，分为八个专题，对改革开放以来特别是党的十六大以来，现行有效的关于公共文化服务体系构建、公共文化设施"免费开放"、国家重大文化惠民工程、公共文化设施建设、公共文化服务机构运营管理、公共文化服务机构评估定级、文化遗产的保护和利用、公共文化服务社会化发展等重要政策法规的基本内涵、核心内容、现代理念以及相关背景、重要特征、未来发展等，做了系统介绍和全面解读，旨在帮助读者学习、领会、掌握相关知识并用于指导实践。附录是我国政府批准的国际文化领域的三大重要公约，旨在帮助读者进一步开阔视野。

在本书交付出版社之际，全国人大启动了《公共文化服务保障法》的制定工作，我们受聘出任文化部《公共文化服务保障法》立法工作专家组成员，李国新担任专家组组长。2014年2月中旬至4月中旬，在文化部直接领导下，专家组经过多次讨论、研究，最终完成了《公共文化服务保障法》条文草案及起草说明。《公共文化政策法规解读》一书的研究思路、研究内容和积累下来的研究资料，为《公共文化服务保障法》的起草工作和参阅资料提供奠定了坚实基础。

本书在编写过程中得到了文化部公共文化司张永新、陈彬斌、白雪华等人的关心和指导，北京师范大学出版社和责任编辑为本书的出版付出了艰辛劳动，在此一并表示感谢。我们期待着专家、读者对本书提出进一步完善的意见和建议。

李国新　金武刚
2014年5月